Werner J. Egli
Ein Mann
namens Lederstrumpf
Im Tal des Ohio

Werner J. Egli

Ein Mann namens Lederstrumpf

Im Tal des Ohio

Vignetten von Rita Mühlbauer

C. Bertelsmann

Umwelthinweis:
Dieses Buch und der Schutzumschlag
wurden auf chlorfrei gebleichtem Papier gedruckt.
Die Einschrumpffolie (zum Schutz vor Verschmutzung)
ist aus umweltschonender und recyclingfähiger
PE-Folie.

1. Auflage
© 1994 C. Bertelsmann Verlag GmbH, München
Umschlaggestaltung: Evelyn Schick nach einer
Illustration von Hauke Kock
Vignetten: Rita Mühlbauer
Karten: Peter Papenbrok
Satz: Uhl + Massopust, Aalen
Druck: Mohndruck, Gütersloh
ISBN 3-570-01840-7 · Printed in Germany

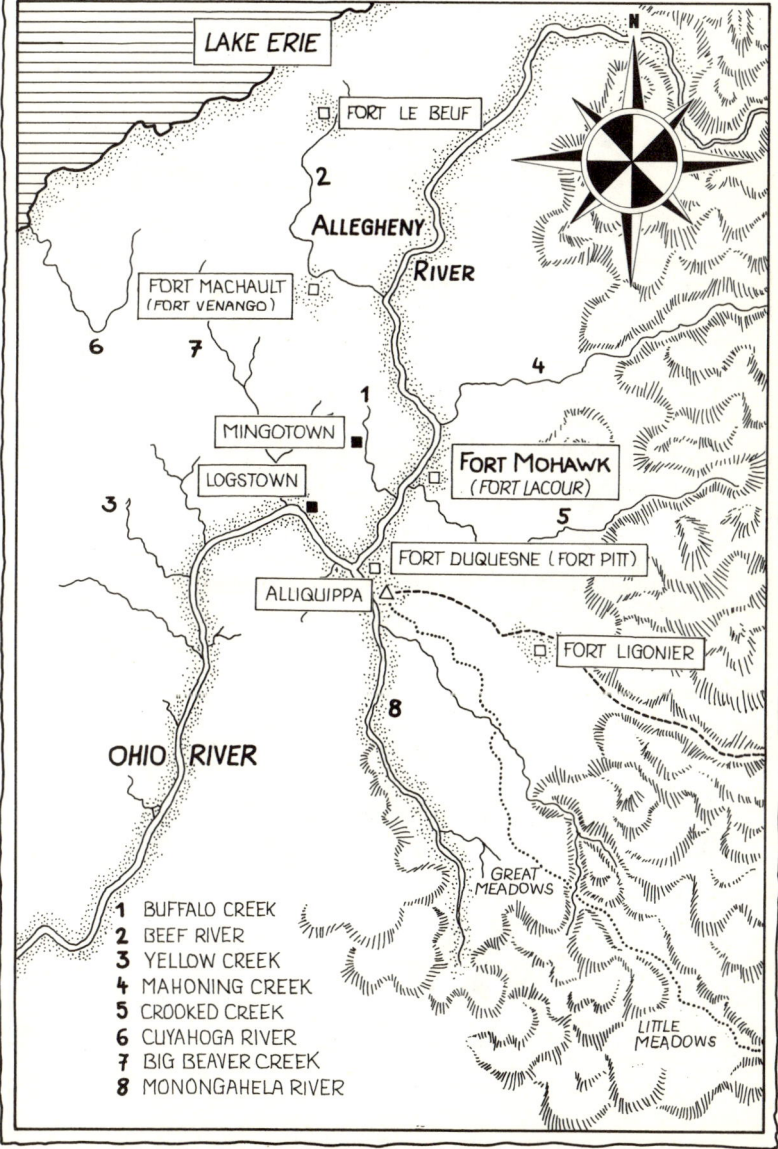

Fort Mohawk und das Tal des Ohio River

········ GENERAL FORBES' ROAD   ·········· GENERAL BRADDOCK'S ROAD

LAKE ERIE

FORT LE BEUF

2

ALLEGHENY

River

FORT MACHAULT
(FORT VENANGO)

6   7

1

MINGOTOWN

LOGSTOWN

3

4

FORT MOHAWK
(FORT LACOUR)

5

FORT DUQUESNE (FORT PITT)

ALLIQUIPPA

FORT LIGONIER

8

OHIO RIVER

GREAT
MEADOWS

1 BUFFALO CREEK
2 BEEF RIVER
3 YELLOW CREEK
4 MAHONING CREEK
5 CROOKED CREEK
6 CUYAHOGA RIVER
7 BIG BEAVER CREEK
8 MONONGAHELA RIVER

LITTLE
MEADOWS

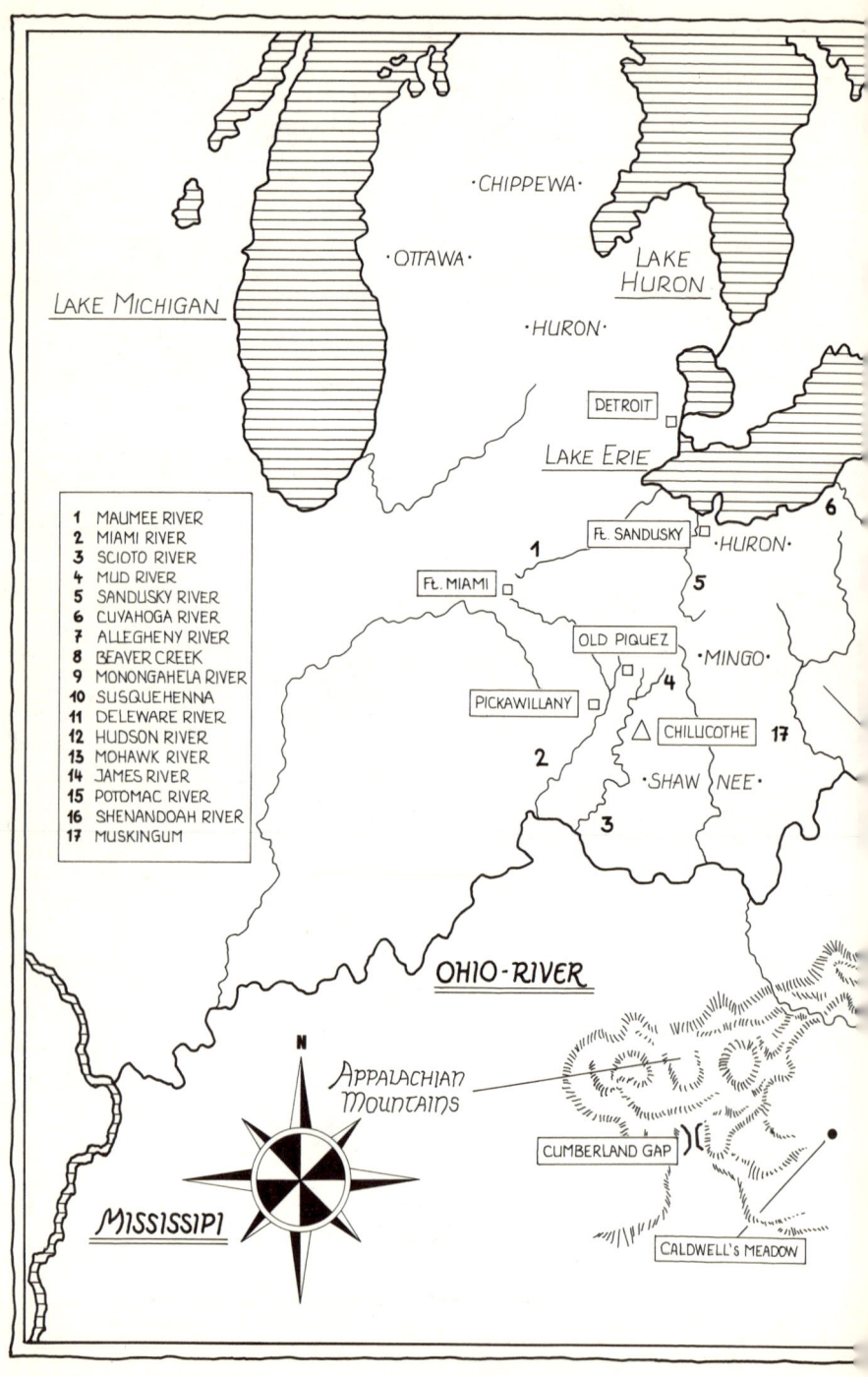

·CHIPPEWA·

·OTTAWA·

LAKE MICHIGAN

LAKE HURON

·HURON·

DETROIT

LAKE ERIE

Ft. SANDUSKY   ·HURON·

6

Ft. MIAMI   1   5

OLD PIQUEZ   ·MINGO·

1 MAUMEE RIVER
2 MIAMI RIVER
3 SCIOTO RIVER
4 MUD RIVER
5 SANDUSKY RIVER
6 CUYAHOGA RIVER
7 ALLEGHENY RIVER
8 BEAVER CREEK
9 MONONGAHELA RIVER
10 SUSQUEHENNA
11 DELEWARE RIVER
12 HUDSON RIVER
13 MOHAWK RIVER
14 JAMES RIVER
15 POTOMAC RIVER
16 SHENANDOAH RIVER
17 MUSKINGUM

PICKAWILLANY   4

△ CHILLICOTHE   17

2   ·SHAW NEE·

3

OHIO·RIVER

N

APPALACHIAN
Mountains

CUMBERLAND GAP

MISSISSIPI

CALDWELL'S MEADOW

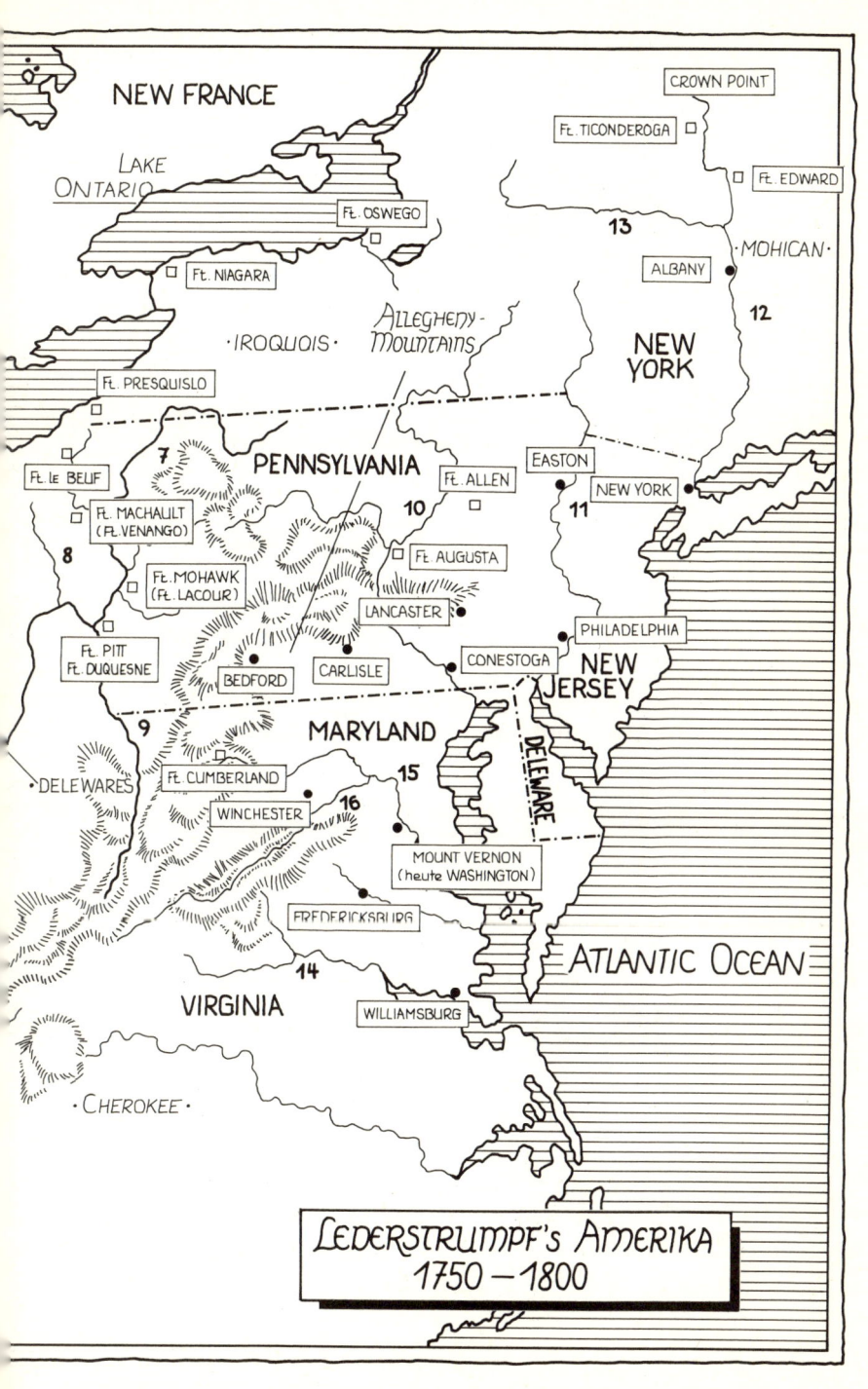

NEW FRANCE

LAKE ONTARIO

CROWN POINT

FT. TICONDEROGA

FT. EDWARD

FT. OSWEGO

13

·MOHICAN·

FT. NIAGARA

ALBANY

NEW YORK

·IROQUOIS·

ALLEGHENY-MOUNTAINS

12

FT. PRESQUISLO

7

PENNSYLVANIA

EASTON

FT. ALLEN

NEW YORK

11

FT. le BEUF

FT. MACHAULT (FT. VENANGO)

10

8

FT. MOHAWK (FT. LACOUR)

FT. AUGUSTA

LANCASTER

PHILADELPHIA

FT. PITT FT. DUQUESNE

BEDFORD

CARLISLE

CONESTOGA

NEW JERSEY

9

MARYLAND

·DELEWARES·

FT. CUMBERLAND

15

DELEWARE

WINCHESTER

16

MOUNT VERNON (heute WASHINGTON)

FREDERICKSBURG

ATLANTIC OCEAN

14

VIRGINIA

WILLIAMSBURG

·CHEROKEE·

LEDERSTRUMPF's AMERIKA
1750 — 1800

Inhalt

Symbole der Indianer

 SCHNEE-MOND (JANUAR)

 STERNE

○ LEBEN

 NACHT

● TOD

 BERGE

 SKALP

 BÄUME, WALD

 KRIEG

 FISCH

 GEISTER, OBEN

 FLUSS

 MANN

 GEHEN

 FRAU

 SEHEN

 WASSER-VOGEL

GROSSER GEIST

 SCHNEE

 MOND

FEUER

1. Kapitel Der Wildnis entronnen

*Sein Freund, der Tod – Leder-
strumpf – Taracah – Ein junger Krieger – Der Wolf – Dead
Indian Creek – Durch die
Cumberland Gap – Erinnerungen – Spuren der Zivilisation*

Den Tod fürchtete er nicht. Er kannte ihn. Er war ihm
auf den einsamen Pfaden fast zu einem Freund geworden. Zum einzigen Freund, dem er vertrauen konnte.
Zum einzigen Gefährten, an dessen Seite er sich sicher
fühlte und der immer bei ihm war, wenn eine Gefahr auf
ihn lauerte. Auch jetzt spürte er seine Nähe. Irgendwo im
düsteren Zwielicht des Waldes stand er, ein geduldiger
Schatten mit einem ewigen Grinsen in seinem fahlen
Gesicht.

Nein, er fürchtete ihn schon lange nicht mehr, aber
sterben wollte er trotzdem nicht. Nicht jetzt, so kurz vor
seiner Rückkehr. Der Pfad, dem er folgte, führte am Ende
hinaus aus den Wäldern und in das Licht der Sonne, das
in den Stromschnellen des Tennessee Rivers blinkte, als
wäre der Fluß aus purem Gold. Die letzten Meilen hatte er

noch zurückzulegen, zehn vielleicht bis zur Cumberland Gap, einer tiefen Kerbe in den Allegheny Mountains, und dann noch einmal fünfzig durch die Bergketten des Appalachen-Gebirges und dann noch ungefähr dreißig oder vierzig bis nach Caldwell's Meadow, jener kleinen Ansiedlung, an der er vor fast zwei Jahren vorbeigezogen war, als er aufgebrochen war, um einen Geheimauftrag auszuführen.

Jetzt war er zurück. Beinahe zurück. Und sein Gefährte, der Tod, hatte ihn noch nicht verlassen. Ein Hauch, der die Blätter eines Busches bewegte und durch das Farnkraut strich. Ein Grinsen, das er mit geschlossenen Augen sehen konnte. Ein Schatten im Zwielicht des Waldes, das war sein Freund.

*

Er hieß Nathaniel Axton.

Es gab Indianer, die ihn Lederstrumpf nannten.

Die Mattaponi, ein kleiner Stamm des Powhatan-Volkes, hatten ihm den Namen gegeben, als er bei ihnen gelebt hatte und ein Mann geworden war. Sie hatten ihn damals zum erstenmal auch auf den Tod hingewiesen und ihn gelehrt, ihm ohne Furcht zu begegnen. Mehr als zehn Jahre war das her, und es gab nicht mehr viele Powhatan-Indianer.

Die Zivilisation hatte sie vernichtet. Seine Zivilisation, in deren Dienst er stand. Sie war für den Untergang der Powhatan verantwortlich.

Nein, er wollte nicht sterben. Und so lag er dort im düsteren Zwielicht, als wäre er tot.

Er lag dort, die Augen halb geschlossen, auf dem Bauch, den Kopf zur Seite gedreht. Blut lief ihm von einer

Platzwunde über die Stirn und an der Nase entlang, durch die Bartstoppeln zum Mund, tropfte von seinem Kinn auf den modrigen Waldboden, der seinen Sturz sanft aufgefangen hatte.

Er lag still. Regungslos. Er atmete kaum. Sein Herz schlug unter seinem hirschledernen Jagdhemd.

Sie konnten nicht sehen, daß sein Herz schlug.

Sie konnten nicht einmal sehen, daß er atmete.

Trotzdem wagten sie sich nicht in seine Nähe. Sie kauerten im Gestrüpp, mißtrauisch wie junge Wölfe, die sich ihrer Beute noch nicht ganz sicher waren.

Sie warteten darauf, daß er sich rührte. Wenn er lebte, würde er sich rühren. Wenn er tot war, würde ihn sein Geist verlassen...

So warteten sie auf ein Zeichen. Auf die Gewißheit, daß ihn die Kugel getötet hatte. Sie warteten geduldig, wie sie es von Taracah, ihrem Meister, gelernt hatten.

Er lag regungslos. Sein Kopf schmerzte. Sein Herz wollte schneller schlagen. Das Blut, das ihm in den Mund lief, vermochte seinen Durst nicht zu stillen.

Er hörte den Bach in der Nähe.

Er hörte ein Pferd schnauben.

Ein Käfer auf langen dünnen Beinen stelzte auf sein Auge zu. Ein großer schwarzer Käfer. Der Käfer berührte seine Nase, verharrte einige Sekunden und kroch an seinem Gesicht hoch. Dann fiel er herunter und blieb auf dem Rücken liegen, hilflos mit seinen dünnen Beinen zappelnd.

Zwischen den Beinen des Käfers sah er sie. Es waren fünf dunkle Gestalten. Der älteste von ihnen besaß die Muskete. Er war es, der geschossen hatte: Taracah, der erfahrene Jäger und Krieger, Lehrer der Jungen.

Er kauerte zwischen den anderen und starrte unentwegt und mißtrauisch zu ihm. Er hatte seine Muskete nicht nachgeladen, da er kein Pulver mehr hatte.

Jetzt erhob er sich. Er war ein großer Mann mit muskelbepacktem Oberkörper voller Tätowierungen und Narben. Die obere Hälfte seines Gesichtes war grün bemalt, die untere blau.

Langsam ging er auf den Mann am Boden zu, von dem er einige Male den Namen Lederstrumpf gehört hatte. Andere hatten versucht, diesen Mann zu töten. Pontiac, der Ottawa, hatte Krieger auf seine Fährte geschickt. Er hatte zwei oder drei von ihnen getötet. Den anderen war er entwischt. Selbst die Franzosen hatten es nicht geschafft, diesen Mann zu töten, obwohl er ihnen einmal in die Hände gefallen war.

Jetzt aber lag er leblos am Boden, verlassen von seiner Seele, und Taracah war sein Bezwinger. Lautlos wie ein Schatten näherte er sich ihm. Lauernd.

Einmal zögerte er und blickte sich zu seinen Gefährten um. Sie waren jung und unerfahren. Sie kauerten im Gestrüpp und beobachteten ihn. Er war ihr Meister. Er war der, von dem sie lernen sollten, den Skalp eines Bleichgesichtes zu erbeuten.

Taracah beeilte sich nicht. Vorsichtig zu sein, das wollte er seinen jungen Gefährten beibringen. Geduldig. Fest in seiner rechten Hand hielt er einen Tomahawk, halb zum Schlag erhoben. Mit seinen Mokassins sanft auftretend, näherte er sich dem Mann am Boden, der an ihm vorbeiblickte oder durch ihn hindurch.

Tote Augen, in denen das einzige Licht der Glanz der Sonne war, die durch die Kronen der mächtigen Bäume blinkte und Flecken auf den schwarzen Boden warf.

14

Mit gespreizten Beinen blieb er über dem Mann stehen, stieß ihn mit dem Fuß an, trat ihm heftig in die Seite und brüllte den Kriegsschrei der Shawnee zu seinen jungen Gefährten hinüber. Der Mann am Boden war tot.

Er ließ sich auf die Knie nieder, saß rittlings auf dem Rücken des Bleichgesichtes und legte den Tomahawk achtlos auf den Boden, um mit der Hand sein Skalpmesser aus der Scheide zu ziehen.

Kaum hatten sich Taracahs Finger um den Messergriff geschlossen, warf sich der Mann unter ihm aufbäumend herum. Stahl blitzte sekundenlang im Licht, bevor sich die Klinge eines großen Messers von unten her in den Hals des Shawnee-Häuptlings bohrte.

Taracah brüllte. Aber nur er vernahm seine Stimme, denn aus seinem aufgerissenen Mund drang nicht mehr als ein Röcheln. Der Mann unter ihm warf ihn von sich und sprang nun selbst, den gellenden Kriegsschrei der Pawhatan ausstoßend, auf die Füße.

Die Pistole, die er in der Hand hielt, ging mit einem ohrenbetäubenden Knall los. Eine Kugel aus Blei fetzte durch die Äste des Gestrüpps, durchbohrte einen der jungen Krieger und blieb im Körper des zweiten stecken.

Nathaniel Axton, der eben noch wie ein Toter am Boden gelegen hatte, ließ die abgeschossene Pistole fallen, sprang über Taracah hinweg und hob dessen Tomahawk vom Boden auf. Mit diesem Kriegsbeil in der linken Hand, dem großen Messer in der rechten, ging er auf das Gestrüpp zu und brüllte dabei wie ein verletzter Bär, der sich zum Kampf stellt.

Die jungen Krieger im Gestrüpp kriegten es mit der Angst zu tun. Ungläubig, daß es einem Bleichgesicht gelungen war, ihren großen Meister Taracah zu besiegen, und voller Entsetzen starrten sie den Mann an, der auf sie zurückte. Eine weiße Fratze voller Haare mit den tükkisch funkelnden Augen eines wilden Tieres.

Die jungen Krieger entschieden sich, davonzulaufen. Sie flohen in den Wald hinaus und ließen drei von ihnen zurück, den Anführer, der auf dem Waldboden verblutete, und die beiden anderen, die von einer Kugel getroffen worden waren.

Nathaniel folgte ihnen ein Stück, brüllte ihnen hinterher, daß sie sich zum Kampf stellen sollten, aber sie liefen so leichtfüßig und schnell, daß er sie nicht einholen konnte. So ging er zurück zu der Stelle, wo sie ihn überfallen hatten.

Dort verblutete Taracah, der Meister und Lehrer der Jungen. Und im Gestrüpp lag einer, der tot war, und ein anderer kroch davon, als wäre er lahmgeschossen.

Nathaniel setzte ihm nach, packte ihn beim Haarschopf und riß ihn hoch, um ihm mit einem kräftigen Tomahawkhieb den Schädel zu spalten, aber als er in die Augen des jungen Kriegers blickte, in diese dunklen Augen, die ihn anstarrten, ließ er den Haarschopf los, und seine Hand mit dem Tomahawk fiel herab.

Er war schwach, und er spürte es. Seine Beine wollten ihn nicht mehr tragen, und er wankte einige Schritte zurück.

»Ich sollte dich töten«, murmelte er. Dann brach er zusammen.

*

Er trug ihn ein Stück. Dann schleifte er ihn den Abhang hinunter, durch das Farnkraut und Dornengestrüpp. Am

Ufer des Baches ließ er ihn liegen und trank von dem kühlen Wasser.

Ein hagerer alter Wolf beobachtete ihn vom gegenüberliegenden Hang aus, vom Unterholz, das undurchdringlich schien.

Er trank, bis er genug hatte, dann zog er sein Hirschlederhemd aus und untersuchte die Wunde, eine tiefe Scharte an der rechten Brustseite, die stark blutete. Ein Streifschuß war es, der ihn von seinem scheuenden Pferd geworfen hatte. Ein Schmerz, der ihn mit einem Schlag gelähmt und ihm den Atem genommen hatte. Beim Sturz war er von einem der auskeilenden Hufe am Kopf getroffen worden. Vielleicht hatte er für einige Minuten das Bewußtsein verloren, denn als er begriff, was geschehen war, lag er am Boden, und seine beiden Pferde waren davongelaufen.

Er besaß nichts, mit dem er die Wunde hätte versorgen können. Alles, was er besaß, trug sein Packpferd. Er kam vom Ohio River her, durch verbotene Jagdgründe, und er war auf dem Weg zur Cumberland Gap, der einzigen Passage durch Bergketten, die die zivilisierte Welt Virginias von einer riesigen Wildnis trennten, die auf den Landkarten als weißer Fleck eingezeichnet war. Den Alten Nordwesten nannte man dieses Land, das sich von den Appalachen-Bergen nach Westen hin ausbreitete, bis hin zum Ohio River und noch weiter. Und dort, im Tal des Ohio, hatte Nathaniel Axton den letzten Winter verbracht, als Gefangener der Franzosen.

Jetzt war er zurück. Auf dem Weg nach Caldwell's Meadow. Er spürte die Nähe der Zivilisation, obwohl er noch keinerlei Spuren von ihr entdeckt hatte. Der Wald hier unterschied sich kaum von dem, den er auf seinem

Marsch hinter sich zurückgelassen hatte. Es gab keine Wege, die man mit einem Wagen hätte bewältigen können. Die Pfade waren im Unterholz kaum zu erkennen, und wo immer er ging, hörten die Vögel auf zu pfeifen. Der Wald wurde so still, als ob bei seinem Erscheinen jedes Leben sofort erstarrte.

Seit Wochen folgte er dem Warrior's-Pfad, einem Jagd- und Kriegspfad der Cherokee und der Shawnee, den er schon auf dem Hinweg benutzt hatte.

Er war lange allein gewesen.

Jetzt hatte er einen Begleiter. Einen jungen Shawnee, den eine Musketenkugel durchschlagen hatte, blutend, ohnmächtig und beinahe tot.

Ungeachtet seiner eigenen Verletzung, kroch er den Hang hinauf und begann nach seinen Pferden zu suchen. Die beiden toten Shawnee lagen immer noch dort, wo er sie zurückgelassen hatte, ohne ihre Skalplocken, die jetzt an seinem Gürtel hingen. Die beiden, die davongelaufen waren, befanden sich bestimmt noch in der Nähe. Aber sie würden nicht wagen, sich ihm zu nähern. Sie fürchteten sich vor ihm, und sie fürchteten sich vor den Seelen ihrer toten Gefährten.

Er fand seine Pferde auf einer Lichtung. Sie hatten sich beruhigt und grasten. Als er den Schatten des Waldes verließ, schnaubten sie ihm entgegen. Er ging zu ihnen, nahm die Zügel auf und führte sie zurück durch den Wald und den steilen Abhang hinunter zum Bach.

Dort ließ er sie trinken. Der Wolf war nicht mehr da. Der Shawnee lag am Ufer und röchelte bei jedem Atemzug.

Als die Pferde genug getrunken hatten, nahm er dem Packpferd die Packen und den Packsattel ab. Er fand ein

Leinenhemd, das er seit einem Jahr nicht mehr getragen hatte. Es war ein gutes Hemd. Er zerriß es und verband damit seine eigene Wunde und die Wunden des Shawnee. Mehr konnte er nicht tun. Dann sattelte er sein Reitpferd ab.

Er wollte die Nacht hier verbringen, am Ufer dieses kleinen Baches, der noch keinen Namen hatte. Er gab ihm den Namen Dead Indian Creek. Am Morgen, dachte er, würde er den jungen Shawnee hier an dieser Stelle begraben.

Er lag die ganze Nacht wach. Totenwache. Seine Schmerzen ließen ihn nicht einschlafen.

Am Morgen, als das erste Licht des Tages durch die hohen Baumkronen sickerte, lebte der junge Shawnee immer noch. Er erwachte zum erstenmal aus der Ohnmacht, gerade als sich Nathaniel überlegte, ob er ihn mitnehmen oder einfach liegenlassen sollte.

»Warum stirbst du nicht?« sagte er leise zu ihm. Dann gab er ihm Wasser zu trinken, und nach wenigen Schlukken verdrehte der junge Shawnee die Augen.

»Bist du jetzt tot?« fragte er, aber als er ihm die Finger an den Hals hielt, spürte er schwach den Pulsschlag.

*

Er folgte dem Bach, und der Bach wurde zu einem Flüßchen, und er folgte dem Flüßchen durch die düsteren Wälder mit ihren alten mächtigen Bäumen und dem dichten Gewirr des Unterholzes. Der Boden unter seinen Füßen war weich und tief, kaum je von einem Sonnenstrahl berührt, grün vom Moos über dem feuchten Moder, grün vom Moos, das die toten Bäume bedeckte und an den Stämmen der lebenden hochwuchs, und gräulich

von den Flechten, unter denen die Harzknoten hervorlug-
ten wie tote Augen.

So sahen sie aus, diese alten Bäume mit ihren verwitter-
ten Gesichtern und ihren verkrüppelten Gliedern, so als
hätten sich in diesen Wäldern die Seelen einer längst
vergangenen Welt versteckt.

Er führte sein Pferd, das jetzt den Shawnee trug. Das
Packpferd hatte er mit einer Leine an den Sattel seines
Pferdes gebunden. Langsam suchte er sich einen Weg um
die querliegenden Baumriesen herum, durch das Gestrüpp, in dem ein unerfahrener Mann leicht die Orientie-
rung verlieren konnte.

Nein, er war kein unerfahrener Mann. Fast zwei Jahre
hatte er in einer Wildnis verbracht, deren Stimme er zu
vertrauen gelernt hatte. Jetzt folgte er dem Fluß, und selbst
wenn ihn der Wald zu Umwegen zwang, holte ihn die
Stimme des fließenden Wassers immer wieder zurück
und führte ihn dorthin, wohin er gehen wollte.

Die erste Siedlung jenseits der Appalachen war Caldwell's Meadow.

Vor zwei Jahren war er dort gewesen, und er konnte sich
an einen Mann erinnern, der ihm einen Beutel mit Proviant gereicht und ihm viel Glück gewünscht hatte. Und er
konnte sich an eine Frau erinnern, die mit einem Mädchen
an der Hand aus dem Blockhaus getreten war und ihm
nachgeblickt hatte, als er im Licht der Morgensonne vom
Hof geritten war, dem dunklen Wald entgegen.

Und er konnte sich erinnern, daß er zu einem kleinen
Fenster unter dem Giebeldach hochgeschaut und dort für
eine Sekunde die Gestalt eines Mädchens oder einer Frau
gesehen hatte, ein blasses schmales Gesicht, dessen Anblick sich tief in sein Bewußtsein eingeprägt hatte.

Während der zwei Jahre trug er dieses Bild mit sich, als wäre es von einem Künstler mit feinsten Pinselstrichen auf einen Elfenbeinanhänger gemalt worden. Es war nicht verblaßt auf seinen Wegen durch eine Einsamkeit, die Erinnerungen auslöschen konnte wie Nebel die Umrisse und Schatten am Ufer eines Sees. Im Gegenteil, das Bild wurde immer klarer und vertrauter, und es überraschte ihn nicht, wenn er in seinen Gedanken bei diesem Mädchen einschlief und es ihm in den einsamsten aller Nächte in seinen Träumen begegnete.

Er kannte seinen Namen nicht, und so erfand er Namen, die zu seinem Bild paßten. Er nannte es Sarah oder Mary, und einmal fiel ihm der Name Clarissa ein, bis er ihm dann den Namen Elizabeth gab.

Er wußte, daß er dieses Mädchen auf dem Rückweg wiedersehen würde, sobald er sich dazu entschlossen hatte, die Wildnis wieder durch die Cumberland Gap zu verlassen, um zum Shenandoah River zurückzukehren, statt der Braddock-Wagenstraße zum Potomac zu folgen.

Neun oder zehn Tagesmärsche befand er sich noch von Caldwell's Meadow entfernt, schätzte er. Wenn der junge Shawnee endlich die ewigen Jagdgründe aufgesucht hätte, wäre er schneller vorangelangt. Er hätte ihn auch einfach zurücklassen können, ohne sich etwas vorwerfen zu müssen. Der junge Shawnee hatte so oder so nicht mehr lange zu leben, auch wenn er ein ungemein zäher Bursche war, der mit dem Tod rang, als könnte er ihn am Ende doch besiegen.

Er ließ den jungen Shawnee nicht zurück. Er gab ihm Wasser und versorgte seine Wunde. Der junge Shawnee verlor mehr und mehr Blut, und er wurde schwächer und schwächer, aber er starb nicht.

Nathaniel Axton passierte mit dem jungen Shawnee und seinen Pferden zwei Tage später die Cumberland Gap, jene Bergpassage, von der er wußte, daß sie im Jahre 1750 von Dr. Thomas Walker entdeckt worden war.

Steil stiegen zu beiden Seiten die finsteren Berghänge auf. Der Pfad war hier deutlich zu erkennen, führte er doch auf dem tiefen Grund der Talenge durch den Wald.

In der Nacht rastete Nathaniel Axton abseits des Pfades, der vom Blut und von den Tränen jener Unglücklichen gezeichnet war, die den Kriegern der Shawnee und der Cherokee in die Hände gefallen und von ihnen in die Gefangenschaft verschleppt worden waren.

2. Kapitel **Caldwell's Meadow**

Das gute Kleid – Verwandtenbesuche – Zebulon Peck – Ein kleines Bündel – Zwei Freunde – Die Kunst, eine Forelle zu fangen – Clarissa – Das Versprechen

Ihre Eltern verlangten von ihr, daß sie sich für den Lieutenant schön machte, als wäre der Lieutenant ein junger Prinz auf einem prächtigen Schimmel, zu ihr ritt, um sie mit sich auf sein Schloß zu nehmen.

Clarissa kannte den Lieutenant nicht. Sie hatte ihn nie zuvor in ihrem Leben gesehen, und was sie von ihm wußte, war nicht viel. Andrew Warren Sweet hieß er und entstammte jenen Sweets, die die Virginia-Kolonie mitbegründet hatten und am James River eine der größten Tabakplantagen besaßen. Damit gehörten sie zu den einflußreichsten Familien Virginias.

Clarissa wunderte sich ein bißchen über ihre Eltern, die beide der Meinung waren, daß ein junger schneidiger Offizier wie Lieutenant Andrew Warren Sweet Gefallen an einer einfachen Farmerstochter finden könnte.

Clarissa konnte sich an diesem Morgen nicht dazu durchringen, ihrer Mutter mit einem Lächeln zu begegnen. Sie saß auf ihrem Bett in einer der beiden Kammern unter dem spitzen Giebeldach des Farmhauses, als ihre Mutter erschien und ihr das gute Kleid brachte, das sie selbst für Clarissa genäht hatte.

»Es ist ein ganz besonders herrlicher Tag heute, mein Kind, aber deinem Gesicht nach steht der Winter schon vor der Tür«, sagte Mrs. Caldwell und legte das Kleid sorgfältig auf Clarissas Bett.

»Ein Winter ohne Jason und ohne Zeb«, erwiderte Clarissa, ohne den Kopf zu heben und ihre Mutter anzusehen. »Ein Winter, ohne zu wissen, ob sie jemals zurückkehren werden. Verzeih mir, Mutter, wenn ich die Freude über den Besuch von Lieutenant Sweet nicht mit Vater und dir teilen kann.«

Ihre Mutter setzte sich zu ihr und nahm ihre Hand. Lange saßen sie still auf dem Bett und lauschten den Geräuschen, die von draußen durch das kleine Fenster hereindrangen.

Großvater und der neue Knecht, der erst seit einer Woche hier seinen Dienst versah, waren dabei, ein Ferkel zu schlachten. Ein Wagen, der von zwei Pferden gezogen wurde, näherte sich Caldwell's Meadow vom Clear Creek her. Das waren die Shermans. Barney rannte dem Wagen kläffend entgegen. Vater stand unten vor dem Haus und rief nach Mutter.

»Ich muß hinunter«, sagte Mrs. Caldwell. »Die Shermans kommen.« Sie drückte Clarissas Hand. »Nun denk mal lieber nicht das Schlimmste, mein Kind. Dein Bruder Jason hat sich freiwillig dafür entschieden, gegen die Franzosen zu kämpfen, wenn ein Krieg ausbricht. Ich glaube nicht, daß er als Soldat woanders besser aufgehoben wäre als in unserem Virginia-Regiment und unter George Washington.«

»Und Zeb? Warum müssen sie beide gehen, Mutter?«

Mrs. Caldwell erhob sich mit einem leisen Seufzer. »Zeb hat seinen Dienst bei uns abgeleistet. Er ist kein Verdingknecht mehr, Clarissa. Er ist frei, seinen eigenen Weg zu gehen.«

Der Tonfall in der Stimme ihrer Mutter ließ Clarissa aufblicken. Ihre Mutter stand bei der Tür, von der eine steile, mit Brettern eingeschlagene Treppe ins Wohnzimmer hinunterführte.

»Clarissa, ich kann nicht sagen, daß ich über Zebs Weggang unglücklich bin«, sagte ihre Mutter und blickte sich noch einmal um. »Zieh dich jetzt an! Es ist schon spät, und Lieutenant Sweet und seine Soldaten werden bestimmt gegen Mittag hier sein.«

Mrs. Caldwell ließ die Tür hinter sich offen, und Clarissa hörte die Stufenbretter knarren, als ihre Mutter die Treppe hinunterstieg.

Auf dem Platz vor dem Haus waren die Shermans eingetroffen. Vater begrüßte sie lautstark. Bestimmt hatte er schon getrunken. Er nannte Mr. Sherman seinen alten Kumpel, und als Clarissa vom Zimmerfenster aus hinunterblickte, war ihr Vater eben dabei, Mr. Sherman zur Feier des Tages den Schnapskrug anzubieten. Ihr Bruder William half seiner Frau Abigail vom Wagen. Obwohl sie in anderen Umständen war, hatte sie die Holperfahrt von Shermantown nach Caldwell's Meadow im Wagenbett auf sich genommen, um den jungen Lieutenant zu sehen, dessen Name seit einiger Zeit in ganz Virginia in aller Munde war.

»Ich weiß gar nicht, wie ich diese schreckliche Fahrt überleben konnte!« rief Abigail mit ihrer schrillen Stimme und ließ sich von Mrs. Caldwell ins Haus führen. Vater rief nach Zeb, und Clarissa merkte, wie ihr Herz schneller zu schlagen begann. Sie blickte zum Schuppen hinüber, in dem sich Zebs Schlafzimmer befand. Das Tor stand weit offen. Zeb mußte Vaters Ruf vernommen haben, aber er erschien nicht.

»Zeb!« rief auch Mrs. Caldwell über den Hof zum Schuppen hinüber.

»Wahrscheinlich gehorcht er dir nicht mehr, seit du ihm die Leine vom Hals genommen hast«, sagte Mr. Sherman spöttisch. Kaum hatte er jedoch ausgesprochen, trat Zeb aus dem Schuppen. Er trug nur seine Hose und die Stiefel. Sein Oberkörper war nackt, die Haut blaß und glatt.

»Oh, mein Gott!« hörte Clarissa Mrs. Sherman beim Anblick des halbnackten Knechtes ausstoßen, und als sich Clarissa vorbeugte, war Mrs. Sherman gerade dabei, sich entrüstet abzuwenden.

»Zeb, zieh dir ein Hemd an und versorg die beiden Wagenpferde!« rief Mr. Caldwell über den Platz. Clarissa sah, wie Zeb den Kopf hochwarf, und für einen Moment sah es aus, als wollte er sich weigern, den Befehl zu befolgen. Aber dann drehte er sich um und ging in den Schuppen.

Clarissa blieb am Fenster stehen, bis er wieder auftauchte. Jetzt trug er ein Hemd, das jedoch über seiner Brust weit offenstand. Oliver, Clarissas kleiner Bruder, lief hinter Zeb her, als hätte ihn dieser dazu dressiert. Oliver hatte sich ein paar Hühnerfedern ins feuerrote Haar gesteckt und war mit Pfeil und Bogen bewaffnet.

»Ich bin der gefürchtete Pontiac, Häuptling aller Ottawa-Indianer!« rief er. Als Barney kläffend auf ihn zustürzte, schoß er einen der Pfeile auf ihn ab und traf ihn. Barney zog jaulend ab, und Mrs. Caldwell trat aus dem Haus und befahl Oliver, hereinzukommen.

*

Es war nicht mehr seine Pflicht, die Pferde der Shermans zu versorgen oder auf Caldwell's Meadow sonst noch einen Finger zu krümmen. Er hatte seine Schuldigkeit getan, seinen Dienst abgearbeitet und vor wenigen Tagen endlich seine Freiheit erhalten. Nein, Zebulon Russell Peck war kein Verdingknecht mehr. Er war frei. Frei wie alle anderen, die ihre Schulden abgezahlt hatten. Frei, seine eigenen Entscheidungen zu treffen und sich seinen eigenen Weg in die Zukunft zu suchen. Jetzt konnte ihn niemand mehr aufhalten. Jetzt hätte er fliegen können, wären ihm nur Flügel gewachsen.

Aber Zeb gehorchte dem Befehl jenes Mannes, der zwei Jahre lang sein Herr gewesen war. Er hatte sich beinahe so sehr daran gewöhnt, daß er es einfach nicht fertigbrachte, nicht zu tun, was Mr. Caldwell von ihm verlangte.

So führte er die beiden Wagenpferde hinüber zur großen Koppel, schirrte sie aus und gab ihnen Wasser und Heu. Als sie trocken waren, bürstete er ihnen den Schweiß aus dem Fell, und erst als er sicher war, daß die beiden Pferde gut aufgehoben waren und ihnen an nichts fehlte, ging er in den Schuppen zurück, um seine Sachen zu packen.

Tom Fox, der neue Knecht auf Caldwell's Meadow, trat in den Schuppen und lehnte sich bei der Tür an die Wand. Tom war ein hagerer Junge, dem ein Hund das linke Ohr abgebissen hatte, als er ein Kind gewesen war. Seitdem stotterte er ein bißchen, aber es fiel den meisten Leuten nur auf, wenn Tom aufgeregt war und schneller als sonst reden wollte.

»Es hätte mir nichts ausgemacht, die Wagenpferde zu versorgen«, sagte Tom plötzlich.

Zeb, der dabei war, ein Hemd in einem Leinenbündel zu verstauen, blickte kurz auf, sagte aber nichts.

»Du bist nicht mehr der Knecht hier«, sagte Tom. »Er sollte dir keine Befehle mehr geben.«

»Das fiele ihm zu schwer«, entgegnete Zeb. Und er lächelte dabei. »Das fiele ihm genauso schwer, wie es mir schwerfallen würde, ihm nicht zu gehorchen.«

Tom sagte darauf eine lange Zeit nichts. Zeb tat alles, was er besaß, in den Beutel, der mit einem ledernen Tragriemen versehen war. Es war nicht viel, was er sein Eigentum nennen konnte. Er hatte eigentlich nur, was er auf dem Leib trug. Außerdem ein zweites Hemd, das ihm Mrs. Caldwell genäht hatte, eine alte Hose, die fast nur noch aus Flicken bestand, und eine Wolldecke, die er zusammengerollt auf dem Rücken tragen konnte. Entsprechend klein fiel das Bündel aus, das Zeb auf dem langen Marsch nach Winchester zu tragen hatte.

Er besaß kein Pferd und auch kein Gewehr, aber während der letzten Wochen hatte er sich einen langen Hikkorystock zurechtgeschnitzt, der ihm nicht nur als Gehstock dienen konnte, sondern notfalls auch als Hiebwaffe, mit der er sogar einen Reiter hätte aus dem Sattel schlagen können.

Für zwei Jahre hatte sich Zeb als Knecht an die Caldwells verdingt, um die Überfahrtkosten von England nach Virginia, die Mr. Caldwell für ihn entrichtet hatte, abzuarbeiten. Dies war ihm leichter gefallen, als er es sich am Anfang vorgestellt hatte.

Mr. Caldwell erwies sich zwar als strenger Herr, aber er war auch gerecht und somit keiner von denen, die ihre Verdingknechte mehr arbeiten ließen und schlimmer behandelten als schwarze Sklaven aus Afrika, weil diese nämlich mehr kosteten und länger dem Eigentum eines Herrn angehörten.

Zeb hatte sich im Schuppen eine kleine Kammer einrichten dürfen, und er hatte immer genug essen können. Er hatte die Schuhe von Mr. Caldwell übernehmen dürfen, von dem er auch jetzt ein paar neu gesohlte Stiefel trug.

Nicht ein einziges Mal hatte Zeb während der letzten zwei Jahre gedacht, Caldwell's Meadow den Rücken zu kehren und davonzulaufen, wie es andere Verdingknechte überall im Land taten. Es lag nicht nur daran, daß er keine Papiere besaß und sich unter einem anderen Namen nicht hätte ausweisen können, sondern auch an seiner Freundschaft mit Jason Caldwell, dem mittleren der drei Caldwell-Söhne William, Jason und Oliver.

Jason und Zeb waren im selben Alter. Während der letzten zwei Jahre verbrachten sie den größten Teil ihrer Freizeit zusammen. An Sonntagen durchstreiften sie gemeinsam die Wälder um Caldwell's Meadow und Shermantown bis zum Tal des Holston Creek am Osthang der Allegheny Mountains, hinter denen sich jene gefährliche und geheimnisvolle Wildnis ausbreitete, die es zu erobern galt.

Und manchmal, wenn sie sich nicht zu weit von Caldwell's Meadow entfernten und Mrs. Caldwell es erlaubte, hatten sie Clarissa mitgenommen – zum Fischen am

Clear Creek, auf einen Streifzug durch die stillen Täler oder auf die Jagd nach wilden Truthühnern.

Selten nur hatte Mrs. Caldwell ihrer Tochter erlaubt, Jason und Zeb zu begleiten, aus Furcht vor den Wilden, die hin und wieder von jenseits der Allegheny Mountains in das Hochland eindrangen, entlegene Ansiedlungen und Gehöfte überfielen und ohne Unterschiede Männer, Frauen und Kinder umbrachten.

Man wußte nie, wo und wann sie auftauchten wie Wölfe aus den Wäldern, lautlos über Pfade schleichend, die nur ihnen bekannt waren, um dann plötzlich über ahnungslose Menschen herzufallen.

So war Clarissa in den letzten beiden Jahren kein halbes dutzendmal mit Jason und Zeb unterwegs gewesen. Aber Zeb konnte sich noch genau an jenen ersten Sonntag erinnern, als Clarissa kopfüber in den Clear Creek gefallen war. Dreizehn Jahre alt war sie damals gewesen, ein mageres, flachbrüstiges Mädchen mit dünnen Steckenbeinen, fahlblondem Haar und einem schmalen Gesicht voller Sommersprossen.

Zeb versuchte damals, mit der Angelleine eine Forelle aus dem Bach zu ziehen, während Clarissa hinter ihm vor Aufregung in die Hände klatschte und auf und ab hüpfte. Als Zeb die Forelle schon beinahe mit der Hand packen konnte, fiel sie vom Angelhaken und schlitterte über die steile Böschung hinunter, bis sie im hohen Ufergras zappelnd hängenblieb.

Bevor Zeb sie daran hätte hindern können, rutschte Clarissa an ihm vorbei auf dem Bauch mit dem Kopf voran die Böschung hinunter auf den zappelnden Fisch zu. Als sich Zeb auf den Bauch warf, um nach Clarissas Fußgelenken zu greifen, war es schon zu spät. Clarissa

30

gelang es zwar, die Forelle zu packen, aber im nächsten Moment fiel sie kopfüber in den Bach und ging im tiefen Wasser unter.

Da auch Zeb und Jason nicht schwimmen konnten, sahen sie nur vor Entsetzen gelähmt zu, wie Clarissa in der Strömung weggetrieben wurde, aber zum Glück stießen ihre kleinen Füße bald auf festen Grund, und das erste, was sie aus dem Wasser streckte, war die Forelle, die sie mit beiden Händen eisern festhielt.

Zeb wäre gerne hiergeblieben, in Caldwell's Meadow, aber er wußte, daß es für einen wie ihn unter den Caldwells und Shermans keinen Platz gab. Als Knecht hätte er hier kaum eine Anstellung gefunden, denn es gab Sklaven und Verdingknechte, denen kein Lohn bezahlt werden mußte. Er hätte irgendwo selbst mit einer kleinen Heimstatt beginnen können, aber er besaß kein Stück Land, kein Vieh, kein Geld und keine Verwandten oder Freunde, die ihm mit einem kleinen Kredit unter die Arme hätten greifen können.

Seine einzige Chance, und das wußte er, war die Milizarmee Virginias. Für seinen Dienst würde er einen Sold kriegen, und es geschah nicht selten, daß Soldaten und Unteroffiziere am Ende einer Dienstzeit mit einer Landgabe beschenkt wurden, einem Stück der grenzenlosen Wildnis, die zu erobern jungen und verwegenen Männern wie Zeb und Jason vorbehalten war.

Und Clarissa?

Clarissa würde, ihrem Stand entsprechend, einen Mann heiraten, der ihr ein kleines Reich zu Füßen legen konnte. Der Sohn eines Farmers mochte es sein, der ihr ein Heim bieten konnte und damit eine gesicherte Zukunft. Und Clarissa würde seine Kinder zur Welt bringen und ihm eine treue Lebensgefährtin sein, und vielleicht würde sie eines Tages zusammen mit ihrem Mann Caldwell's Meadow und das Tal des Shenandoah verlassen und nach Westen ziehen.

Dann mußte die Wildnis jenseits der Berge bereit sein für jene, die in ihren Wagen die Zivilisation mit sich brachten, Männer und Frauen, die einem Traum folgten. Bis dann mußten die Wilden vernichtet und die Franzosen vertrieben oder geschlagen worden sein, damit dort, im fernen Tal des Ohio, neues Leben entstehen konnte mit neuen Ansiedlungen, wie es Caldwell's Meadow eine war.

Ja, Zeb hatte sich entschieden, Soldat zu werden und sich zusammen mit Jason Colonel Washington anzuschließen. Seite an Seite würden sie schon bald gegen die blutrünstigen Wilden und heimtückischen Franzosen kämpfen.

»Zeb!«

Die Stimme, die leise seinen Namen nannte, riß ihn aus den Gedanken. Er fuhr herum, und beim Tor stand Clarissa. Sie trug dieses schöne Kleid, das ihr Mrs. Caldwell genäht hatte, ein Kleid aus Samt und Seide, mit langen Puffärmeln und einem von Stickereien verzierten Brustteil, der bis zu ihrem Hals hoch zugeknöpft war.

»Clarissa«, sagte er verwundert. »Was tust du hier?«

Sie trat aus dem hellen Licht in das Halbdunkel und ging auf ihn zu, indem sie mit beiden Händen ihre weiten Röcke hob. Vor ihm blieb sie stehen.

»Ich hoffe, dir fällt eine gute Ausrede ein, wenn deine Mutter oder dein Vater dich hier in diesem Schuppen finden«, sagte Zeb. »Ich glaube, es ist besser, wenn du gleich wieder zurückgehst, Clarissa.«

Clarissa lächelte.

»Vor was hast du Angst, Zeb? Sie können dich nicht mehr bestrafen. Du bist frei. Hast du das schon wieder vergessen? Außerdem fällt es ihnen gar nicht auf, daß ich nicht bei ihnen bin. Sie sind alle viel zu sehr damit beschäftigt, den Besuch von Lieutenant Sweet und seinen Soldaten zu feiern. Großvater ist schon ganz betrunken, und bei Vater dauert es auch nicht mehr sehr lange, bis er zu singen anfängt.«

»Und warum bist du hier?« fragte Zeb.

»Ich habe mir überlegt, was wir tun könnten«, erwiderte Clarissa.

»Was meinst du damit?«

»Ich meine damit, daß ich diesen Lieutenant Sweet niemals heiraten werde.«

»Heiraten? Wer hat denn gesagt, daß du Lieutenant Sweet heiraten sollst?«

»Niemand hat es direkt gesagt, aber ich weiß, was sie alle denken. Sie denken, daß Lieutenant Sweet eines Tages nach Caldwell's Meadow zurückkehren wird, um mich zu heiraten. Mutter redet schon seit Tagen von nichts anderem als von ihm und seiner Familie und seiner Freundschaft mit George Washington.«

Zeb lachte. »Bestimmt ist er eine gute Partie, Clarissa.«

In ihren Augen blitzte ein Funken des Zorns.

»Er ist vielleicht eine gute Partie für eine der jungen Damen in Williamsburg, Zebulon Peck, für mich ist er ein Mann, den ich niemals heiraten würde.«

»Warum denn nicht? Du kennst ihn doch gar nicht.«

»Er ist häßlich.«

»So? Und woher weißt du das?«

»Bestimmt ist er häßlich.«

»Das weißt du nicht.«

»Er hat ein steifes Bein.«

»Eine Kriegsverletzung – und damit ist er ein Held.«

»Er ist alt.«

»Wie alt?«

»Zwanzig.«

»Dann ist er zwei Jahre älter als ich.«

»Er ist alt und häßlich, und er hat ein steifes Bein. Ich kann ihn unmöglich heiraten. Lieber laufe ich mit dir davon, als daß ich mich zwingen lasse, Lieutenant Sweet zu heiraten.«

»Ist es das,was du dir überlegt hast? Davonzulaufen?«

»Ja.« Clarissa senkte den Kopf. Sie schwiegen beide. Von draußen drang der festliche Lärm in den Schuppen. Großvater Sherman spielte auf seiner alten Fiedel und George Sherman auf einer Harmonika.

Clarissa hob den Kopf und blickte Zeb in die Augen.

»Ich habe Angst, daß ich dich nie mehr wiedersehen werde, Zeb«, sagte sie leise.

»Warum denkst du an solche Dinge?« erwiderte er. »Du sollst deine Gedanken nicht an mich verschwenden. Was bin ich denn? Ein ehemaliger Verdingknecht ohne Hab und Gut. Dein Vater hätte mir ein Stück von seinem Land abgeben können, aber das stand nicht im Kontrakt. Im Kontrakt stand, daß ich am Ende meiner Dienstzeit einen Mantel und Schuhe kriegen soll, dazu eine Axt und eine Feldhacke. Da ich mich in den Dienst von Virginia stelle, brauche ich weder die Axt noch die Hacke, und dafür gab mir dein Vater Geld. Sonst besitze ich nichts, und es ist deshalb eine große Dummheit, wenn du auch nur einen Gedanken an mich verschwendest.«

»Ist das alles, was du mir zu sagen hast?«

»Was soll ich dir sonst sagen?«

»Nun, zum Beispiel, daß du zurückkehren wirst, bevor mich meine Eltern an diesen Lieutenant Sweet vergeben.«

»Daran könnte ich sie wohl kaum hindern, Clarissa.«

»Du könntest um mich kämpfen.«

»Ja, das könnte ich.« Zeb nickte ernsthaft. »Aber dazu muß ich erst lernen, mit einer Pistole umzugehen. Sicher gibt es bald einen Feldzug gegen die Franzosen. Alle sagen, daß General Braddocks Niederlage gerächt werden müsse und daß es einen Krieg um das Tal des Ohio gäbe, um den ganzen Nordwesten, von hier bis nach Fort Detroit hoch. Und wir werden den Krieg gewinnen, Clarissa, und wenn ich zurückkehre, werde ich vielleicht ein Landbesitzer sein wie dein Vater.«

»Würdest du mich dann noch zu deiner Frau haben wollen?«

Zeb hatte das Ja schon auf der Zunge, aber im letzten Moment hielt er es zurück. Statt dessen legte er den Kopf schief und musterte Clarissa von Kopf bis Fuß.

»Nun, Zebulon Peck? Willst du mir auf meine Fragen keine Antwort geben?«

»Du bist schön«, sagte er.

»Das ist es nicht, was ich dich gefragt habe.«

»Ich weiß nicht, wie lange dieser Krieg dauern wird. Wenn ich zurückkomme, willst du vielleicht nichts mehr von mir wissen.«

»Und wenn ich dir sage, daß ich auf dich warten werde, selbst wenn es zehn Jahre dauert, bis du zurückkehrst?«

»Zehn Jahre dauert es bestimmt nicht, bis wir die Franzosen aus dem Tal des Ohio vertrieben haben. Eher ein Jahr oder zwei.«

»Und dann kehrst du zurück? Hierher nach Caldwell's Meadow?«

Zeb nickte. »Ja. Dann kehre ich zurück.«

»Versprichst du's?«

»Ja.«

»Und wenn ihr gegen die Franzosen kämpft, paßt du auf, daß Jason nichts passiert?«

»Wir werden Schulter an Schulter kämpfen, Clarissa!«

Sie blickte ihn an, und ihre Augen füllten sich mit Tränen.

»Ihr kommt beide zurück, nicht wahr?« preßte sie mit erstickter Stimme hervor.

»Wir kommen beide zurück«, sagte Zeb, und es klang fast wie ein Schwur. Gleichzeitig spürte er aber in seinem Innern das Gefühl der eigenen Unsicherheit aufsteigen, ein ekliges Gefühl, das sich wie eine Ratte in ihm festkrallte, während er Clarissa in seine Arme nahm und an sich drückte.

3. Kapitel Der Offizier und sein Läufer

Lieutenant Andrew Warren Sweet – Ein verlorener Haufen – Der einarmige Korporal – Mataqua, der Läufer – Ein unterhaltsamer Gast – Der Braddock-Feldzug – Der Fremde und sein Begleiter – Jugendfreunde – Mißtrauen – Das Geheimnis

Natürlich war Lieutenant Andrew Warren Sweet hoch zu Roß eine beeindruckende Erscheinung, von der sich auch Clarissa in Aufregung versetzen ließ. Seiner kleinen Kolonne voranreitend, gab er seinem prachtvollen Sommerrappen die Sporen, sobald die Gebäude von Caldwell's Meadow auftauchten. Er galoppierte das Wegstück vom Clear Creek hoch, vorbei an der Getreidemühle und dem Sägewerk, und parierte das Pferd in einer wirbelnden Staubwolke.

Der blaue Uniformrock mit den scharlachroten Aufschlägen und Silberborten, obwohl vom langen Ritt mit Staub bedeckt, leuchtete in der Nachmittagssonne. Der Rappenwallach tänzelte feurig, und der junge Lieutenant hielt ihn mit einer Hand eisern an den Zügeln, während er mit der anderen den Dreispitz vom Kopf nahm.

»Lieutenant Sweet, erstes Virginia-Regiment, im Dienst der königlichen Hoheit Englands«, stellte er sich und seine Soldaten vor, die in einer Zweierkolonne durch den Staub marschierten, ein müder Trupp, im Gleichschritt, eins-zwei, eins-zwei.

Im Gegensatz zur glanzvollen Erscheinung des jungen Lieutenants wirkten seine Soldaten eher wie der letzte verlorene Haufen einer Räuberbande, die sich auf der Suche nach Beute und Opfern im Wald verirrt hatte. Junge Männer schritten da auf der schmalen Straße nach Caldwell's Meadow, die meisten von ihnen in zerlumpten Kleidern und schlechtem Schuhwerk, allesamt ohne eine einzige Muskete. Ihre Waffen waren Stöcke aus Hickoryholz, Äxte und Heugabeln. Einer von ihnen hatte ein Monstrum einer Piratenpistole im Gürtel stecken, und ein anderer war der stolze Besitzer eines Tomahawks, wie er zum Handel mit den Indianern in Williamsburg und andernorts hergestellt wurde.

Der Mann mit der Pistole war der einzige, der einen blauen Uniformrock trug, allerdings einen, der schon allerlei mitgemacht haben mußte, denn Clarissa fielen sofort die Flecken und Flicken an dem Rock auf. Er ging an der Spitze der Kolonne, neben einem Jungen, der keine vierzehn Jahre alt sein mochte. Der Junge schlug eine Marschtrommel, während hinter ihm ein anderer Junge mit beiden Händen einen langen Stock hochhielt, an dem ein Wimpel in den Farben der Virginia-Kolonie hing.

Der Mann mit der Pistole ließ die Kolonne mit einem scharfen Befehl anhalten, und als er sich dem Lieutenant auf seinem Roß zuwandte, konnte Clarissa erkennen, daß der rechte Ärmel seines Uniformrockes leer mit dem Ende an der Schulter befestigt war.

»Korporal Brady, die Männer sollen sich im Schuppen einquartieren!« befahl Lieutenant Sweet vom Rücken seines tänzelnden Pferdes aus. »Sie werden mit Wasser und Essen versorgt werden. Wir verlassen diesen Ort hier morgen früh bei Tagesanbruch!«

Lieutenant Sweets Befehle waren kurz und klar, der Tonfall seiner Stimme so unduldsam und kalt, daß Clarissa schauderte. Sie konnte sich nicht vorstellen, daß ihr Bruder Jason oder Zeb dazu bereit wären, sich länger als einen Tag diesem arroganten Aufschneider auszusetzen.

Da Lieutenant Sweet keine Anstalten traf, von seinem Pferd zu steigen, forderte ihn Clarissas Vater noch einmal dazu auf, sich im Haus zu erfrischen.

Der Lieutenant beachtete die Einladung jedoch nicht. Als ob er noch irgendwelche Nachzügler erwartete, blickte er zu dem Weg zurück, über den sie heranmarschiert waren. Und da tauchte im Schatten des Waldes, unten bei den Sklavenhütten, eine halbnackte, dunkelhäutige Gestalt auf.

Obwohl die Gestalt noch fast zweihundert Yards entfernt war, konnte Clarissa sofort erkennen, daß es sich bei ihr nicht um einen weißen Mann, sondern um einen Indianer handelte, dessen Kopf bis auf einen Haarbüschel kahlgeschoren war.

Clarissas Schwägerin, Abigail Sherman, begann beim Anblick dieser abscheulichen Kreatur mit spitzer Stimme zu schreien und fiel dabei in die Arme ihrer Mutter.

William, Clarissas ältester Bruder und Abigails Ehemann, stürzte ins Haus, um die Jagdbüchse, die über der Tür hing, herunterzunehmen, aber Lieutenant Sweets Stimme durchdrang das Geschrei Abigails.

»Achtung, Leute!« brüllte er mit schneidender Stimme. »Dies ist Mataqua, mein Läufer!«

William stürzte mit dem Gewehr in den Händen aus dem Haus, blieb aber wie angewurzelt stehen, als er die erhobene Hand des Lieutenants bemerkte. Abigail lag halb ohnmächtig in den Armen ihrer Mutter, und es gab in diesem Moment niemanden in Caldwell's Meadow, der nicht regungslos der Gestalt entgegengeblickt hätte.

Der Indianer lief jetzt in einem leichtfüßigen Wolfstrott am Sägeschuppen vorbei. Im Licht der Nachmittagssonne glänzte sein dunkler Körper, als wäre er mit Öl eingerieben. Nur das Pferd des Lieutenants begann noch nervöser zu tänzeln, blähte dabei seine Nüstern und schnaubte in die Richtung des herannahenden Läufers, der nun schon so nahe war, daß man die gräßlichen Tätowierungen erkennen konnte, die sein Gesicht, seinen Körper sowie seine Arme und Beine bedeckten.

»Wer ist dieser – dieser Indianer?« stieß Clarissas Vater hervor.

»Mataqua ist mein rechter Fuß«, erklärte Lieutenant Sweet so stolz, als wäre er es gewesen, der diese Kreatur geschaffen hätte. Mit geschwollener Brust saß er auf seinem schnaubenden Pferd und ließ keinen Blick von Mataqua.

Dieser lief nun am Schuppen und am Wagen der Shermans bei der großen Koppel vorbei. Dort standen Zeb und der neue Knecht, aber der Indianer schenkte ihnen keine Beachtung. Er lief schnurstracks auf den Lieutenant zu, der sein Pferd hart an die Kandare nehmen mußte, damit es nicht mit ihm durchging.

William hob das Gewehr etwas an, und Mr. Sherman trat vor seine Frau und seine beiden jüngeren Töchter, die sich umarmt hielten und dem Indianer voller Entsetzen und Furcht entgegenblickten.

Der Indianer blieb erst stehen, als er sich bis auf etwa fünf Schritte dem Lieutenant und seinem scheuenden Pferd genähert hatte.

Clarissa vermochte kaum in das Gesicht dieser Kreatur zu blicken. Es war ein grobes Gesicht, von tiefen Pokkennarben entstellt, die Züge durch die dunklen Tätowierungen beinahe maskenhaft starr. Von der Skalplocke des Indianers hing ein Lederband, das mit Glasperlen verziert war. Bis auf einen Lendenschurz aus Hirschleder und einen Gürtel, in dem ein Tomahawk und ein Messer steckten, war Mataqua nackt. Er trug nicht mal Mokassins, obwohl er den ganzen Weg hierher gelaufen sein mußte.

»Such dir einen Platz, Mataqua«, sagte Lieutenant Sweet zu dem Indianer, der gleichmäßig atmend und ohne Anzeichen von Erschöpfung vor ihm stand. »Wir marschieren morgen weiter!«

Mataquas flinke Augen streiften alle, die sich vor dem Farmhaus versammelt hatten, auch Clarissa, die sich Mühe geben mußte, nicht zusammenzuzucken, als der Blick sie für einen Moment zu durchdringen schien.

»Er kann in der Hütte von Joseph schlafen«, sagte Mr. Caldwell, und Clarissa hörte der Stimme ihres Vaters an, daß er sich dazu zwingen mußte, dem Indianer Quartier anzubieten. »Es ist die Hütte dort drüben, hinter der Getreidemühle. Joseph ist ein Powhatan.«

»Mataqua wird sich den Platz, wo er schläft, selbst aussuchen«, entgegnete Lieutenant Sweet. Er parierte sein Pferd, indem er es noch härter an die Kandare legte. Ohne sich weiter um seinen Herrn zu kümmern, lief

Mataqua davon und verschwand im Wald auf der anderen Seite der Straße.

Kaum war er außer Sicht, beruhigte sich das Pferd des Lieutenants. Während Clarissas Mutter Abigail ins Haus brachte, stieg Lieutenant Sweet endlich vom Pferd. Erst jetzt, als sich das Pferd drehte, bemerkte Clarissa, daß Lieutenant Sweet auf der rechten Seite nicht nur ein steifes, sondern ein Holzbein hatte, das in einem besonders dafür angefertigten Steigbügel steckte.

*

Während Korporal Brady und die Soldaten beim Schuppen drüben ihr Ferkel aßen und dazu Bier von einem Fäßchen tranken, das die Shermans mitgebracht hatten, leisteten die Caldwells und die Shermans Lieutenant Sweet Gesellschaft. Der gedeckte Tisch stand im Nachmittagsschatten des Farmhauses.

Clarissas Mutter hatte dafür gesorgt, daß Clarissa dem Lieutenant genau gegenübersaß, während sie selbst zu seiner Rechten Platz genommen hatte. Links von Clarissa saß ihr Vater und neben ihm Mr. und Mrs. Sherman, die Shermantown gegründet hatten, die nächstgelegene Ansiedlung am unteren Clear Creek.

Lieutenant Sweet entpuppte sich als ein unterhaltsamer Gast, der den Caldwells und den Shermans von der neueren Politik der Kolonie erzählte, von seiner eigenen Jugend auf der Plantage seiner Eltern und vor allem vom Braddock-Feldzug gegen die Franzosen, bei dem er sein rechtes Bein und Korporal Brady seinen rechten Arm verloren hatte.

»Dieses Mal, und dafür garantiere ich persönlich, wird das Virginia-Regiment siegreich vom Tal des Ohio zurückkehren!« versprach er, als Clarissas Großvater meinte, daß er auf seine alten Tage vielleicht doch noch einmal den Waffenrock anziehen und zur Muskete greifen sollte. »Dieses Mal wird unser Regiment von Colonel Washington angeführt und nicht dem Oberkommando eines britischen Offiziers unterstellt sein, der von dem Kampf, wie er gegen Wilde geführt werden muß, keine Ahnung hat.«

Für Clarissas Mutter und für Mrs. Sherman war es aber nicht so wichtig, daß die Franzosen aus dem Tal des Ohio vertrieben wurden. Sie wollten von Lieutenant Sweet wissen, was die Kolonialregierung zum Schutz der Ansiedlungen im Shenandoah-Tal zu tun gedachte.

»Wir schicken unsere Söhne in den Krieg gegen die Franzosen und ihre verbündeten Wilden, aber hier im Tal kann uns niemand gegen die Überfälle der Wilden schützen«, klagte Clarissas Mutter.

Mrs. Sherman pflichtete ihr bei, indem sie vom Überfall auf die Wakefield-Farm berichtete, bei dem im Herbst des vergangenen Jahres den Indianern acht Menschen zum Opfer gefallen und zwei Mädchen verschleppt worden waren.

Durch einen Feldzug zum Ohio River, so versicherte Lieutenant Sweet, würde das ganze Gebiet westlich der Appalachen unter die Kontrolle der britischen Kolonien Amerikas gebracht werden. Dadurch würden gegen Westen hin sämtliche Indianer ausgerottet, die sich nicht den Gesetzen der Kolonien und der britischen Krone unterwerfen wollten.

Lieutenant Sweet schien überhaupt nicht damit zu rechnen, daß der Feldzug ins Tal des Ohio fehlschlagen könne. Er war absolut davon überzeugt, daß die Franzosen dieses Mal wenig Widerstand leisten und sich bis nach Fort Detroit zurückziehen würden.

»Ihre einzige Befestigung, die sie nicht ohne Kampf aufgeben werden, ist Fort Duquesne. Dieses Fort steht an der Stelle, wo der Allegheny und der Monongahela River zusammentreffen und den Ohio bilden. Dort habe ich am 9. Juli 1744 an der Seite von General Braddock mein Bein verloren.«

Lieutenant Sweets Stimme erhielt einen metallischen Klang. Der Blick aus seinen graublassen Augen schien plötzlich in der Ferne jene schrecklichen Bilder zu entdecken, die sich schmerzhaft und blutig in seine Erinnerung eingebrannt hatten.

Der schwärzeste Tag in der anglo-amerikanischen Geschichte wurde er genannt, jener 9. Juli vor zwei Jahren, als zwei britische Regimenter unter Major General Edward Braddock und eine Abteilung der Virginia-Miliz in einen mörderischen Indianerhinterhalt gerieten, noch bevor der eigentliche Angriff auf das Franzosenfort beginnen konnte.

General Braddock, ein sechzigjähriger, auf europäischen Schlachtfeldern erprobter Haudegen der berühmten Coldstreamgarde, führte sein Regiment, keine zehn Meilen von Fort Duquesne entfernt, blindlings in eine Falle.

Seine Vorhut und seine Hauptmacht gerieten sich auf der schmalen, frisch gehauenen Wagenstraße derart ins Gehege, daß sich viele der britischen Soldaten gegenseitig umbrachten, während die Indianer, im Dickicht versteckt, von beiden Seiten auf sie schossen. In Panik flohen die beiden Regimenter, während die Milizsoldaten unter Colonel Washington und Lieutenant Sweet wenigstens versuchten, geschlossen Gegenwehr zu leisten und einen organisierten Rückzug zu beginnen.

Natürlich gaben die Offiziere auf ihren Pferden die besten Ziele ab, und einer nach dem anderen fiel im Kugelhagel. Zwei Pferde brachen unter Colonel Washington tot zusammen, ohne daß er selbst verletzt wurde.

Weniger Glück hatten Braddock und Lieutenant Sweet. General Braddock wurde von einer Kugel aus dem Sattel geworfen, und der junge Lieutenant merkte erst, daß sein rechtes Bein unterhalb des Knies zerschmettert worden war, als das Blut in seinem Stiefel über den Schaftrand lief.

Lieutenant Sweet erzählte gerade, wie er zusammen mit dem General in einem zweirädrigen Pferdewagen in Sicherheit gebracht wurde und wie man den General nach seinem Tod mitten auf der Straße begrub. Fortan nannte man sie die Braddock-Straße, weil sie von seiner Vorhut in den Urwald geschlagen worden war. Und die fliehenden Soldaten ließ man über sein Grab hinwegziehen, damit die Wilden später die Stelle nicht finden und den Leichnam des Generals ausgraben und verstümmeln konnten.

An diesem Punkt der Geschichte entdeckte Clarissa beim Sägeschuppen den Indianer, den Lieutenant Sweet mitgebracht hatte.

Er trat aus dem Wald und lief schnell und behende über den Platz auf das Blockhaus zu.

Lieutenant Sweet entschuldigte sich, erhob sich und ging dem Indianer einige Schritte entgegen. Nach einem kurzen und leisen Gespräch, von dem die Leute am Tisch kein Wort verstehen konnten, obwohl sie angestrengt lauschten, kehrte Lieutenant Sweet zum Tisch zurück.

»Mataqua hat im Wald einen Fremden mit zwei Pferden entdeckt. Auf einem der Pferde liegt ein Indianer, von dem Mataqua annimmt, daß es sich um einen Shawnee handelt. Da Pferde äußerst knapp sind, werde ich mich um diesen Mann kümmern müssen.«

Noch einmal entschuldigte er sich in aller Form, daß er die Tischrunde verlassen müsse. Clarissas Vater erhob sich, und das war ein Zeichen für Clarissa, ebenfalls aufzuspringen. Sie hatte zwar keine Ahnung, wer der Mann mit den Pferden sein könnte, aber als sie Lieutenant Sweet an der Seite seines Indianers davongehen sah, fiel ihr plötzlich jener Fremde ein, der vor langer Zeit hier vorbeigezogen war und eine Nacht im kleinen Schuppenanbau verbracht hatte.

Ein geheimnisvoller Mann war es gewesen, der sich allein durch die Cumberland Gap in die Wildnis wagen wollte. Seinen Namen hatte Vater später von einem Händler erfahren. Obwohl Clarissa damals kein Wort mit dem Mann gesprochen hatte, hatte sie in der ersten Zeit häufig an ihn gedacht.

Erst später war sein Erscheinen in ihrer Erinnerung mehr und mehr verblaßt, und eigentlich konnte sie ihn sich jetzt überhaupt nicht mehr vorstellen, und es fiel ihr auch sein Name nicht mehr ein.

Warum sie ausgerechnet in diesem Moment wieder an ihn dachte, wußte sie nicht, aber als Jason vom Schuppen her über den Hof lief, trat sie ihm schnell in den Weg.

»Jason, erinnerst du dich an den Fremden, der vor zwei Jahren hier vorbeigezogen ist?« fragte sie ihn. »Könnte es nicht sein, daß er es ist, der...«

»Dieser Mann war Nathaniel Axton, den die Wilden Lederstrumpf nennen. Jedes Kind weiß doch inzwischen, daß ihn die Franzosen eingekerkert und zu Tode gefoltert haben.«

Jason eilte an ihr vorbei und fragte Großvater nach seiner alten Muskete, die er ihm auf den Weg ins Soldatenleben mitgeben wollte.

Großvater ging mit ihm ins Haus. Unten beim Schuppen wurde Lieutenant Sweets Rappe aufgezäumt und gesattelt. Der Corporal ließ seine Soldaten in Zweierreihe antreten. Clarissa hastete zu ihrem Vater, der zusammen mit Mr. Sherman vor dem Haus stand und dem Treiben auf dem Hof verwundert zusah.

»Man könnte meinen, die Franzosen seien im Anmarsch«, sagte Mr. Sherman mit spöttischer Stimme. »Schau nur, Clarissa, Zeb weiß noch nicht mal, wo er sich einzureihen hat, und schon wird ihm Gelegenheit gegeben, seinen Mut auf die Probe zu stellen.«

Zeb gesellte sich zu seinen neuen Kameraden, den Hickorystock geschultert wie ein Gewehr, das Jagdhemd über seiner Brust jetzt bis unters Kinn zugeschnürt, den Schlapphut schief auf dem Kopf.

Der Korporal schrie ihn an. Der Korporal schrie sie alle an, und nach einigem Durcheinander standen sie in Reih und Glied. Aber da sie ziemlich viel getrunken hatten, schwankten einige von ihnen beträchtlich hin und her, und sogar der Korporal hatte ein bißchen Schlagseite.

Jason verließ mit der Muskete seines Großvaters das Haus. Er trug den abgenutzten Uniformrock seines Urgroßonkels, der als Musketier im Regiment Jeffrey vor fast hundert Jahren nach Amerika gelangt war, eine blaue Kniebundhose und kniehohe Gamaschen aus braunem Drillich. Quer über seine Brust zog sich ein rotes Lederbandelier, an seinem Gürtel hingen eine Kugeltasche und ein Haken für das Spundbajonett, das im Moment jedoch in der Mündungs einer Muskete steckte.

Eilig ging er über den Hof, um sich in die erste Reihe zu stellen, aber in diesem Augenblick tauchte auf dem Weg, der nach Nordwesten in die Wälder führte, der Mann mit seinen beiden Pferden auf. Deutlich konnte Clarissa die Gestalt erkennen, die quer über dem Rücken des zweiten Pferdes lag. Der Mann führte das erste Pferd an den Zügeln.

Er war groß und hager, und in seinem Gesicht wucherte ein dunkler Bart. Ganz in Hirschleder gekleidet war er, mit Mokassins an den Füßen und Fransen, die ihm von den Nähten herunterhingen. Sein Hemd war dunkel vom Schweiß, vom Schmutz und vielleicht von Blut.

Clarissa war sicher, daß sie den Fremden nie zuvor im Leben gesehen hatte und daß er unmöglich jener junge, gutaussehende Mann sein konnte, der vor zwei Jahren hier vorbeigezogen und im Schuppenanbau genächtigt hatte.

Oliver, der dem Fremden im Schatten des Schuppens aufgelauert hatte, verließ jetzt der Mut. Mit Pfeil und Bogen rannte er zu den Soldaten hinüber und stellte sich neben seinen Bruder Jason als letzter ins vordere Glied.

*

Der Offizier, der ihm da auf dem prächtigen Sommerrappen entgegenritt, war kein anderer als Andrew Warren Sweet. Die Messingknöpfe und Silberborten seines Uniformrocks blinkten im Licht der Nachmittagssonne, und auf seinem Dreispitz wehte ein bunter Federbusch. Der Sommerrappe ging hart am Zügel, mit gebogenem Hals, den Kopf schräg nach unten gestellt, als suchte er, dem Druck der Kandare zu entgehen.

Nathaniel Axton sah aber auch die Menschen, die sich

vor dem Farmhaus versammelt hatten, die Feldsklaven bei den Hütten hinter dem Sägewerkschuppen und die jungen Burschen in ihren Jagdhemden und mit Schlapphüten und Strickmützen auf den Köpfen, die sich in zwei Reihen aufgestellt hatten, neben einem Schwarzbart in der Uniform der alten Virginia-Miliz, der ein Gewehr geschultert hatte. Es schien fast, als hätte man sich hier auf seinen Empfang vorbereitet, obwohl eigentlich niemand von seinem Kommen gewußt haben konnte.

Sein Blick streifte den Indianer, von dem Andrew Warren Sweet begleitet wurde, und dann entdeckte er das Mädchen, das neben zwei Männern stand, halb im Schatten von ihnen, halb in der Sonne, so daß es die Augen mit der Hand schützen mußte, um ihn besser zu sehen.

Kein Zweifel, das Mädchen war jenes, das er vor zwei Jahren im Fenster erspäht hatte, als er Caldwell's Meadow verließ, und dessen Antlitz er wie das Bild auf einem Amulett mit sich durch die Wildnis getragen hatte.

Er blieb stehen, wo der Weg in den Platz vor dem Farmhaus mündete. Er war müde. Seine Pferde waren müde.

Der Shawnee lebte immer noch. Oder vielleicht doch nicht mehr?

Nathaniel drehte sich um und warf einen Blick auf die leblose Gestalt, die quer über dem Rücken des Packpferdes lag, und obwohl sich der Shawnee nicht bewegte, war Nathaniel sicher, daß er nicht tot war.

Er wandte sich zu dem Reiter um, der vor ihm sein Pferd pariert hatte, blinzelte zu ihm auf und verzog seinen bärtigen Mund zu einem Lächeln.

»Die Franzosen haben mir versichert, daß nur ein Offizier die Blamage von Fort Duquesne überlebt hat, nämlich unser Freund und Kampfgefährte George Washington. Ich habe sie speziell nach dir befragt, und es wurde mir gesagt, daß dir die Rothäute das Fell über die Ohren gezogen hätten, Andrew!«

Ein hochmütiger Zug legte sich über das Gesicht von Andrew Sweet. Trotz des verwilderten Bartes erkannte er den Mann, der so schmutzig und verwahrlost vor ihm stand, als wäre er tagelang auf allen vieren durch die Wälder gekrochen. Das letzte Mal war er ihm während einer Geheimbesprechung im Office von Gouverneur Dinwiddie begegnet, und damals hatte er trotz seines Hirschlederzeuges irgendwie zivilisiert ausgesehen.

»Du bist es«, sagte er. »Du bist es wirklich, Nate Axton.«

»Das klingt nicht, als ob du dich über meine Rückkehr freuen würdest, Andrew«, sagt Nathaniel lachend, ging auf den Reiter zu und streckte ihm die Rechte entgegen.

Aber der Lieutenant dachte nicht daran, die dargebotene Hand zu ergreifen. Er richtete sich statt dessen im Sattel etwas auf, der hochmütige Ausdruck in seinem Gesicht vertiefte sich.

»Niemand rechnete mehr mit deiner Rückkehr, seit bekannt wurde, daß du in die Hände der Franzosen gefallen bist. Eigentlich solltest du tot sein.«

Nathaniel zog die Hand zurück.

»Ich bin auf dem Weg von Fort Duquesne nach Fort Machault geflohen«, sagte er ruhig. »Ich bin sicher, daß sie mich als Spion in Fort Detroit standrechtlich erschossen hätten. Ich entwischte ihnen, als sie einmal nicht so scharf aufpaßten.«

Andrew Sweet kniff die Augen etwas zusammen. Mit unverhohlenem Mißtrauen begann er Nathaniel Axton abschätzend von Kopf bis Fuß zu mustern. Dann streifte sein Blick die beiden Pferde, die Nathaniel bei sich hatte.

»Franzosenpferde«, sagte er, und es war keine Frage, sondern eine Feststellung. »Ein Gefangener, der ihnen entflieht, wird meistens dafür nicht auch noch belohnt, Nate.«

»Was willst du damit sagen, Andrew?« entgegnete Nathaniel Axton leicht amüsiert. »Diese beiden Gäule gehörten einem Ottawa-Häuptling, dem ich sie in einer mondlosen Nacht am Ufer des Allegheny gestohlen habe.«

»Und der dort? Das ist doch ein Shawnee?«

»Ja. Er gehört zu den letzten, die mich verfolgten. Jenseits der Cumberland Gap lauerten sie auf mich.«

»Wie kommt es, daß du einen von ihnen mitgenommen hast? Sie sind Verbündete der Franzosen.«

»Er ist jung und zäh, mein Freund«, sagte Nathaniel, und jetzt klang seine Stimme plötzlich kalt. »Er hat es verdient, am Leben zu bleiben, ganz abgesehen davon, daß er uns wichtige Informationen geben kann, sobald er gesund ist.«

»Dann handelt es sich bei ihm also um einen Gefangenen Virginias?«

»Nein, dieser Shawnee ist mein Gefangener!«

Lieutenant Sweet lachte kurz auf. »Da ist doch kein Unterschied, Nate. Ich meine, wenn er dein Gefangener ist, dann ist er auch ein Gefangener Virginias und ein Gefangener des Königs von England, es sei denn, du wärst nicht mehr in seinen Diensten.«

»Ich bin auf dem Weg zurück nach Williamsburg, um dem Gouverneur Bericht zu erstatten.«

»Und warum, glaubst du, sollte dir Gouverneur Dinwiddie vertrauen, Nate?« entgegnete Lieutenant Sweet höhnisch. »Die Franzosen haben dich geschnappt! Die Ottawa haben dich gefoltert. Fast ein halbes Jahr bist du in Gefangenschaft gewesen, und jetzt tauchst du plötzlich hier auf, mit zwei Franzosengäulen und einem verletzten Shawnee.« Sweet schüttelte den Kopf. »Nein, Nate, ich glaube nicht, daß man dir jetzt noch vertrauen kann, und deshalb fordere ich dich im Namen Virginias und im Namen des Königs von England auf, die Hände zu heben und dich zu ergeben.«

»Das ist doch nicht dein Ernst, Andrew«, sagte Nathaniel Axton verblüfft. »Du weißt, daß ich im Auftrag unserer Regierung unterwegs war und vom Ohio wichtige Informationen zurückbringe.«

»Informationen worüber?«

»Informationen, die nur für die Ohren des Gouverneurs bestimmt sind.«

»Ich bin ein Offizier des neuen Virginia-Regiments, vertrete insofern unsere Regierung und habe ein Recht, diese Informationen zu erfahren, falls du tatsächlich solche mitbringst. Oder könnte es nicht vielmehr so sein, daß uns deine Nachrichten gar nichts verraten, Nate? Könnte es nicht vielmehr sein, daß du nur versuchst, deine Haut zu retten?«

Nathaniel Axton lächelte.

»Die Franzosen sind dabei, ein neues Fort zu bauen, Andrew«, sagte er.

Der Ausdruck in den graublassen Augen des Lieutenants wurde lauernd. »Wie heißt dieses Fort, und wo soll es stehen?«

Nathaniel schwieg.

»Wie heißt dieses Fort, Nate, und wo wird es gebaut?«
Die Stimme des Lieutenants klang jetzt messerscharf.

»Fort Lacour.«

»Fort Lacour?«

Nathaniel nickte.

»Wo steht es, und von wem wird es kommandiert?«

»Das genügt, Andrew. Alles andere erzähle ich dem Gouverneur.«

»Nate, ich kann dich zwingen, mir alles zu sagen.«

»Versuch es lieber nicht, Freundchen! Nicht mal die Ottawas haben mich zum Reden gebracht.«

»Das glaube ich nicht, Nate! Ich glaube nicht, daß du den Franzosen nichts verraten hast, und deshalb ist es meine Pflicht, dich in Gewahrsam zu nehmen. Im Namen Virginias und im Namen des Königs von England fordere ich dich noch einmal und zum letztenmal auf, die Hände zu heben und dich zu ergeben!«

Die letzten Worte sprach Lieutenant Sweet mit oft erprobter Schärfe, gleichzeitig gab er Mataqua mit der Hand ein Zeichen.

Der Indianer griff sofort nach dem Stiel seines Tomahawks, und sein hagerer Körper zog sich zusammen wie der eine Wildkatze, die zum Sprung ansetzt.

»Wer ist dein Begleiter, Andrew?« fragte Nathaniel. »Ich kann ihm ansehen, daß er mich auf deinen Befehl hin töten würde.«

»Sein Name ist Mataqua«, erwiderte Lieutenant Sweet eisig. »Wie du wohl an seiner Skalplocke erkennst, ist Mataqua vom Bund der Irokesen, ein Mohawk.«

Mataqua stand regungslos vor Nathaniel Axton. Ihre Blicke kreuzten sich. Nichts im dunklen Gesicht des Indianers rührte sich. Sein Mund mit den tätowierten Lippen war ein schmaler Strich, die glitzernden Augen ohne Ausdruck.

»Mataqua ist immer zum Töten bereit«, hörte Nathaniel den Lieutenant sagen. »Er ist der schnellste Läufer, den ich kenne, und der sicherste Töter. Ich glaube nicht, daß du eine Möglichkeit hast, mir zu entfliehen. Du hast im Kampf gegen Mataqua keine Chance.«

»Dies wäre herauszufinden, Andrew«, entgegnete Nathaniel mit beinahe sanfter Stimme.

*

Nathaniel Axton verzichtete darauf, die stumme Herausforderung Mataquas anzunehmen. Ohne Widerstand ließ er sich gefangennehmen. Das Mißtrauen, mit dem ihm Sweet begegnete, verblüffte ihn nur, weil es sich bei diesem um einen seiner Jugendfreunde handelte. Er war eine Zeitlang mit ihm und George Washington zusammen aufgewachsen, alle drei in den besten Verhältnissen.

Kurz vor dem Braddock-Feldzug hatten George Washington und Andrew Warren Sweet ihre militärische Karriere begonnen, während Nathaniel Axton von der Kolonialregierung in Williamsburg, der Hauptstadt Virginias, auserwählt wurde, einen Geheimauftrag auszuführen. Die Wahl war auf ihn gefallen, weil er im Zuge von Vermessungsarbeiten bereits einmal die Cumberland Gap passiert und in die Wildnis jenseits der Allegheny-Berge vorgestoßen war.

Seine Erlebnisse und Beobachtungen wurden damals zusammen mit einem Kartenwerk veröffentlicht und dienten den Kolonialregierungen wie auch dem britischen Königshaus bei der Planung einer Eroberung der Wildnis fortan als zuverlässigstes Studienmaterial.

Auch George Washington war damals als Vermessungsbeauftragter und als Abgesandter der Kolonialregierung bis zum Ohio River vorgestoßen. Sein Bericht war ebenfalls veröffentlicht worden.

Aber als es darum ging, einen Mann zurück in die Wildnis zu schicken, um die militärischen Eroberungen der Franzosen zur besseren Kontrolle über das Tal des Ohio auszukundschaften, war die Wahl auf Nathaniel Axton gefallen. Dies nicht nur, weil er fließend französisch sprach, sondern weil er einen Teil seiner Jugend bei den Powhatan-Indianern verbracht hatte und sich sprachlich mit mehreren Algonquin-Dialekten zurechtfand.

Die Nachricht von seiner Gefangennahme durch die Franzosen war überall in der Kolonie von Virginia Gesprächsstoff gewesen und hatte zu Spekulationen geführt. Es wurde bekannt, daß Nathaniels Mutter französische Vorfahren hatte und daß sein Onkel, ein Bruder seiner Mutter, eine Indianerin vom Stamme der Abnaki geheiratet hatte.

Niemand wußte etwas Genaues über das Schicksal von Nathaniel Axton, zumal die Regierung nicht zugeben mochte, daß er mit einem Geheimauftrag zum Ohio River gereist war.

Im Laufe der Zeit gingen aber in den dichtbesiedelten Gebieten der Kolonie Gerüchte um, daß den Franzosen ein Verräter in die Hände gefallen wäre, der ihnen Geheimnisse über den bevorstehenden Feldzug preisgegeben hätte. Dann aber folgte plötzlich die Kunde, daß Nathaniel Axton von Fort Duquesne nach Fort Detroit überführt und dort standrechtlich erschossen worden sei.

Nathaniel selbst wußte von alledem nichts. Die Bewohner von Caldwell's Meadow und die Besucher aus Shermantown, die jungen Soldaten im Trupp von Lieutenant Sweet sowie der junge Offizier selbst waren die ersten Weißen, die Nathaniel sah, seit er den Franzosen aus ihrem Fort Machault entflohen war.

Die Franzosen hatten ihm während seiner Gefangenschaft kaum Nachrichten bekanntgegeben, nach denen er sich über den jeweiligen Stand der Dinge in den Kolonien hätte informieren können. Aber sie waren sich seiner so sicher gewesen, daß sie kaum Vorkehrungen getroffen hatten, ihre eigenen Kriegsvorbereitungen vor ihm geheimzuhalten. Er hatte ja von einem Militärgericht in Fort Detroit verurteilt und anschließend hingerichtet werden sollen. Außerdem stand er unter ständiger Bewachung.

Auch war er verletzt, und er besaß nicht mehr als die Fetzen, die er am Leibe trug. Seine nackten Füße waren in Ketten geschmiedet, und tatsächlich hatte er nicht die geringste Chance, seinen Fängern zu entfliehen. Und doch gelang ihm die Flucht.

Diese Tatsache allein genügte wohl, das Mißtrauen zu schüren, das die Gerüchte über ihn entfacht hatten. Die Blicke aus den Augen der Leute verrieten ihm, daß es auf Caldwell's Meadow niemanden gab, der ihm vertraut hätte. In ihren Augen war er ein Verräter, und wenn Andrew Sweet befohlen hätte, ihn auf der Stelle hinzurichten, wäre Nathaniel Axton kaum jemand zur Seite gestanden.

Außer dem Mädchen vielleicht, in dessen Augen er nur Verwunderung hatte erkennen können, als er von dem Korporal und dreien seiner Soldaten zu einer Steinhütte geführt wurde, die etwas abseits der anderen Gebäude stand und nichts enthielt, außer einigen leeren Getreidesäcken.

Er sah nicht, was mit seinen Pferden und dem halbtoten Shawnee passierte, aber bevor sie ihn durch die kleine Türöffnung in die Hütte stießen, blickte er noch einmal zurück.

Und da sah er Lieutenant Sweet hoch zu Roß vor dem Farmhaus auf die Leute einreden, und die Leute schauten bewundernd zu ihm auf. Nur das Mädchen in seinem schönen Kleid kauerte bei dem jungen Shawnee, der mitten auf dem Hof am Boden lag.

4. Kapitel **Der Wettlauf**

*Wehrlos – Um Leben und Frei-
heit – Der alte Powhatan –
Schneller als der Wind – Jack
– Wie neu geboren – Der Wett-
lauf – Am Ufer des Clear
Creek – Schatten im Nebel –
Den Tod im Nacken*

Er ist ein Mensch, Vater!« stieß Clarissa hervor. »Er ist
ein Wilder und ein Shawnee, aber er ist kein Tier!
Und deshalb werde ich nicht einfach zusehen, wie er hier
vor unser aller Augen stirbt.«

Clarissa hatte den Kopf erhoben, und obwohl ihre
Worte ihrem Vater galten, war ihr Blick auf Lieutenant
Sweet gerichtet. Zu ihren Füßen lag der Shawnee, nicht
mehr als ein schmutziger lebloser Körper, dessen Wunden mit blutigen Fetzen eines Leinenhemdes verbunden
waren. Korporal Brady stieß ihn mit seinem Schuh an,
aber der Shawnee rührte sich nicht.

»Es wäre unmenschlich, ihn nicht auf der Stelle zu
töten«, sagte Clarissas Vater.

»Unmenschlich?« Lieutenant Sweet lächelte veräch-
lich. »Er ist kein Mensch. Er ist ein Shawnee-Krieger,

hinterhältig und blutrünstig, wie es nur die Rothäute der Franzosen sein können. Ihre Frau hat mich nach Schutz und Sicherheit gefragt, Mister Caldwell. Die Antwort ist einfach. Wenn der letzte Shawnee tot ist, braucht hier niemand mehr in Angst und Schrecken zu leben.«

Mit diesen Worten zog der Lieutenant seine Pistole. Das Lächeln verschwand nun aus seinem Gesicht. Einige Sekunden wog er die Pistole prüfend in seiner Hand, bevor er sie schließlich mit ausgestrecktem Arm auf den Shawnee richtete.

In diesem Moment sprang Clarissa vor und stellte sich vor die Pistolenmündung.

»Clarissa!« rief Mr. Caldwell und packte seine Tochter am Handgelenk, um sie wegzuziehen. Aber Clarissa befreite sich mit einem heftigen Ruck und trat so dicht an Lieutenant Sweet heran, daß die Pistolenmündung beinahe ihre Brust berührte.

»Drücken Sie ab, Lieutenant!« sagte sie. »Es macht Ihnen doch nichts aus, einen wehrlosen Menschen umzubringen.«

Einige Sekunden lang hielt Lieutenant Sweet den Arm ausgestreckt, das Gesicht eine starre Maske. Niemand rührte sich. Niemand sagte etwas. Nur Jason hob die Muskete seines Großvaters ein wenig an, ohne daß es jemand bemerkte.

»Warum schießen Sie nicht?« sagte Clarissa.

Da zog der Offizier seine Pistole zurück, und in seinem Gesicht breitete sich ein Lächeln aus, das Clarissa schaudern ließ.

»Ich habe es mir anders überlegt«, sagte er. »Es ist nicht nötig, daß ich eine Kugel verschwende. Korporal Brady, schaffen Sie den Gefangenen herbei!«

»Axton?« fragte der Korporal unsicher.

»Wen denn sonst, Brady!« herrschte ihn der Lieutenant an, und der einarmige Korporal beeilte sich, den Befehl auszuführen.

Mr. Caldwell forderte Clarissa auf, sofort ins Haus zu gehen und ihrer Mutter Gesellschaft zu leisten. Nur mit Mühe gelang es ihm dabei, seinen Zorn zu unterdrücken. »Hast du gehört, Clarissa! Du sollst ins Haus gehen!«

Clarissa gehorchte nicht. Statt dessen ließ sie sich ungeachtet ihres Kleides bei dem Shawnee auf die Knie nieder, und da platzte ihrem Vater der Kragen. Er sprang auf sie zu, packte sie und zerrte sie mit sich über den Platz. Sie versuchte sich loszureißen, aber ihr Vater hielt sie mit beiden Händen fest und schleifte sie zur Tür. Mrs. Caldwell kam heraus und rang voller Entsetzen die Hände.

»Sorge dafür, daß deine Tochter vernünftig wird!« stieß Mr. Caldwell voller Wut hervor und stieß Clarissa so hart von sich, daß sie vor ihrer Mutter stürzte. Mrs. Caldwell half ihr auf die Beine, und als sich Clarissa zu wehren begann, eilte ihr William zu Hilfe. Gemeinsam gelang es ihnen, Clarissa ins Haus zu schaffen.

Unterdessen brachten Korporal Brady und drei seiner Soldaten den Gefangenen aus der Steinhütte. Die Hände waren auf seinem Rücken zusammengebunden.

Lieutenant Sweet zog sein Pferd herum. Die Pistole noch immer in seiner Hand, erwartete er den Gefangenen.

»Nate, ich habe mich entschlossen, diesem Shawnee eine Chance zu geben«, sagte er, als Nathaniel Axton vor ihm stand. »Einerseits handelt es sich bei ihm, unseren Gesetzen entsprechend, um einen Gefangenen Virginias, der sein Leben verwirkt hat, andererseits soll dir nach all deinen Bemühungen um sein Wohlergehen die Gelegenheit gegeben werden, über sein Schicksal zu verfügen.«

»Großmut gehörte nie zu deinen stärksten Charaktereigenschaften, Andrew. Entschuldige deshalb, wenn ich dich fragen muß, was du im Schilde führst.«

»Du weißt, daß ich ihn töten könnte, Mataqua würde es eine Freude sein, ihn zu erschlagen wie einen kranken Hund.«

Mataqua, der neben dem Pferd des Lieutenants stand, hatte die Arme vor der Brust verschränkt. Mit leicht gespreizten Beinen stand er regungslos da, die Augen auf Nathaniel Axton gerichtet.

»In deiner Jugendzeit warst du von uns allen der schnellste Läufer, Nate«, sagte Lieutenant Sweet.

»Du willst, daß ich mich mit Mataqua messe?«

»In einem Wettlauf.« Andrew Sweet nickte. »Gewinnst du, gehört dir das Leben dieses Gefangenen. Gewinnt jedoch Mataqua, wird er ihn töten.«

Jetzt lächelte Nathaniel Axton. In den Gesichtern der Männer, die um ihn herumstanden, konnte er nichts anderes erkennen als die Vorfreude auf einen Wettlauf, bei dem es um Tod und Leben ging. Selbst die trüben Augen von Horatio Caldwell, Clarissas Großvater, leuchteten jetzt. Nur in Mataquas Gesicht konnte Nathaniel nicht die geringste Regung sehen. Es schien, als hätte der Indianer noch gar nicht verstanden, um was es ging.

Lieutenant Sweet richtete sich im Sattel etwas auf. Das Pferd stand jetzt still, befreit vom Zügeldruck, seit sein Reiter die Pistole in der Hand hielt.

»Nun, Nate? Bist du bereit, mit Mataqua um das Leben des Shawnee zu laufen?«

»Sein Leben und meine Freiheit, Andrew!«

»Nein! Nur sein Leben! Dich bringe ich nach Winchester. Dort wird entschieden, was mit dir geschieht. Wenn es sich erweist, daß du dich auf die Seite der Franzosen geschlagen hast, wird man dich wahrscheinlich nach Williamsburg überführen und dort vor Gericht stellen. Es ist meine Pflicht, dafür zu sorgen, daß du keinen Schaden anrichtest und unseren Feldzug gegen die Franzosen gefährdest.«

»Und wer garantiert mir, daß der Shawnee am Leben bleibt, wenn ich den Wettlauf gewinne?«

»Ich gebe dir mein Wort als Offizier des Virginia-Regiments, daß er nicht getötet wird.«

»Er braucht Pflege. Seine Wunden müssen versorgt werden.«

»Joseph wird sich um ihn kümmern«, sagte Clarissas Vater und zeigte zu einem Mann hinüber, der vor einer kleinen Sklavenhütte stand. »Joseph ist ein Powhatan. Er kennt sich mit Kräutern aus, und er kann die Geister beschwören, obwohl er eigentlich ein Christ ist.«

Er rief den Namen des alten Mannes, der, auf einen Stock gestützt, von seiner Hütte herüberhumpelte.

»Joseph, dieser Shawnee dort soll gesund werden«, sagte Clarissas Vater zu ihm. Der alte Mann ging zu dem Shawnee und kauerte bei ihm nieder. Er legte ihm die Finger auf die Stirn und murmelte etwas, was niemand sonst verstehen konnte. Dann hob er plötzlich den Kopf.

»Ist er dein Bruder?« fragte er Nathaniel in der Sprache der Powhatan.

»Er war mein Feind«, erwiderte Nathaniel.

Der alte Mann nickte. »Ich glaube nicht, daß es leicht ist, ihn den Geistern zu entreißen. Er ist schwach und hat keinen Lebenswillen mehr.«

»Ich werde um sein Leben laufen, Alter«, antwortete Nathaniel. »Und du wirst dafür sorgen, daß ihn seine Seele nicht verläßt.«

Der alte Mann erhob sich und trat zurück.

»Wie hast du dich entschieden, Nate?« fragte Lieutenant Sweet.

Nathaniel blickte zu ihm auf. »Du bist dir deiner Sache sehr sicher, nicht wahr?«

»Sehr, Nate!«

»Gut, dann soll man mir die Fesseln abnehmen.«

Lieutenant Sweet nickte und gab Korporal Brady den Befehl, die Fesseln auf Nathaniels Rücken durchzuschneiden.

*

Der Wettlauf sollte in der Kühle des Abends stattfinden. Dadurch blieben den Kontrahenten fast drei Stunden Zeit, sich darauf vorzubereiten. Mataqua tat dies irgendwo im Wald, wo ihn niemand beobachten konnte.

Nathaniel Axton hingegen half dem alten Joseph, den halbtoten Shawnee zu einer der beiden Sklavenhütten zu bringen, in der Joseph zusammen mit einer einäugigen Bastardhündin hauste, die sich sofort im hintersten Winkel der kleinen Hütte verkroch.

Die Hütte hatte nur ein kleines Fenster. Über der Türöffnung hing ein Vorhang, der aus Fellstücken genäht war. Im Halbdunkel vermochte Nathaniel Axton kaum mehr als einen Tisch und einen Stuhl zu erkennen, die unter dem scheibenlosen Fenster standen. Das Lager des alten Mannes befand sich am Boden und bestand aus mehreren Decken und Fellen. An den Wänden hingen Hanfschnüre mit verschiedenen Kräutern und Pflanzen, und über der Tür entdeckte Nathaniel ein Holzkreuz mit dem Heiland.

»Warum bist du hier und nicht bei deinen Leuten?« fragte Nathaniel den alten Mann, als sie den Shawnee auf dem Lager niedergelegt hatten.

»Meine Frau und meine Tochter sind hier begraben«, sagte der alte Mann, während er, krumm auf seinen Stock gestützt, die Kräuter an seinen Hüttenwänden inspizierte. »Ich weiß nicht, ob es sinnvoll ist, diesen jungen Shawnee am Leben zu erhalten.«

»Wie meinst du das?«

Der alte Mann nahm einige Kräuter von der Schnur, drehte sich um und humpelte zum Hütteneingang. Dort blieb er stehen.

»Dieser Mohawk wird den Wettlauf gegen dich gewinnen, Lederstrumpf«, sagte er in der Sprache der Powhatan.

»Wenn du mich kennst, warum traust du ihm mehr zu als mir?«

»Ich kann mich an dich erinnern, und ich weiß, daß du bei uns im Dorf als Junge unsere schnellsten Läufer besiegt hast. Aber dieser Mohawk ist schneller als alle. Ich glaube sogar, er ist schnell wie der Sturmwind. Deshalb wird dieser Shawnee sterben, und ich kann bestimmt nicht sagen, daß ich darüber unglücklich bin.«

»Warum denn, Alter? Er ist so jung. Fast noch nicht mal ein Mann.«

»Es waren die Shawnee, die meine Frau und meine Tochter getötet haben, Lederstrumpf«, sagte der alte Mann, und jetzt richtete er sich am Stock etwas auf. »Die Shawnees sind heimtückisch geworden, seit sie sich mit den Franzosen verbündet haben. Früher kämpfte ich häufig gegen sie, und ich kann nicht sagen, daß sie besonders verschlagen gewesen wären. Im Gegenteil, man sagte ihnen viel Gutes nach. Aber das ist nun nicht mehr so, wie es einmal war.«

»Ich will, daß er am Leben bleibt, damit ich ihm einige Fragen stellen kann, alter Mann! Wenn du die Medizin kennst, die ihn heilen kann, gib sie ihm. Das ist deine Aufgabe. Meine Aufgabe ist es, Mataqua zu schlagen.«

Der alte Mann hatte eine Antwort auf der Zunge, aber dann entschied er sich, zu schweigen. Ohne sich weiter um Nathaniel zu kümmern, ging er hinaus, und Nathaniel hörte ihn auf englisch mit den Sklaven reden, die in der anderen Hütte lebten. Auf dem Hof wurde unterdessen gefeiert. Die Soldaten sangen ein Kampflied, und drüben, im länger werdenden Schatten des Farmhauses, schwadronierte Lieutenant Sweet vom Braddock-Feldzug.

Alle warteten auf den Abend. Sobald die Sonne die Wipfel der Bäume berührte und hinter den Wäldern im Westen unterzugehen begann, sollten sich die beiden Wettläufer auf dem Hof einfinden.

Es war bestimmt worden, daß der Wettlauf hinunter zum Clear Creek und zurück führen sollte. Beide Wettläufer sollten nichts anderes mit sich tragen als einen leeren Ziegenbalg, der am Ufer des Clear Creek gefüllt werden und zum Hof zurückgetragen werden mußte. Somit konnte am Ende des Wettlaufes hundertprozentig festgestellt werden, daß beide Läufer die gleiche Distanz gelaufen waren, ohne daß entlang der Strecke Kontrollposten aufgestellt werden mußten.

Die Distanz von Caldwell's Meadow bis hinunter zum Fluß betrug ungefähr zweieinhalb Meilen. Das Gelände fiel zuerst flach, dann immer stärker ab und wurde dann zur Furt hin wieder flach.

Am Anfang führte der Karrenweg zwischen den Feldern und Äckern hindurch, dann über eine ausgedehnte Viehweide und schließlich durch ein frisch gerodetes Waldstück. Erst unten, in der Niederung, wurde der Pfad zu einem Tunnel durch einen, mit dichtem Unterholz bestandenen Wald, der im verwucherten Ufergestrüpp endete.

Während der alte Joseph draußen vor seiner Hütte ein Gemisch aus seinen Kräutern abkochte, um seine Medizin herzustellen, kam einer der beiden schwarzen Feldarbeiter herüber und brachte Nathaniel eine Holzschale, in der sich ein nach Pfefferminze riechender Brei befand.

Der Sklave hieß Silas. Er sprach kaum ein Wort Englisch, aber mit Handzeichen erklärte er Nathaniel, daß es sich bei dem Brei nicht um ein Stärkungsmittel handelte, sondern um eine Salbe zum Einreiben der Füße und Beinmuskeln.

Er bedeutete Nathaniel, sich vollständig auszuziehen, begutachtete zuerst die verkrusteten Wunden und die alten Narben und begann schließlich, Nathaniel vom Hals bis zu seinen Füßen mit Brei einzureiben und durchzukneten. Nathaniel ließ die Prozedur geduldig über sich ergehen, zumal seine Muskeln durch das Massieren spürbar weicher wurden und ihn eine angenehme Müdigkeit überfiel.

Er merkte kaum, wie sich seine Gedanken von der ihm bevorstehenden Prüfung lösten. Als wäre er immer noch irgendwo in den tiefen Buschwäldern, umgeben von einer fast betäubenden Stille, erschien ihm deutlicher als je zuvor das Mädchen, von dem er nun wußte, daß es Clarissa hieß.

Nichts wünschte er sich in diesem Moment mehr, als daß er Clarissa unter anderen Umständen hätte begegnen können. Nicht wie ein strahlender Held, dem Virginia zu Füßen liegen und der für seine Dienste ebenso geehrt werden würde wie George Washington nach seiner Rückkehr vom Ohio, war er von der Zivilisation empfangen worden, sondern als Franzosenfreund und als Verräter.

Das Mißtrauen, mit dem ihm Andrew Warren Sweet begegnete, hatte er auch in den Augen der jungen Soldaten erkennen können, die bereit waren, für Virginia und die Krone ihr eigenes Leben zu opfern.

Selbst Clarissa hatte ihn kaum beachtet, während sie sich für das Leben des verletzten Indianers einsetzte, als wäre ihr dies mehr wert als das eines Mannes, der Virginia den Franzosen ausgeliefert hatte, nur um sein eigenes Leben zu behalten.

Er wünschte, er hätte mit ihr reden können. Er wünschte, er hätte ihr von seiner Gefangenschaft erzählen können und vom Bau des neuen Forts, von dem niemand etwas wußte. Er hätte ihr von seiner Flucht erzählt, aber dazu gab ihm Andrew Warren Sweet keine Gelegenheit.

Für den Lieutenant war seine Gefangennahme eine Pflicht, deren Erfüllung ihm zu weiterem Ruhm verhelfen würde. Ihm, dem jungen Offizier, der für Virginia sein Bein gegeben hatte, blieb es vorbehalten, den Verräter Nathaniel Axton gefangenzunehmen und seiner gerechten Strafe zuzuführen, bevor er durch einen Verrat noch größeren Schaden anrichten konnte.

Ich bin unschuldig, Clarissa, hätte er ihr gerne gesagt.

»Ich bin unschuldig, Clarissa!« Er sagte es leise vor sich hin, ohne es selbst zu bemerken. Erst als draußen Korporal Brady seinen Namen brüllte, kehrten seine Gedanken in die Wirklichkeit zurück, und er fand sich in der kleinen Sklavenhütte wieder.

Joseph kauerte bei dem jungen Shawnee am Boden, aber Silas, der schwarze Feldarbeiter, war nicht mehr in der Hütte.

»Sie warten auf dich«, sagte Joseph in der Sprache der Powhatan.

Nathaniel setzte sich auf. Er war nackt. Sein Körper, seine Arme und Beine glänzten vom öligen Brei, mit dem er eingerieben worden war. Die Müdigkeit, die seit Tagen bleischwer in seinen Knochen gesteckt hatte, war von ihm gewichen, und die erschöpften Muskeln schmerzten nicht mehr.

»Was immer der Schwarze mit mir angestellt hat, ich fühle mich wie neugeboren«, sagte er zu Joseph, der ihn aus dem düsteren Zwielicht heraus beobachtete. »Aber wie geht es ihm, alter Mann?«

»Schlecht«, erwiderte Joseph.

Korporal Brady rief noch einmal nach ihm. Da sprang Nathaniel auf. Er zog seine Leggings und die Mokassins an und trat entschlossen aus der Hütte. Sein erster Blick galt Clarissa. Sie stand bei den anderen Frauen und Mädchen vor dem Farmhaus. Sie senkte schnell die Lider, als ihr bewußt wurde, daß er sie ansah. Ihre Mutter, die neben ihr stand, nahm sie beim Arm, als wollte sie Clarissa seinem Blick entziehen. Nathaniel lächelte nur.

*

Die Abendsonne versank blaß im Dunst über den Wäldern. Schatten und Licht zerflossen auf dem Hof der Caldwell-Farm. Nur auf dem dunklen Körper Mataquas erzeugten die letzten Sonnenstrahlen einen rötlich metallischen Schimmer. Wie von einer anderen Welt erschien er Nathaniel Axton, ein Krieger aus dem All, der herabgestiegen war, um ihn im Zweikampf zu besiegen.

Neben ihm stand der Lieutenant in seinem blauen Uniformrock, seinen hochschäftigen Stiefeln, die ihm über die Knie reichten und seinem Dreispitz, den er jetzt vom Kopf nahm und in seine Armbeuge legte.

»Bist du bereit, Nate?« rief er erwartungsvoll, als Nathaniel vor der Hütte kurz stehenblieb, um sich umzusehen.

Nathaniel ging zur Mitte des Platzes, wo ihn der Lieutenant und sein Läufer erwarteten. Mataqua blickte ihm mit stoischer Gleichmütigkeit entgegen. Er hatte sich für den Wettlauf vorbereitet, indem er die untere Hälfte seines Gesichtes schwarz, die obere rot angemalt hatte. Auch seine Brust, seine Arme und seine Beine waren rot und schwarz bemalt, so daß die Tätowierungen nur noch schwach zu erkennen waren.

Er trug nichts weiter als seinen Lendenschurz und den Gürtel, in dem nur noch der Tomahawk steckte, nicht jedoch das Messer.

»Was soll die Streitaxt in seinem Gürtel?« fragte Nathaniel den Lieutenant, als er vor ihm stand. »Wie du sehen kannst, bin ich unbewaffnet.«

»Mataqua trennt sich nie von seinem Tomahawk«, erwiderte der Lieutenant mit einem spöttischen Lächeln. »Er hat jedoch bestimmt nichts dagegen, wenn du dich auch bewaffnest.«

»Dann geht es also in diesem Wettlauf nicht nur um das Leben des Shawnee, sondern auch um meins?«

»Nein. Dich bringe ich lebend nach Winchester, es sei denn, du versuchst die Flucht.«

»Dann hätte Mataqua freie Hand mich zu töten?«

»Ich versichere dir, daß du ihm nicht entfliehen würdest, Nate.« Lieutenant Sweet rief nach Korporal Brady.

Dieser kam mit zwei leeren Ziegenbälgen vom Schuppen herüber. Er übergab einen der Bälge Mataqua, den anderen erhielt Nathaniel.

Die jungen Soldaten hatten inzwischen auf dem Hof ein Spalier gebildet. Jetzt näherten sich auch die Bewohner von Caldwell's Meadow und ihre Gäste, die Shermans. Selbst der alte Joseph verließ seine Hütte, aber er gesellte sich nicht zu den anderen Zuschauern, sondern blieb in einiger Entfernung stehen.

Mataqua, der bis jetzt die Arme über der Brust verschränkt hatte, bewegte sich plötzlich. Er trat auf Nathaniel zu und blieb so dicht vor ihm stehen, daß Nathaniel die Blutäderchen in dessen Augen erkennen konnte.

Einige Sekunden lang standen sie sich gegenüber. Die Nasenflügel Mataquas zitterten, aber sonst rührte sich nichts in seinem Gesicht. Einige Soldaten begannen damit, seinen Namen auszurufen und ihn dadurch anzufeuern.

Der Mohawk reagierte nicht darauf. Er starrte Nathaniel an, als wollte er ihn allein mit seinem Blick in die Knie zwingen.

Aber sein Gegner wich ihm nicht aus. Mit keiner Wimper zuckte Nathaniel, während er dem Blick aus den schwarzen Augen standhielt. Und sein Gesicht war genauso undurchsichtig wie das des Indianers. Nur ein

Lächeln schien sich in seine Mundwinkel gegraben zu haben, das niemand außer Mataqua wahrnehmen konnte.

Der Mohawk blinkte zuerst. Dreißig oder vierzig Sekunden mochten verronnen sein, als sich seine Augen blitzschnell schlossen und wieder öffneten. Aber damit hatte es sich.

Mataqua warf den Kopf zurück und stieß einen gellenden Schrei zum Himmel auf.

Clarissa, die bei ihrer Mutter stand, schauderte.

Jetzt waren die beiden Läufer bereit. Beide standen nebeneinander, jeder mit einem Ziegenbalg in der linken Hand. Nathaniels narbiger Körper wirkte neben dem des Indianers beinahe durchsichtig weiß. Deutlich konnte Clarissa die Wunden sehen, die noch nicht verheilt und einige, die hell vernarbt waren.

»Er kann den Wettlauf gegen Mataqua niemals gewinnen«, hörte sie Mr. Sherman sagen. »Und wenn er schneller laufen sollte als die Rothaut, wird sie ihn mit dem Tomahawk erledigen.«

»Das wäre äußerst unfair!« entfuhr es Clarissa. »So was sollten wir auf gar keinen Fall zulassen, selbst wenn er mit den Franzosen unter einer Decke steckt, was ich ohnehin nicht glaube.«

»Clarissa, wenn du weiterhin aufmüpfig und vorlaut sein willst, kannst du dem Wettlauf von deinem Zimmerfenster aus zusehen!« wurde sie von ihrem Vater zurechtgewiesen.

Ihr Bruder William trat hinter sie. »Alle wissen, daß er ein Verräter ist«, flüsterte er ihr ins Ohr.

»Alle?« fuhr ihn Clarissa heftig an. »Ich, zum Beispiel, weiß nur, daß ihn die Franzosen gefangengenommen haben und daß man ihn gefoltert hat. Aber ob er uns verraten hat, das kann ich unmöglich wissen, weil ich nämlich nicht dort war. Und da auch sonst niemand dort war, nicht einmal Lieutenant Sweet oder George Washington oder du oder sonst jemand, kann überhaupt niemand wissen, ob er uns verraten hat oder nicht.«

»Die Franzosen hätten ihn niemals freigelassen, wenn...«

»Er ist ihnen entkommen, William!« schnappte Clarissa. »Er ist ihnen entwischt und hat den Ottawa zwei Pferde gestohlen, und dann ist er von ihnen verfolgt worden, und weil sie ihn nicht einholen und töten konnten, haben die Shawnees ihre Krieger ausgeschickt, und er ist auch ihnen entgangen!«

»Das klingt nicht sehr wahrscheinlich«, sagte ihre Mutter. »Wir wissen ja, wozu die Wilden fähig sind. Wer ihnen in die Hände fällt, kehrt niemals mehr zurück.«

»Und die Informationen, die er mitgebracht hat, Mutter? Warum hätte er uns verraten sollen, daß die Franzosen dieses neue Fort bauen, das größer und stärker befestigt ist als Fort Duquesne?«

»Weil es um seine Haut geht, Schwesterherz«, sagte William. »Ich muß dem Lieutenant beipflichten, wenn er meint, daß dieses Fort Lacour nur ein Hirngespinst sei, das Axton auf dem Weg hierher eingefallen ist. Niemand hat etwas davon gehört, daß die Franzosen dieses Fort bauen.«

»Weil außer ihm niemand am Ohio war und lebend zurückkehrte. Das ist doch einleuchtend, lieber Bruder, und selbst...«

In ihrer Aufregung hatte Clarissa die beiden Wettläufer und Lieutenant Sweet für kurze Zeit aus den Augen gelassen. Mitten in ihre Worte hinein fiel der Schuß aus der Pistole, die der Lieutenant zum Himmel gerichtet hatte.

Der Pulverrauch schwebte wie eine kleine Wolke über ihm, während Nathaniel Axton und Mataqua losschnellten und Seite an Seite durch das Soldatenspalier liefen, in dem auch Jason und Zeb standen.

Sie feuerten jetzt beide Läufer lärmend an, und einige von ihnen liefen ein Stück weit mit ihnen über den Platz, vorbei an den Koppeln und Schuppen, bis fast hinunter zum Sägeschuppen, wo sie einer nach dem anderen erschöpft stehenblieben, während Mataqua und Nathaniel noch immer dicht beisammen und auf gleicher Höhe weiterliefen.

Und mitten auf dem Platz stand Andrew Warren Sweet. Seine Augen leuchteten, und auf seinem blassen Gesicht hatten sich vor Aufregung rote Flecken gebildet. Er steckte die Pistole ein und ging zu den Caldwells und Shermans.

»Noch nie ist Mataqua geschlagen worden«, sagte er siegesgewiß. »Nicht von einem Weißen und auch nicht von einem Roten.«

»Darauf wollen wir trinken«, krächzte Clarissas Großvater, der schon ziemlich einen sitzen hatte.

*

Leichtfüßig, ohne ein Geräusch von sich zu geben, lief Mataqua neben ihm her. Wann immer Nathaniel sein Tempo verschärfte, wurde auch Mataqua schneller, aber der Mohawk versuchte nicht, ihn zu überholen oder gar abzuhängen. Er lief an Nathaniels Seite auf der Karrenstraße, die am Mühlteich vorbeiführte, und einen langen Stangenzaun entlang, hinter dem mehrere Kühe weideten.

Mit dem Untergang der Sonne wurde es etwas kühler. Vom Tal des Clear Creek kroch der Dunst in Schleiern durch die Wälder und breitete sich über den Viehweiden und Feldern als dünner Bodennebel aus.

Nicht ganz drei Meilen waren es hinunter zum Clear Creek. Der Karrenweg wurde zum Wald hin steiler und steiler und bildete zwei enge Kehren, bevor er zum Anfang einer engen Schneise führte, die von den Caldwells in den dichten Buschwald geschlagen worden war.

Der Wald war hier so üppig, daß die Bäume über der Schneise zusammenwuchsen und mit ihrem Astgewirr ein Dach bildeten, durch das kaum ein Schimmer des Dämmerlichtes drang, das sich mit dem Abendnebel über das Land gelegt hatte.

Hier im Wald herrschte die Dunkelheit, als wäre sie der Mantel des Todes. Als wäre er seinen Freund nie losgeworden, spürte Nathaniel nun wieder seine Nähe. Ob auch Mataqua ihn wahrnehmen konnte?

Nathaniel blickte den Indianer von der Seite an, und im selben Moment hatte ihm Mataqua ebenfalls das Gesicht zugewandt. Ihre Blicke kreuzten sich, und Nathaniel glaubte in der Dunkelheit erkennen zu können, daß ihn der Mohawk mit gebleckten Zähnen angrinste, als hätte er seine Gedanken erraten.

»Ein Krieger fürchtet den Tod nicht, Lederstrumpf«, stieß Mataqua zwischen den Zähnen hervor. »Die Shawnees sind zwar heimtückisch, aber feige sind sie nicht.«

»Wie kommt es, daß du meinen Powhatan-Namen kennst und unsere Sprache sprichst?« sagte Nathaniel überrascht.

»Ich habe von dir gehört.«

»Dann solltest du wissen, daß ich über Leben und Tod

meines Gefangenen entscheide, kein anderer. Auch dein Herr nicht, dem du dich und deine Seele verkauft hast, als wärst du ein schwarzer Sklave.«

»Ich bin ebensowenig sein Sklave, wie du sein Hund bist, wenn er dich in Ketten legt«, erwiderte Mataqua und sprang im nächsten Moment wie von der Sehne geschnellt an. Kraftvoll und trotzdem leicht überholte er Nathaniel und verschaffte sich innerhalb weniger Sekunden einen Abstand, der sich schnell vergrößerte. Die Straße führte noch immer abwärts, aber den steileren Teil des Abhangs hatten sie hinter sich zurückgelassen.

Nathaniel schätzte die Distanz bis zum Clear Creek auf nicht mehr ganz eine halbe Meile, wobei er sich auf die Angaben von Mr. Caldwell verließ. Er begann nun auch schneller zu laufen, um den Abstand zwischen sich und Mataqua nicht noch größer werden zu lassen. Kaum mehr vermochte er die dunkle Gestalt des Indianers zu erkennen, aber in der Luft hing ein Hauch seines Körpergeruchs, den er durch die Farbe aus seiner Haut schwitzte.

Auch Nathaniel spürte, wie ihm der Schweiß aus allen Poren drang und über das Gesicht und den Oberkörper lief. Sein Herz begann schneller zu schlagen, und seine Atemzüge wurden kürzer und kürzer.

Er redete sich ein, daß es Mataqua nicht besser erging als ihm. Bestimmt spürte der Mohawk auch, wie seine Kräfte nachließen und ihm die Luft knapp wurde. Bestimmt spürte er das leichte Brennen in den Oberschenkeln, ein sicheres Zeichen dafür, daß die Beinmuskeln aufs äußerste belastet waren.

Obwohl Nathaniel den Mohawk jetzt nicht mehr sehen konnte, hielt er sich davon ab, seinen Lauf zu beschleunigen. Gleichmäßig lief er auf der schmalen Erhöhung zwischen den tiefen Radfurchen und achtete darauf, nicht über eine Wurzel oder einen aus der Erde ragenden Steinbrocken zu stolpern. Der Boden war uneben, die Radfurchen an einigen Stellen flach und breit, an anderen tief ausgewaschen.

Noch einmal fiel das Gelände steil ab, aber jetzt blieb der Wald hinter Nathaniel zurück, und das graue Licht der Abenddämmerung sickerte durch die Nebelschwaden, die sich vom Clear Creek hoben und durch das dichte Ufergestrüpp krochen.

Er konnte den Bach hören, ein leises rauschendes Geräusch. Der Nebel kühlte sein Haut und sein Gesicht. In der Erwartung, bald den Bach zu erreichen, lief er nun wieder leichter, und als sich vor ihm das Gestrüpp etwas lichtete, sah er die gebückte Gestalt Mataquas, der am Ufer kauerte und seinen Ziegenbalg mit Wasser füllte.

Der Mohawk sprang auf, als Nathaniel den Bach erreichte. Er hob den Ziegenbalg am ausgestreckten Arm hoch über seinen Kopf und stieß einen triumphierenden Schrei aus.

»Das Leben deines Gefangenen gehört mir!« brüllte er und lief an Nathaniel vorbei den Weg zurück.

Nathaniel ließ sich am Ufer auf die Knie nieder und tauchte den Ziegenbalg mit einer Hand in das seichte Wasser, während er mit der anderen von dem kühlen Naß schöpfte, um zu trinken.

Mataqua war hinter ihm schon in den Nebelschwaden verschwunden, als Nathaniel trotz des rauschenden Baches ein Geräusch vom anderen Ufer her vernahm.

Er fuhr hoch, und in diesem Augenblick lichtete sich der Nebel etwas. Er entdeckte mehrere schemenhafte Gestalten, die jenseits des Clear Creek aus dem Ufergestrüpp stürzten.

Mit Kriegsfarben bemalte Gesichter leuchteten im Dämmerlicht. Das Rauschen des Baches ging in einem durch Mark und Bein dringenden Kriegsgeschrei unter. Pfeile flogen durch den dünnen Nebel. Nathaniel ließ den Ziegenbalg fallen, sprang auf und jagte über den Weg den Hang hinauf.

Hinter ihm durchquerten die Indianer mit Geheul den Clear Creek. Vor ihm waren der schützende Nebel und der Wald, in dem Mataqua verschwunden war.

Nathaniel spürte, wie ihn der Pfeil ins Bein traf.

Er versuchte weiterzulaufen, aber das Bein gab unter ihm nach, und er stürzte. Da er keine Waffe besaß, um sich den Angreifern zu stellen, begann er, auf die Büsche zuzukriechen.

Er erreichte den Rand der Straße, als ein Schatten über ihn hinwegflog. Ein einzelner Kriegsschrei durchbrach das Geheul, das vom Bach heraufgellte.

Nathaniel kannte diesen Schrei. Er hatte ihn oft genug gehört. Es war Mataqua, der ihn ausgestoßen hatte, den Kriegsschrei der Irokesen.

Nathaniel warf sich herum und sah Mataqua, der mit seinem Tomahawk auf die Shawnees zustürmte. Er tötete den ersten von ihnen mit einem gewaltigen Schlag, der dem Gegner den Schädel spaltete.

Der zweite versuchte, Mataqua mit seinem eigenen Tomahawk zu treffen, aber der Irokese wich dem spitzen Stahlblatt geschickt aus, duckte sich und führte einen blitzschnellen Streich gegen die Brust des Angreifers. Er erwischte ihn, und der Shawnee warf sich zurück, drehte sich um und rannte zwei seiner Gefährten nieder.

Mataqua stürzte wie ein Raubtier zwischen sie, wild schreiend um sich schlagend, bis die Shawnee alle die Flucht ergriffen und sich Hals über Kopf in den Clear Creek stürzten. Mataqua folgte ihnen bis ans Ufer, aber dort blieb er breitbeinig stehen, die Streitaxt hoch erhoben, und brüllte den fliehenden Shawnee seinen Triumphschrei nach.

Nathaniel hatte sich unterdessen aufgesetzt. Der Pfeil steckte oberhalb des Knies in seinem Schenkel. Sein Bein war wie gelähmt. Mit zusammengebissenen Zähnen versuchte er, den Pfeil durch den Schenkel zu stoßen, aber die Spitze ließ sich nicht bewegen.

Unten am Bach war der Nebel nun wieder so dicht, daß er kaum die Gestalt Mataquas erkennen konnte. Der Mohawk näherte sich auf der Straße. Er hatte zwei Shawnees getötet und skalpiert. Mit dem Tomahawk in der einen Hand und den blutigen Skalplocken in der anderen ging er zu Nathaniel, der dasaß und zu ihm aufblickte.

Mataqua blieb über ihm stehen. Sein Körper war mit dem Blut seiner Feinde bespritzt, das Blatt des Tomahawks rot. An der Schulter hatte er eine klaffende Wunde.

»Ich glaube nicht, daß ich weiterlaufen kann«, sagte Nathaniel mit herausgepreßtem Atem.

Mataqua starrte finster auf ihn nieder. Plötzlich steckte er den Tomahawk in seinen Gürtel und hielt Nathaniel die Hand entgegen. Nathaniel ergriff sie, und Mataqua zog ihn auf die Beine.

»Lauf«, befahl er mit kehliger Stimme.

Heftig stieß er Nathaniel von sich, und dieser taumelte die Straße hoch, als spürte er die Krallenhand des Todes in seinem Nacken.

5. Kapitel Abschied von Caldwell's Meadow

*Um Clarissas Zukunft – Es
sind Wölfe im Wald – Der Sieger – Die Köpfe der Toten –
Eine wichtige Unterredung –
Samt und Seide – Die Shawnee sind fort – Ein letzter
Blick zurück*

S ie müßten längst zurück sein«, sagte Mr. Caldwell,
der mitten auf dem Platz neben dem Lieutenant stand
und über die Straße in die Dämmerung starrte, in der sich
der Karrenweg verlor. »Soll ich meinen Knecht ausschik-
ken, um nach ihnen zu sehen?«

Lieutenant Sweet schüttelte den Kopf.

»Nein, Mister Caldwell. Mataqua kehrt ganz bestimmt
zurück. Aber es könnte sein, daß Nate Axton trotz meiner
Warnung die Gelegenheit nutzte und zu fliehen versuchte.«

»Er gelangte nicht weit, nicht wahr? Wegen Mataqua,
meine ich.«

»Da haben Sie recht, Mister Caldwell.« Der Lieutenant
lächelte. »Er gelangte wohl nicht sehr weit, obwohl ich
ihm einiges zutraue.«

»Sie kennen ihn von früher?«

»Wir haben einen kleinen Teil unserer Jugend zusammen verbracht, Mister Caldwell, aber meine Erinnerungen an ihn sind nicht die besten.« Lieutenant Sweet warf einen Blick zu den Frauen hinüber, bei denen sich Clarissa aufhielt. »Sagen Sie, Mister Caldwell, fürchten Sie nicht, daß Ihre Tochter Clarissa hier draußen im Grenzland zu verrohen droht? Mir ist aufgefallen, daß sie ihren eigenen Willen hat.«

»Den hat sie zweifellos, Lieutenant«, brummte Mr. Caldwell.

»Dann wäre es wohl auch in Ihrem Interesse, wenn Ihre Tochter für eine gewisse Zeit unter die Leute käme?«

»Daran – daran habe ich eigentlich, ehrlich gesagt, noch nie gedacht, Lieutenant. Aber wo könnte sie schon hingehen. Caldwell's Meadow ist eine der abgelegensten Siedlungen Virginias. Noch vor wenigen Jahren war hier nichts als ein Urwald voll wilder Tiere und heidnischer Rothäute.«

»Nun gut, Mister Caldwell, ich könnte mir vorstellen, daß meine Eltern nicht abgeneigt wären, ein Mädchen wie Clarissa für ein oder zwei Jahre aufzunehmen.«

»Sie meinen ...«

»Auf Rosewood Hill, unserer Plantage, könnte sie zu einer feinen Dame erzogen werden.«

Mr. Caldwell spürte, wie ihm das Blut durch den Kopf rauschte. Konnte es sein, daß Clarissas Mutter in ihrer Annahme doch recht behalten sollte, daß Clarissas Zukunft unter einem ganz besonderen Stern stand? Konnte es sein, daß Lieutenant Andrew Warren Sweet, ein junger Mann aus bester Familie, in den wenigen Stunden, die er hier auf Caldwell's Meadow verbrachte, Interesse an Clarissa gefunden hatte? Warum sonst hätte er ihm in diesem Moment so etwas vorschlagen sollen?

»Nun, Mister Caldwell?«

»Also, ich weiß im Moment nicht, was ich Ihnen sagen soll, Lieutenant. Es wäre uns, ich meine, mir und meiner Frau, natürlich eine ganz außergewöhnliche Ehre, wenn sich Ihre Familie und Clarissa...«

»Dann überlegen Sie es sich schnell, Mister Caldwell. Morgen früh marschieren wir weiter. In einigen Wochen werden wir Winchester erreichen, und von dort könnte Clarissa ihre Reise nach Rosewood Hill fortsetzen.«

»Ja. Das ist... Ich werde mit Clarissas Mutter darüber sprechen und dann...«

Mr. Caldwell gelangte nicht mehr weiter, denn dort, wo die Straße im Dunst verschwand und die Kronen und Wipfel des Waldes dunkel wie eine Mauer aufragten, dort tauchte jetzt eine Gestalt auf, die sich eine andere über die Schulter geworfen hatte. Es war Mataqua, der die Straße vom Clear Creek hochging.

Er lief nicht, wie das alle erwartet hatten, sondern er ging, leicht gebückt unter seiner Last und trotzdem mit federnden Schritten, die ihn schnell näher brachten.

Clarissa war die erste, die reagierte. Sie rannte über den Platz auf den Irokesen zu, und es half nichts, daß ihre Mutter sie zurückrief und ihr Vater ihren Namen hinter ihr herbrüllte, als wäre sie ein Hund.

Vor dem Schuppen, wo sich die Soldaten aufhielten, entstand Bewegung. Jason und Zeb lösten sich von den anderen und liefen Clarissa nach. Barney zerrte mit wütendem Gebell an der Kette, an die er seit der Ankunft des Lieutenants und seiner Soldaten angeschlossen war. Korporal Brady, der betrunken auf einem Spaltklotz hockte, stellte den Schnapskrug auf den Boden und ergriff seine Muskete. Als er sich schwankend erhob, verlor er das Gleichgewicht und kippte rücklings auf seinen Hosenboden.

Clarissa hatte jetzt Mataqua erreicht.

»Was ist geschehen?« rief sie, während sie versuchte, einen Blick in das Gesicht Nathaniel Axtons zu werfen, dessen Arme und Beine leblos herunterhingen.

»Es sind Wölfe im Wald«, sagte der Mohawk ruhig, als hätte er nicht eben mehr als fünf Meilen zurückgelegt und die Hälfte des Weges einen Mann getragen, der mindestens hundertachtzig Pfund wog.

»Wölfe? Wölfe wagen sich nicht bis hierher, es sei denn im Winter, wenn sie sonst nichts zu fressen finden.«

»Shawnee«, erklärte der Mohawk, dem die blutigen Skalps vom Gürtel hingen.

Jason und Zeb stürzten heran.

»Hast du ihn getötet?« keuchte Jason, dem Clarissa ansehen konnte, daß er den anderen Soldaten nicht hatte nachstehen wollen und ebenfalls getrunken hatte. Genau wie Zeb, der Mühe hatte, das Gleichgewicht zu bewahren.

»Während ihr euch besauft, macht sich eine Horde wilder Shawnee an uns heran«, schimpfte Clarissa. »Ihr solltet euch schämen. Was seid ihr nur für Soldaten?«

»Shawnee?« stießen Jason und Zeb wie aus einem Mund hervor, während sie hinter Mataqua und Clarissa hertaumelten.

Beim Schuppen war es Korporal Brady inzwischen gelungen, sich so weit aufzurichten, daß er knien konnte. Als er jedoch aufstehen wollte, stürzte er schwer vornüber und fiel aufs Gesicht. Lieutenant Sweet wandte sich angewidert ab. Die Arme über der Brust verschränkt, erwartete er seinen Läufer.

✳

John Sherman wies alle Frauen an, sich mit den Kindern sofort in das Haus zu begeben und die Türen zu schließen. Auch die Sklaven verschwanden in ihrer Hütte, und Joseph, der alte Powhatan, brachte seinen kleinen Hund in Sicherheit.

Mataqua hatte dem Lieutenant unterdessen seine Last vor die Füße geworfen, als hätte er für ihn einen Rehbock erlegt. Sein Herr und Meister konnte zufrieden sein.

»Mister Caldwell, ich schätze, es besteht kein Zweifel, wer diesen Wettlauf gewonnen hat«, sagte er zu Clarissas Vater, während sich zu seinen Füßen Nathaniel Axton aufrichtete.

»Ich glaube, es gibt jetzt wichtigere Dinge zu tun, als ...«

»Der Pfeil eines Shawnee hat ihn ins Bein getroffen, Vater!« fuhr Clarissa ihm ins Wort. »Es kann keine Rede davon sein, daß dieser Wettlauf entschieden worden ist.« Sie wollte sich bei Nathaniel niederlassen, aber ihr Vater packte sie beim Arm und zog sie mit einem Ruck hoch.

»Geh zu deiner Mutter, Clarissa!« herrschte er sie an. »Niemand hat dich um deine Meinung gebeten!«

»Aber es ist doch eindeutig, daß es ein Pfeil gewesen ist, der ...«

»William!« rief Mr. Caldwell scharf. Clarissas Bruder eilte zu ihnen, nahm Clarissa am Arm und zerrte sie mit sich, obwohl sie sich sträubte.

Da riß sie sich los und lief zu Nathaniel zurück, der inzwischen am Boden saß, das gesunde Bein angewinkelt, das verletzte lang ausgestreckt, so daß der Rest des abgebrochenen Pfeilschaftes, der eine Handbreite aus seiner Hose ragte, gut zu sehen war.

»Sagen Sie es meinem Vater!« stieß Clarissa hervor, während sie bei ihm niederkniete. »Sagen Sie ihm, daß dieser Wettlauf nur durch den Pfeil eines Shawnees entschieden worden ist.«

Nathaniel hob den Kopf. Ihr Gesicht war so dicht bei seinem, daß er ihren Atem auf seiner Haut spürte. Beinahe flehend sah sie ihn an, mit großen dunklen Augen, den Mund leicht geöffnet. Der Anblick dieses Gesichtes war es, der ihn seine Schmerzen vergessen ließ.

»Nein«, sagte er gepreßt. »Nein, ich hätte Mataqua niemals besiegen können.«

Sie starrte ihn an, und mit einem Schlag veränderte sich ihr Gesichtsausdruck in eine ungläubige Enttäuschung. William, der hinter sie getreten war, nahm sie beim Arm, und sie ließ sich widerstandslos auf die Füße ziehen. Ihr Blick krallte sich an Nathaniel fest, und er hob in einer fast hilflosen Geste seine blutverschmierte Hand, aber da drehte sie sich an der Hand ihres Bruders um, und er führte sie zurück ins Haus.

Nathaniel blickte zu Andrew Warren Sweet hoch, der ihn siegesbewußt angrinste.

»Es ehrt dich, daß du unter diesen Umständen deine Niederlage annimmst, Nate«, sagte er kalt. »Dein Gefangener gehört nun Mataqua.«

»Es wird ihm zu besonderer Ehre gereichen, den Shawnee-Krieger zu töten«, entgegnete Nathaniel spöttisch. »Du hast dir einen guten Läufer und einen tödlichen Kämpfer angeeignet, aber an deiner Stelle würde ich ihm genausowenig trauen wie einer Schlange. Eines Nachts, vielleicht, wenn du schläfst, wird er seine Giftzähne in deinen Hals schlagen.«

»Mataqua ist von mir abgerichtet worden«, erwiderte der Lieutenant und legte dem Mohawk eine Hand auf die Schulter, als wollte er Nathaniel dadurch zeigen, wie sicher er sich seiner war. »Ich gebe ihm einen Befehl, und er führt ihn aus. Er läuft für mich, weil ich nicht mehr laufen kann. Und er tötet für mich, wenn ich keine Lust dazu habe, mir die Hände zu beschmutzen. So ist das, Nate.«

Sweet wandte sich an seinen Läufer.

»Töte den Shawnee!« befahl er.

Mataquas Gesicht blieb ohne Ausdruck, als er sich umwandte und zur Sklavenhütte hinunterging. Niemand versuchte ihn aufzuhalten. Nathaniels Blicke suchten Clarissa, aber sie war ins Haus gegangen.

Silas trat zur Seite, als Mataqua auf ihn zukam. Der Mohawk verschwand in der kleinen Hütte. Nach wenigen Augenblicken tauchte er wieder auf und schleifte den jungen Shawnee an einem Arm hinter sich her über den Platz vor dem Haus und einen schmalen Feldweg entlang, der durch ein Doppelfeld zum Wald führte. Dort verschwand er im Unterholz.

Als er zurückkehrte, war er allein.

*

Da es dunkel wurde, hatte es keinen Sinn, nach den Shawnee Ausschau zu halten. Statt dessen entschied Lieutenant Sweet, auf dem Platz ein großes Feuer zu entfachen und die ganze Nacht hindurch Wachen aufzustellen.

Zur Abschreckung aber befahl er seinen Soldaten, den

beiden getöteten Shawnee die Köpfe abzuschneiden und diese an zwei langen Stangen aufzuspießen.

Da Korporal Brady unfähig war, seine Soldaten anzuführen, übergab der Lieutenant das Kommando Jason Caldwell, der sich ja in der Gegend auskannte. Zum Entsetzen seiner Mutter führte Jason einen Trupp von sieben Soldaten hinunter zum Ufer des Clear Creek.

Sie schnitten zwei lange Stangen aus dem Unterholz, auf die sie die beiden skalpierten Köpfe steckten. Beide Köpfe wurden auf der Ebene, wo sich die Felder und Äcker befanden, links und rechts der Straße aufgestellt, so daß man sie vom Waldrand aus gut sehen konnte.

Sobald es dunkel war, befanden sich die Caldwells und ihre Nachbarn, die Shermans, alle im Haus. Lieutenant Sweet hingegen war jetzt in seinem Element. Er kontrollierte die Wachen und paßte auf, daß seine Soldaten keinen Schnaps mehr anrührten. Korporal Brady konnte ihm dabei nicht beistehen, weil er nicht mehr bei Sinnen war und in einem dunklen Winkel des Schuppens stöhnend in seinem eigenen Erbrochenen lag.

Es geschah nichts in dieser Nacht.

Clarissa schloß kein Auge, und einmal vernahm sie einen Schrei, der vom Wald her ertönte, aber sie konnte nicht erkennen, ob es sich dabei um den Schrei eines Menschen handelte oder um den eines Tieres.

Als der Morgen graute, erschien ihre Mutter im Zimmer und setzte sich an ihr Bett. Clarissa richtete sich auf, und ihre Mutter nahm Clarissas Hand in ihre Hände.

»Dein Vater und ich, wir sind die ganze Nacht wach gewesen«, sagte sie.

»Ich habe euch leise reden gehört«, erwiderte Clarissa. »Ich glaube, es hat niemand wirklich geschlafen.«

»Du hast recht, mein Kind. Es ist schrecklich zu wissen, daß die Wilden im Wald herumstreifen, ohne daß man etwas gegen sie unternehmen kann. Aber Lieutenant Sweet wird heute morgen den Wald nach Zeichen absuchen, bevor er mit seinen Soldaten weiterzieht.« Sie drückte die Hand ihrer Tochter, und ihr Gesicht verriet Clarissa, daß sie noch etwas zurückhielt, etwas sehr Wichtiges, das sie während dieser langen Nacht mit ihrem Mann besprochen hatte.

»Clarissa, ich muß dir jetzt etwas sehr Wichtiges sagen«, begann sie. »Es geht um dich, mein Kind, und um deine Zukunft. Seit einiger Zeit schon sorgen wir uns um dich, dein Vater und ich. Du weißt, wie stolz dein Vater auf seine Familie ist und auf das, was er hier mit uns geleistet hat. Caldwell's Meadow ist für ihn ein Traum, der wahr geworden ist. Aber dieser Traum ist in Wirklichkeit nichts als ein Anfang. Einmal, in vielen Jahren, wird hier eine Stadt stehen wie Williamsburg. Einmal werden die Gehsteige und die Straßen hier gepflastert sein, und auf dem Hügel dort drüben, wo dein Vater das Kreuz errichtet hat, wird eine große Kirche stehen und eine Schule, und die Leute werden modische Kleider tragen wie in London, und kaum jemand wird einmal daran denken, daß hier einmal nichts weiter war als eine Wildnis, der wir diesen Traum entringen mußten.«

Clarissas Mutter brach ab und erhob sich. Sie ging zum Fenster und blickte zum Hof hinunter. Das Wachfeuer brannte noch, und einer der Soldaten schlenderte auf seinem Rundgang gerade am Wagen der Shermans vorbei, während ein anderer, in eine Wolldecke eingehüllt, vor Josephs Hütte saß.

»Mutter, du wolltest mir etwas Wichtiges mitteilen«, sagte Clarissa in die Stille hinein.

»Nun, mein Kind«, sagte ihre Mutter mit fester Stimme und ohne sich vom Fenster abzuwenden, »dein Vater und ich haben heute nacht beschlossen, dich nach Rosewood Hill zu schicken, wo du zu einer feinen jungen Dame erzogen werden wirst.«

Einige Sekunden lang saß Clarissa wie erstarrt im Bett. Dann sprang sie auf und stürzte zu ihrer Mutter. »Ich soll von hier weggehen?« rief sie ungläubig. »Eben hast du mir gesagt, daß Caldwell's Meadow unser Traum sei, Mutter! Und jetzt wollt ihr mich von hier fortschicken, als wäre es nicht mein...«

Ihre Mutter drehte sich zu ihr um.

»Clarissa, es ist der Wunsch deines Vaters, der um dein Wohlergehen besorgt ist.«

»Und deiner? Ist es auch dein Wunsch, Mutter?«

»Ja. Lieutenant Sweet hat uns dieses einmalige Angebot vorgeschlagen. Seine Mutter höchstpersönlich wird sich deiner annehmen. Sie wird dich nicht nur Lesen und Schreiben lehren, sie wird dir alles beibringen, was eine junge Dame wissen muß, wenn sie nicht in der Wildnis lebt.«

»Nicht vorlaut zu sein, zum Beispiel«, schnappte Clarissa.

Ihre Mutter lächelte.

»Clarissa, du bist jetzt fünfzehn. Was glaubst du, wie oft ich in deinem Alter geträumt habe, Samt und Seide zu tragen und mit silbernem Besteck aus feinem chinesischem Porzellan zu essen. Ich will mich nicht beklagen. Dein Vater ist mir ein guter Ehemann, und ich glaube nicht, daß ich mit einer anderen Frau tauschen möchte.«

»Warum glaubst du dann von mir, daß ich jemand anders sein will, eine feine junge Dame, zum Beispiel?« Clarissa ging zurück zu ihrem Bett und setzte sich auf den Rand.

Sie hätten gern zugegeben, daß auch sie einmal daran dachte, durch die Straßen von Williamsburg zu flanieren wie die Damen, die sie dort gesehen hatte, bevor ihre Familie hierher in dieses entlegene Grenzland gezogen war, aber sie tat es nicht. Der Gedanke, Caldwell's Meadow zu verlassen, machte ihr angst.

Ihr Bruder zog in den Krieg. Zeb war ein freier Mann, der vielleicht niemals mehr hierher zurückkehrte. Ihr Bruder William lebte seit seiner Heirat in Shermantown, und ihr kleiner Bruder Oliver war mit fünf Jahren noch zu klein, Vater und Mutter eine Hilfe zu sein, ganz zu schweigen von der kleinen Harriet Wakefield, die als einzige das Massaker auf der Wakefield-Farm überlebt hatte und seitdem hier im Haus der Caldwells lebte, still wie eine verschüchterte Maus.

»Ich kann gar nicht weggehen, Mutter«, sagte Clarissa. »Du weißt, wie sehr du mich brauchen wirst, wenn du mit dem neuen Kind niederkommst.«

Ihre Mutter blickte noch immer zum Fenster hinaus. Lieutenant Sweet schritt, auf seine Krücken gestützt, über den Hof und rief nach Korporal Brady. Red, der Hahn, begann zu krähen. Im Osten glühte der Himmel über den Wäldern. Nebel kroch aus dem Tal des Clear Creek.

»Es ist entschieden, Clarissa«, sagte Mrs. Caldwell. »Du wirst Lieutenant Sweet nach Winchester begleiten, und zwar auf einem der Pferde, die Nathaniel Axton den Ottawa gestohlen haben will. In Winchester sollst du

abgeholt und nach Rosewood Hill gebracht werden, wo
du ein oder zwei Jahre verbringen wirst.«

»Und wenn ich mich weigere?«

Jetzt drehte sich ihre Mutter mit einem Ruck um.

»Pack deine Sachen, Clarissa!« befahl sie mit harter
Stimme. Ihr Gesicht war blaß und wie aus Stein gehauen.
»Und beeile dich, bitte! Lieutenant Sweet wird nicht auf
dich warten wollen.«

Ohne ein weiteres Wort zu verlieren, verließ Mrs. Caldwell die kleine Kammer, und Clarissa hörte sie die
Treppe hinuntergehen. Einige Minuten blieb Clarissa auf
dem Bettrand sitzen. Dann stand plötzlich Harriet in der
Türöffnung, blaß in ihrem Nachthemd, mit großen dunklen Augen.

Clarissa erhob sich und nahm Harriet bei der Hand. Sie
ging mit ihr in die Kammer nebenan, in der Oliver und
Harriet schliefen. Oliver war schon unten. Clarissa begann Harriet anzuziehen.

*

Sie verließen Caldwell's Meadow kurz vor Mittag, als die
Sonne hochstand und sich die letzten Nebelschleier auf-
gelöst hatten.

Für die Leute, die auf Caldwell's Meadow zurückblie-
ben, gab es keinen Grund zur Unruhe. Mataqua war von
Lieutenant Sweet ausgeschickt worden, die Umgebung
der Farm nach Zeichen der Shawnee abzusuchen. Mehr
als vier Stunden durchstreifte der Mohawk daraufhin
allein die Wälder.

Am Clear Creek stieß er auf die Fährte der Shawnee.
Den Spuren nach handelte es sich um eine Gruppe von
neun Kriegern, von denen keiner ein Pferd besaß.

90

Die enthaupteten Leichen der beiden, die Mataqua am Abend zuvor getötet und skalpiert hatte, waren von ihren Gefährten in den Wald geschleift und in einiger Entfernung des Clear Creek verscharrt worden. Mataqua fand das Grab, über das in den frühen Morgenstunden die Wölfe hergefallen waren. Die Leichen waren teilweise ausgescharrt, und es fehlten ihnen jetzt nicht mehr nur die Köpfe.

Ohne sich lange aufzuhalten, waren die Shawnee weitergezogen. Wahrscheinlich waren sie nicht die einzige Kriegerschar, die sich zur Zeit auf der Ostseite der Allegheny-Berge aufhielt. Es war Herbst. Obwohl eigentlich der Winter vor der Tür stehen sollte, war es noch einmal warm geworden.

Indianersommer nannte man eine solche Schönwetterperiode im Herbst, weil dann meistens noch einmal Kriegerbanden durch die Berge zogen, um sich für den bevorstehenden Winter mit Beute einzudecken.

Auch diese Shawnee würden weiterziehen, zum Tal des Shenandoah hinunter, in die versteckten Seitentäler, die sich zu den Bergen hochwanden, und irgendwo würden sie eine entlegene Farm überfallen, eine Gruppe von Reisenden, einen fahrenden Händler vielleicht oder eine kleine Ansiedlung wie Caldwell's Meadow oder Shermantown.

Daß sie nicht hierher zurückkehren würden, das war gewiß. Sie hatten zwei ihrer Gefährten verloren, und beide waren skalpiert und geköpft worden, so daß ihnen die ewigen Jagdgründe verwehrt blieben. Für sie war dieser Platz ein Platz des Unglücks, ein Platz, der von bösen Geistern bewacht wurde.

Mataqua folgte ihren Spuren den Clear Creek entlang,

aber schließlich, als er sicher war, daß die Shawnee alle weitergezogen waren, ohne noch einmal anzuhalten, lief er zurück nach Caldwell's Meadow, wo er Lieutenant Sweet in kehligem Englisch Bericht erstattete.

»An Ihrer Stelle würde ich die beiden Köpfe noch ein paar Tage an ihrem Platz belassen, Mister Caldwell!« rief Lieutenant Sweet, als er sein Pferd bestiegen hatte und seine Soldaten sich in Achtungstellung vor ihm aufreihten.

Die Köpfe auf den Stangen sahen an diesem Morgen schwarz aus, beide von einer Wolke von Fliegen umgeben. Sobald der Lieutenant und seine Soldaten außer Sicht waren, wollte Clarissas Vater die Köpfe herunterholen und im Wald begraben.

Korporal Brady und drei seiner Soldaten brachten Nathaniel Axton aus der Hütte Josephs. Die Hände waren ihm auf dem Rücken zusammengebunden. Er trug sein Hirschlederzeug, die Mokassins und den Gürtel. Alle Waffen hatte man ihm abgenommen.

Da er wegen der Beinverletzung behindert war, überließ ihm Lieutenant Sweet das Reitpferd, während Clarissa das Tier zur Verfügung gestellt wurde, das bislang Nathaniels Packen und den verletzten Shawnee getragen hatte.

Die Shermans versprachen Lieutenant Sweet zwei weitere Pferde und einen Wagen, sobald sie Shermantown erreichten, wo es auch zwei oder drei Burschen zu rekrutieren gab. Nach dem Aushebungsbeschluß, den Gouverneur Dinwiddie in diesem Jahr erlassen hatte, sollten insgesamt 1272 Soldaten rekrutiert werden, aber bisher zählte das Virginia-Regiment noch keine tausend Mann.

Natürlich rechnete Lieutenant Sweet damit, daß sich

ihm auf dem Rückweg nach Winchester noch etwa hundert Mann anschließen würden, zumal auf den meisten Farmen inzwischen die Getreide- und Heuernten eingebracht waren. Außerdem wollte er noch mehrere Pferde und Wagen konfiszieren, die für den Feldzug dringend gebraucht wurden.

Für den Weg von Caldwell's Meadow nach Winchester rechnete Lieutenant Sweet mit anderthalb Monaten Marschzeit. Es war Oktober. Bis Weihnachten sollte sein Trupp auf jeden Fall Winchester erreicht haben. Dort erst würden die neuen Soldaten für den Kampf gegen die Franzosen und ihre verbündeten Indianerstämme gedrillt werden.

Clarissa fiel der Abschied von ihren Eltern schwer, aber sie gab sich Mühe, ihren tiefen Schmerz nicht zu zeigen. Wenn sich ihr die Gelegenheit böte, ließe sie ihnen durch einen Reisenden oder durch einen fahrenden Händler eine Nachricht zukommen, versprach sie. Ihr Vater schwieg. Ihre Mutter lächelte und weinte zugleich.

»Was gibt es da zu heulen?« maulte ihr Vater.

»Nichts«, sagte ihre Mutter. Sie drückte Oliver an sich, der ziemlich verstört war, weil ihm niemand erklären konnte, warum er plötzlich mit seinen Eltern allein gelassen wurde.

»Das ist nur vorübergehend«, versuchte ihn Clarissa zu trösten. »Bald kriegst du einen Bruder oder eine Schwester.«

Ihr Bruder William half ihr in den Sattel.

Lieutenant Sweet gab den Befehl zum Abmarsch. Er ließ Clarissa zu sich aufreiten. Der Trommelbube und der Junge mit der Standarte führten die Zweierkolonne an.

Dann folgte Korporal Brady in seiner schlechtsitzenden Uniform. Jason und Zeb marschierten nebeneinander. Zeb grinste schief zu Clarissa auf, die still auf dem Franzosenpferd saß, während die Abteilung vorbeizog.

Einer der Soldaten führte das Pferd, das Nathaniel Axton trug. Man hatte ihn nun so gefesselt, daß er dennoch die Zügel führen konnte. Der einzige, der beim Abmarsch fehlte, war Mataqua. Er war längst wieder im Wald verschwunden, um die Marschroute nach Shermantown auszukundschaften.

Die Shermans folgten der Abteilung mit ihrem Wagen.

Dort, wo die Straße den Waldrand erreichte, drehte sich Jason noch einmal um. Auch Clarissa warf einen letzten Blick zurück. Vor dem Haus standen ihre Eltern mit Oliver. Im Morgenschatten des Schuppens konnte Clarissa den neuen Knecht erkennen. Auch Joseph und die Sklaven waren aus ihren Hütten erschienen, um die Kolonne vorbeimarschieren zu sehen.

Joseph hob zum Gruß die rechte Hand, als das Pferd mit dem Gefangenen vorbeitrottete. Nathaniel sah es, aber er konnte den Gruß nicht erwidern, da seine Hände gefesselt waren.

Der Wald nahm die Kolonne auf.

6. Kapitel **Unterwegs nach Norden**

Die erste Nacht – Zinnsolda-
ten – Der Wakefield-Wagen –
Eigentum des Lieutenants –
Hirschfliegen und Wundbrand
– Sumpfland – Nachtlager –
Mutter und Sohn – Heirats-
antrag – Die Aufgabe eines
Engels – Am Morgen ein Toter

Shermantown befand sich drei Tagesmärsche von
Caldwell's Meadow entfernt. Die Straße führte zu-
meist am Westufer des Clear Creek entlang. Am ersten
Abend lagerte die Kolonne in der Nähe der Wakefield-
Farm, von der, seit dem Überfall der Shawnee im letzten
Jahr, nicht viel übriggeblieben war. Ein paar verkohlte
Holzbalken ragten aus dem Unkraut, das diesen Platz des
Grauens bereits dicht überwuchert hatte.

William Caldwell, der damals mitgeholfen hatte, die
Toten zu beerdigen, zeigte Lieutenant Sweet den Erdhü-
gel über dem Massengrab und das Kreuz, in dem acht
Namen eingeritzt waren.

Für Clarissa war es die erste Nacht, die sie nicht in
Caldwell's Meadow verbrachte. Bei Dunkelheit brannte
inmitten einer Lichtung ein großes Feuer.

Mataqua kehrte zurück. Es gab keine Anzeichen dafür, daß sich feindliche Indianer in der Nähe aufhielten. Trotzdem stellte Korporal Brady Wachen auf, die sich alle zwei Stunden ablösen sollten.

Der Wagen der Shermans stand etwas abseits am Waldrand. Dort hatten die Shermans auch ein eigenes Kochfeuer entfacht. William bot Clarissa an, die Nacht zusammen mit Mrs. Sherman und Abigail im Wagen zu verbringen.

Sie bat Lieutenant Sweet, sich um den Gefangenen kümmern zu dürfen, aber Sweet erlaubte es ihr nicht, und zwar mit der Begründung, daß es sich für eine junge Dame nicht schickte, einen Mann wie Nathaniel Axton zu versorgen.

Beim Abendessen bemerkte Clarissa, daß es Zeb war, der dem Gefangenen die Fesseln abnahm, damit er zum Essen seine Hände benutzen konnte. Später, nach dem Essen, fesselte ihn Zeb erneut, dieses Mal aber mit den Händen auf den Rücken.

Es wurde schnell kalt, und Clarissa war froh, daß sie im Wagen schlafen durfte und nicht draußen auf dem feuchten Waldboden mit all dem Ungeziefer, das im Wald lebte. Es war zwar nicht viel Platz im Wagen, da auch Abigails Zwillingsschwestern und ihr Bruder Fred im Wagen schliefen.

Mit ihren Gedanken bei Zeb schlief sie schließlich ein, wachte aber einige Stunden später aus einem Alptraum auf. Sie lag zwischen Abigail und Mrs. Sherman, und Mrs. Sherman schnarchte ihr ins Ohr. Clarissa lag unbequem, aber sie wagte nicht, sich zu bewegen oder gar umzudrehen.

Im Traum hatte sie sich auf dem Dach eines brennenden Hauses gesehen, umzingelt von Soldaten in blauen und roten Uniformröcken, die auf einen Befehl von Lieutenant Sweet hin alle ihre Gewehre und Musketen auf sie richteten.

»Flieg, wenn du kannst!« hatte er ihr höhnisch zugerufen, und da tauchte Mataqua auf. Er war ein großer Vogel, der mit leuchtenden Federn im Rauch des Feuers erschien und sie mit seinen Krallen packte. Leicht, als wäre sie eine kleine Puppe, hob er sie vom Giebel des Daches, während unten Lieutenant Sweet den Feuerbefehl gab.

Seine Soldaten gehorchten ihm jedoch nicht, denn sie waren im Lichtschein des Feuers zu Zinnsoldaten geworden, die gleichen Zinnsoldaten, mit denen William früher gespielt hatte und die jetzt Oliver zu Hause manchmal gegeneinander aufreihte.

Sie kannte jeden einzelnen von ihnen, die rotwangigen Gesichter mit den kleinen toten Augen, die Uniformröcke mit den abgeschlagenen Farbsplittern, den Sergeant, dem der Kopf fehlte, und die Lanzenträger mit ihren abgebrochenen und verbogenen Lanzen.

Nur einen unter ihnen hatte sie noch nie gesehen. Er war kein Soldat. Außer einem Lendenschurz trug er nichts, und sein Körper war über und über mit Tätowierungen bedeckt. Mataqua war es, der jetzt neben Lieutenant Sweet stand, und Clarissa, die eben noch von dem Vogel weggetragen worden war, lief auf nackten Füßen durch den Wald, und sie hörte die Stimme von Lieutenant Sweet, der Mataqua den Befehl gab, sie zu töten.

Sie rannte und rannte und gelangte auf eine Lichtung. Dort lag der junge Shawnee in seinem Blut. Aber er war nicht tot, wie es den Anschein hatte. Er sprang plötzlich auf, um nach ihrem Rock zu greifen, als sie vorbeilaufen wollte, und gerade, als er sie erwischte, erwachte sie aus ihrem Traum. Ihr Herz polterte ihr bis in den Hals hinein, und sie spürte den kühlen Schweiß auf ihrem Gesicht und auf ihrem Körper.

Sie lag still.

Der Traum wollte sie nicht verlassen. Sie versuchte zu ergründen, was er hätte bedeuten können. Da rührte sich Mrs. Sherman neben ihr. Sie hörte auf zu schnarchen und hob den Kopf.

Clarissa hatte die Augen geschlossen und tat, als schliefe sie. Nach einer Weile legte sich Mrs. Sherman wieder zurück. Draußen ging ein Mann vorbei. Wahrscheinlich der Wachsoldat auf seinem Rundgang.

Irgendwann schlief Clarissa wieder ein.

*

Shermantown war etwas größer als Caldwell's Meadow. Mehrere Bewohner hatten den Überfall auf die Ansiedlung Roanoke überlebt und waren hierher geflohen, wo sie von ihren Bekannten und Verwandten aufgenommen worden waren. Zur Zeit lebten ungefähr hundert Leute in Shermantown, und sie erschienen alle auf der einzigen Straße, die zwischen zwei Reihen von Blockhäusern und Bretterhütten hindurchführte.

Da die Ansiedlung am Vormittag erreicht wurde, wollte Lieutenant Sweet am Nachmittag weitermarschieren. Drei junge Burschen konnten rekrutiert werden, von denen einer ein englisches Gewehr besaß. Außerdem wurde in aller Eile der Wagen der Wakefields fahrtüchtig gemacht, indem die Naben geschmiert und an einem der Hinterräder ein neuer Eisenreif aufgezogen wurde.

Mit diesem Wagen waren die Wakefields vor mehr als

zehn Jahren in Philadelphia aufgebrochen. Zuerst hatten sie in der Umgebung von Williamsburg gesiedelt, später weiter im Landesinnern. Vor drei Jahren waren sie dann, von Norden her, durch das Shenandoah-Tal gezogen und hatten sich in der Nähe von Shermantown an einem der Seitenbäche des Clear Creek niedergelassen.

Im letzten Herbst war es gewesen, als die Bürger von Shermantown plötzlich über den Wäldern dicke schwarze Rauchwolken hatten aufsteigen sehen. William Caldwell hatte sofort die Bürgerwehr versammelt, aber für die Wakefields erfolgte jede Hilfe zu spät.

Nur Harriet überlebte den Überfall, und zwei ihrer Schwestern waren verschleppt worden. Der Wakefield-Wagen war von den Indianern nicht angezündet worden, und so konnte er jetzt Lieutenant Sweet und dem Virginia-Regiment übergeben werden.

Zwei alte Wagengäule wurden vor den Wagen gespannt, und am Nachmittag ging es weiter in Richtung Norden.

Während der nächsten zwei Tage führte der Weg durch mehrere Täler, in denen es kaum Anzeichen dafür gab, daß hier die Zivilisation schon Fuß gefaßt hatte. Der Weg war nicht mehr als ein Pfad, gerade so breit wie der Wakefield-Wagen, in dem nun Nathaniel Axton untergebracht war, da sich seine Beinwunde entzündet hatte und zu eitern anfing.

Auf der Landkarte von Lieutenant Sweet war der Weg als Great Trading Path eingezeichnet, als der Große Handelspfad, der weiter im Norden zur Great Valley Road wurde, die den Shenandoah River entlang nach Winchester führte.

Zu beiden Seiten des Weges waren die Talniederungen

und die Anhöhen von dichtem Buchenwald überwuchert, die mit ihren moosbehangenen Felsbrocken, den sturmgefällten Bäumen, dem undurchdringbaren Dickicht und den dazwischenliegenden Sumpfwäldern ein Wildnisgebiet bildeten, das bisher selbst von den Indianern kaum betreten worden war.

Jedenfalls konnte Clarissa nirgendwo Spuren entdecken, die von Menschen stammten. Die Stille der Wälder, das düstere Zwielicht und das Bewußtsein, von der nächsten Ansiedlung tagelang entfernt zu sein, erzeugten in ihr ein Gefühl der Einsamkeit und des Verlassenseins, obwohl sie eigentlich nie allein war.

Am Anfang hatte sie einige Male versucht, mit Jason oder mit Zeb zu reden, aber die beiden waren jetzt Soldaten und hielten sich, genau wie ihre Kameraden, auf Befehl des Lieutenants von ihr fern. Es schien auch, als wäre ihnen schon bald klar geworden, daß Clarissa zum Eigentum des Lieutenants gehörte wie etwa sein Pferd oder sein Indianer Mataqua.

Er ließ sie kaum je aus den Augen, traf alle Entscheidungen für sie und erlaubte ihr schließlich nach drei langen Märschen großmütig, im Wagen mitzufahren, als sie sich über die Strapazen des Reitens beklagte.

Er war es auch, der ihr jeden Abend die Schlafstelle zuwies, meistens in seiner Nähe und in einiger Entfernung vom Wagen. Er gab ihr zu essen, indem er ihr den gefüllten Teller brachte, und er gebot ihr, sich ohne seine Begleitung nie weiter als hundert Schritte vom Lager zu entfernen.

Sie unterdrückte ihren Impuls, sich seinen Bestimmungen zu widersetzen, obwohl er sie manchmal mit seiner übertriebenen Fürsorglichkeit und seinem herrischen Getue geradezu herausforderte, gegen seinen Willen zu verstoßen. Jeden Abend, wenn nach einem langen und beschwerlichen Marsch das Nachtlager eingerichtet war, wäre sie am liebsten einfach in den Wald gelaufen, wenn nicht die Furcht vor Mataqua und den wilden Indianern gewesen wäre. Außerdem achtete sie darauf, durch ihr Verhalten nicht seinen Zorn zu erregen, da sie dadurch vielleicht nicht nur sich selbst, sondern auch Jason und Zeb Schwierigkeiten bereitet hätte.

Lieutenant Sweet ging mit seinen Soldaten ohnehin schon so um, als handele es sich bei ihnen um eine Bande von Ausgestoßenen, die nur gerade als Kanonenfutter gut genug waren. Er pflegte keinen Kontakt mit ihnen. Solange sie sich auf dem Marsch befanden, ritt er dem Trupp jeweils in einiger Distanz voraus. Seine Befehle gab er Korporal Brady, der sie wiederum den Soldaten weitergab.

Korporal Brady war es, der die jungen Burschen dazu antrieb, Tag für Tag, von Sonnenaufgang bis Sonnenuntergang zu marschieren. Es waren beschwerliche und mühsame Märsche. Die meiste Zeit hatten sie mit Hirschfliegen zu kämpfen, die in den feuchten Talniederungen ihre Brutstätten hatten und in Schwärmen über Mensch und Tier herfielen.

Es war im Verlauf des vierten Tages, als Lieutenant Sweet Clarissa erlaubte, im Wagen mitzufahren. Clarissa erschrak, als sie Nathaniel Axton zwischen den Proviantsäcken, dem Pulverfäßchen und dem Soldatengerümpel auf seine Jagddecke liegen sah.

Sein Gesicht war eingefallen und mit Schweiß bedeckt. Er hatte offensichtlich hohes Fieber, und der junge Soldat, der den Wagen fuhr, sagte ihr, sein Bein sei vom

Wundbrand befallen und müsse wahrscheinlich demnächst amputiert werden, wenn man ihn überhaupt am Leben erhalten wolle.

»Dann halte den Wagen sofort an, daß seine Wunde versorgt werden kann!« forderte Clarissa den Fahrer, einen der drei Männer aus Shermantown, auf.

»Den Teufel werde ich«, brummte der Fahrer. »Der Lieutenant läßt sich seinen Marschplan nicht einfach durcheinanderbringen, nur weil…«

»Wenn du den Wagen nicht sofort anhältst, werde ich dafür sorgen, daß von heute an jemand anders auf dem Bock sitzt!« fiel Clarissa dem Fahrer wütend ins Wort.

Der Fuhrmann auf dem Bock – Clarissa hatte ihn auch schon in Caldwell's Meadow gesehen, wo er beim Bau der Getreidemühle mitgeholfen hatte – lachte nur und hob die Peitsche, um die beiden Pferde schärfer anzutreiben. Da kletterte Clarissa zu ihm auf den Bock, entriß ihm die Zügel und zog mit aller Kraft an ihnen, bis die Pferde stehenblieben.

Sie befanden sich mitten in einem ausgedehnten Sumpfgebiet. Der Weg, der jetzt im schwarzen Morast verlief, war nur noch zu erahnen. Die Soldaten versanken bei jedem Schritt bis zu den Knöcheln im Schlamm und Dreck, und selbst die Pferde gelangten nur noch langsam voran.

Lieutenant Sweet, der seinem Trupp vorausritt und dabei im Sattel die Landkarte studierte, merkte gar nicht, daß die Abteilung hinter ihm nicht mehr weitermarschierte. Erst als Korporal Brady nach ihm rief, zügelte er seinen Sommerrappen, zog ihn im nächsten Moment hart herum und galoppierte zurück.

»Was, zum Teufel, geht hier vor?« schrie er Korporal

Brady an. »Ist das etwa ein Platz, an dem wir eine Marschpause einlegen sollten?«

»Sir, die Männer sind stehengeblieben, nachdem der Wagen angehalten wurde«, erklärte Brady rauh und deutete mit einer Kopfbewegung zum Wagen zurück. Dort saß Clarissa neben dem Fahrer auf dem Bock, und es war nicht der Fahrer, der die Zügel führte.

Lieutenant Sweet trieb sein Pferd hart an. Als er den Wagen erreichte, waren seine Uniform und sein Gesicht mit Dreck verspritzt. Er zügelte das Pferd.

»Warum steht dieser Wagen still?« stieß er scharf hervor.

»Sir, ich habe ihr gesagt, daß der Wagen weiter...«

»Die Wunde an Mister Axtons Bein muß versorgt werden, Lieutenant«, unterbrach Clarissa den Fahrer. »Mister Axton hat hohes Fieber und vielleicht schon den Wundbrand im Bein.«

Lieutenant Sweet blickte Clarissa unter zusammengezogenen Brauen hervor wütend an. Gleichzeitig wurde ihm jedoch klar, daß sie in diesem Moment entschlossen war, sich ihm gegenüber durchzusetzen.

»Wir können uns nicht wegen der Verletzung des Gefangenen aufhalten lassen, Miß Caldwell!« erklärte er grimmig. »Es ist ein langer Weg nach Winchester, und der Winter kann jeden Tag über uns hereinbrechen.«

»Lieutenant, wenn Sie wollen, daß der Gefangene lebend Winchester erreicht, damit er Colonel Washington seine Informationen überbringen kann, dann muß seine Wunde sofort behandelt werden.«

»Wie steht es wirklich um ihn?« Die Frage war an den Fuhrmann gerichtet, der bisher für den Verletzten gesorgt hatte.

»Sir, es könnte gut sein, daß ihm demnächst das Bein abgenommen werden muß«, sagte der Fuhrmann.

»Verdammter Hund!« brüllte der Lieutenant los. »Habe ich dir nicht gesagt, daß du dich um den Gefangenen kümmern sollst? Lebend soll er Winchester erreichen und uns dabei nicht zur Last fallen! Jetzt stehen wir hier inmitten dieses Sumpfes, der so groß ist, daß wir bis zum Abend noch nicht mal festen Boden unter den Füßen haben, nur weil wir hier eine uneingeplante Marschpause einlegen müssen. Steig ab und reih dich in der Kolonne ein!«

Clarissa wurde von dem Zornesausbruch des Lieutenants völlig überrascht. Fassungslos sah sie mit an, wie sich sein blasses Gesicht dunkelrot färbte und an seinen Schläfen die Adern zum Zerplatzen anschwollen.

Die Soldaten der Kolonne standen unbeweglich in ihrer Zweierreihe, die Hosen bis zu den Knien naß und mit Dreck behangen, die Knüppel und Stangen, die sie als Waffen mitführten, geschultert. Alle starrten den Lieutenant an, der sein Pferd beim Wagen herumriß, während der Fuhrmann hastig vom Bock kletterte.

»Sehen Sie zu, daß seine Wunde versorgt wird!« fauchte er Clarissa an. »Wenn Sie etwas brauchen, lassen Sie es Korporal Brady wissen!«

»Ein Feuer, damit ich heißes Wasser...«

»Ein Feuer!« schnappte Lieutenant Sweet. »Sehen Sie sich um! Wir stehen im Wasser, verdammt noch mal! Selbst dem Teufel würde es schwerfallen, hier ein Feuer zu entfachen! Wir marschieren weiter, Miß Caldwell! Heute abend gibt es heißes Wasser, falls wir bis dahin trockenes Holz finden!« Ohne sich weiter um Clarissa zu kümmern, sprengte er davon.

»Der Wagen braucht einen anderen Fuhrmann!«
brüllte er Korporal Brady zu, während er an der Abteilung vorbeipreschte, den Dreispitz auf seinem Kopf mit
einer Hand haltend, die Zügel in der anderen führend.

✳

Auf der Weiterfahrt durch den Sumpf versuchte Clarissa,
Nathaniels Beinwunde zu versorgen und das Fieber mittels kalten Fußumschlägen zu senken. Das Bein war entzündet und dick angeschwollen. Sie entfernte den Eiter
aus der Wunde, bis sie zu bluten anfing, öffnete sie,
soweit es ging, und bestreute sie mit Schwefelpulver aus
dem Arzneikasten, der im Wagen mitgeführt wurde.

Obwohl ihm die Behandlung Schmerzen bereitete, lag
Nathaniel die ganze Zeit still. Nur einmal, als sie ihn
etwas aufrichtete, um ihm zu trinken zu geben, fragte er
sie, warum sie nicht mehr in Caldwell's Meadow sei.

»Meine Eltern haben beschlossen, daß aus mir eine
feine Dame werden soll«, erklärte sie ohne Umschweife.
»Ich soll auf Rosewood Hill von Mistreß Sweet erzogen
werden, aber man hat mich nicht gefragt, ob ich das
überhaupt will.«

Er lächelte schwach und trank Wasser aus dem Balg,
den sie ihm an den Mund hielt.

»Die Verletzung ist schlimm«, sagte sie, während er
trank. »Es könnte sein, daß die Pfeilspitze vergiftet war.
Das tun sie doch, diese Wilden, die sich mit den Franzosen verbündet haben.«

»Manche tun es«, erwiderte er. »Aber nicht nur die, die
auf der Seite der Franzosen stehen.«

»Und Sie?« war ihre nächste Frage. »Auf welcher Seite
stehen Sie, Mister Axton?«

»Ich bin im Auftrag der Regierung Virginias zum Ohio gereist«, antwortete er ruhig.

»Aber Lieutenant Sweet hält Sie für einen Verräter.«

Nathaniel Axton nickte. »Es spricht einiges gegen mich, nicht wahr?«

»Ich weiß nicht«, erwiderte Clarissa. »Wenn das mit diesem Fort stimmt, das von den Franzosen am Ohio gebaut wird, sind Sie wohl kein Verräter.« Sie blickte ihm in die Augen, als könnte sie in ihnen Unwahrheit und Wahrheit bestimmen, aber ihr Ausdruck veränderte sich nicht, und auch die Miene seines Gesichtes blieb undurchdringlich.

*

Der Karte nach hätten sie an diesem Nachmittag das Sumpfgebiet hinter sich lassen müssen. Als jedoch der Tag zu Ende ging, kehrte Mataqua zurück und meldete dem Lieutenant, daß sie noch fast einen halben Tag zu marschieren hätten, bis sie wieder festen Grund erreichten.

Da an diesem Abend Regenwolken aufzogen und nicht damit zu rechnen war, daß der Mond aufgehen würde, so daß in seinem Licht der Weg durch den Sumpf zu erkennen gewesen wäre, entschied Lieutenant Sweet, an der nächsten geeigneten Stelle, die Nacht zu verbringen.

Diese bot sich ihnen auf einer schmalen Landzunge, die weit in den Sumpf hinausreichte. Hier, auf einer kleinen Anhöhe, gab es eine Insel gesunder Bäume, während rund um die Landzunge herum die Wälder abgestorben waren. Weiße kahle Stämme ragten wie verkrüppelte Knochenfinger aus dem Morast.

Sobald sie den Lagerplatz erreicht hatten, ritt Lieutenant Sweet zum Wagen und erkundigte sich nach dem Befinden des Verletzten.

»Ich bin nicht ganz sicher, aber es scheint mir, als hätte das Fieber etwas nachgelassen«, sagte Clarissa, die Nathaniels Füße eben noch einmal mit nassen Tüchern umwickelt hatte. »Vielleicht haben wir Glück, und das Bein ist noch nicht vom Wundbrand befallen.«

Nathaniel Axton richtete sich auf. Seine Augen glitzerten fiebrig.

»Du bereitest dir doch nicht etwa Sorgen um mich, Andrew?« fragte er sarkastisch.

»Ich will dich lebend nach Winchester bringen«, erwiderte Lieutenant Sweet kalt, wendete sein Pferd und ritt davon.

»Er haßt Sie, Mister Axton«, sagte Clarissa, während sie dem Lieutenant nachblickte.

»Vor langer Zeit waren wir einmal Freunde«, antwortete er. »Er, George Washington und ich.«

»Was ist geschehen?«

»Nichts. Unsere Wege trennten sich. Aber vielleicht war er damals schon nicht mein Freund, und ich wußte es nur nicht.«

Später erschien Korporal Brady am Wagen, um Clarissa zu sagen, daß Lieutenant Sweet sie zu sehen wünschte. Er half ihr aus dem Wagen. Überall, wo es auf der Landzunge trockene Stellen gab, lagen Soldaten in ihren Decken. Die meisten von ihnen waren so erschöpft, daß sie nicht einmal die verdreckten und völlig durchnäßten Schuhe und Beinkleider ausgezogen hatten, bevor sie sich zum Schlafen hinlegten.

In einer kleinen Mulde, gegen den Wind geschützt, brannte ein kleines Feuer, an dem ein paar Gestalten saßen. Clarissa erkannte Zeb und Jason unter ihnen. Zeb hob den Kopf und blickte zu ihr. Sie spürte, wie ihr Herz schneller zu schlagen begann.

Sie wünschte, sie hätte sich in dieser Nacht mit ihm treffen können, aber auch in dieser Nacht würde sie sich nicht von ihrem Platz rühren können, ohne daß der Lieutenant darauf aufmerksam geworden wäre.

Er schlief jede Nacht in ihrer Nähe, halb sitzend und mit dem Rücken gegen einen Baum oder einen Stein gelehnt, und wann immer sie sich rührte, war er sofort hellwach.

Ohne Zeb wirklich zu beachten, ging sie am Feuer vorbei. Zu ihrer Überraschung befand sich auch Mataqua im Lager. Der Mohawk saß an seinem eigenen kleinen Feuer und aß von seinem Pemikanvorrat. Obwohl er sie nicht anblickte, wußte sie, daß seiner Wachsamkeit nichts entging.

Lieutenant Sweet hatte sich sein Lager unter den Bäumen eingerichtet. Dort war er dabei, im letzten Licht des Tages in sein Marschbuch zu schreiben. Dies tat er jedem Abend, bevor er sich zur Ruhe begab. Er beschrieb darin die Landschaft, die sie an diesem Tag durchquert hatten, den Zustand der Straße, die Pflanzen, die sein Interesse geweckt hatten, und die Tiere, die ihnen begegnet waren.

Speziell um diese Arbeit verrichten zu können, hatte er einen hölzernen Schreibkasten mit Messingbeschlägen mitgebracht, den ihm seine Mutter geschenkt hatte. Im Deckel war ein auf Porzellan gemaltes Porträt von Mrs. Josephine Sweet angebracht, darunter in Gold graviert die Widmung: MEINEM GELIEBTEN SOHN ANDREW VON SEINER MUTTER. Und darunter auf latei-

nisch das Sprichwort: »DER AUS DEM KRIEG ZURÜCK-
KEHRT, IST EIN SIEGER.«

Andrew Sweet blickte auf, als sich Clarissa näherte. Sie
blieb einige Schritte von ihm entfernt stehen. Die Art, wie
er sie betrachtete, ließ sie unsicher werden. Lange blickte
er sie schweigend an. Am liebsten hätte sie sich umge-
dreht und wäre davongelaufen.

»Setz dich zu mir!« forderte er sie schließlich auf. Wie
immer, wenn sie allein waren, redete er sie informell und
mit ihrem Vornamen an.

Sie gehorchte und setzte sich neben ihn auf eine zu-
sammengefaltete Decke, die er für sie hingelegt hatte. Er
drehte den Schreibkasten so, daß sie den Deckel mit dem
Porträt seiner Mutter sehen konnte.

»Das ist meine Mutter«, sagte er.

»Sie ist bestimmt eine bemerkenswerte Frau«, meinte
Clarissa.

»Ja, das ist sie«, sagte der Lieutenant. »Ich habe ihr
einen Brief geschrieben, den ich ihr zusenden werde,
sobald wir Winchester erreichen.«

»Sie wird sich darüber sehr freuen.«

»Ja. Ich habe ihr von dir geschrieben, Clarissa.«

Clarissa schwieg. Er klappte den Deckel des Kastens zu
und verschloß ihn. Eine Weile saßen sie schweigend da,
und sie wagte kaum zu atmen.

»Ich weiß nicht, was ich von dir halten soll«, sagte er
endlich.

Sie gab ihm keine Antwort.

»Ich habe dich in den drei letzten Tagen beobachtet,
und ich hatte Zeit, über alles nachzudenken, was mir
aufgefallen ist.«

Jetzt hob sie den Kopf, aber sie wich seinem Blick aus.

»Es fiel mir auf, daß du die ganze Zeit die Sanfte spielst, die Unterwürfige, aber dein Blick verrät mir dein wahres Wesen, das sich mir bei jeder Gelegenheit widersetzen möchte. Es wird dir gut tun, von meiner Mutter erzogen zu werden, Mädchen. In wenigen Monaten schon wirst du mir dafür dankbar sein, daß ich dich von Caldwell's Meadow weggeholt und dir auf Rosewood Hill zu einem gesitteten Leben verholfen habe.«

Clarissa zog es vor, in Schweigen zu verharren, statt seiner unverhohlenen Arroganz zu begegnen, indem sie ihm gesagt hätte, daß ihr seine selbstgefällige Art zuwider wäre und sie sich niemals bereitwillig der Erziehung seiner Mutter aussetzen würde.

»Natürlich verstehst du nicht, wovon ich rede. Du bist zu jung und unerfahren, als daß dir Reichtum und Eleganz etwas bedeuten würden. Aber du wirst nicht nur Lesen und Schreiben lernen, sondern auch zur Feinsinnigkeit erzogen werden, zur künstlerischen Wertschätzung und zur Dankbarkeit gegenüber jenen, die aus dir eine Dame von Welt gemacht haben. Ich habe nämlich entschieden, sofern ich das dann noch will, daß du meine Frau werden sollst.«

»Ihre Frau?« entfuhr es Clarissa. Ungläubig blickte sie in das glatte Gesicht des jungen Offiziers.

Er lächelte ihr selbstbewußt zu.

»Meine Frau«, sagte er.

»Und – und wenn ich das nicht will?« fragte sie, noch immer fassungslos über die Unverfrorenheit, mit der er ihr sozusagen soeben einen Heiratsantrag gestellt hatte.

»In zwei Jahren wirst du nicht nur bereit sein, meine Frau zu werden, Mädchen, du wirst nicht einmal mehr daran denken, daß du einen anderen Mann lieben könntest.« Das Lächeln verschwand aus seinem Gesicht. »Einen wie Nate Axton, zum Beispiel. Oder glaubst du etwa, mir wären deine Gefühle für ihn verborgen geblieben?«

Jetzt sprang sie auf und rief zornig: »Was Sie da sagen, stimmt nicht.«

»Und wie ist dann zu verstehen, daß du die Aufgabe übernommen hast, ihn gesund zu pflegen? Du weißt doch, daß er ein Verräter ist und als solcher sein Leben verwirkt hat.«

»Wenn er ein Verräter ist, wird man ihn dafür bestrafen«, erklärte Clarissa. »Sie haben doch selbst gesagt, daß Sie ihn nach Winchester bringen wollen, so daß er dort verhört werden kann.«

»Das stimmt. Aber es ist ein weiter Weg nach Winchester. Vielleicht wird er seinen Verletzungen trotz deiner Pflege erliegen. Vielleicht ist doch der Wundbrand im Bein, und da wäre es von Vorteil, wenn er uns jetzt schon alles sagen würde, was er im Tal des Ohio in Erfahrung gebracht haben will.«

»Seine Nachrichten sind für den Gouverneur bestimmt«, sagte Clarissa.

»Sie sind für Virginia bestimmt, Mädchen!« entgegnete er barsch. »Und deshalb befehle ich dir, ihn auf der Weiterfahrt zum Reden zu bringen!«

»Wie sollte ich das tun?«

»Indem du schnell sein Vertrauen gewinnst. Wem könnte das leichter fallen als einem Engel, von dem er Tag für Tag versorgt und beschützt wird!«

Clarissa schüttelte heftig den Kopf.

»Ich werde ihn pflegen und versuchen, ihn am Leben zu erhalten. Das ist alles, was ich tun werde!«

»Du wirst ihn zum Reden bringen und mir jeden Abend Bericht erstatten. Ich will alles über dieses geheime Fort erfahren. Ich will wissen, ob es tatsächlich existiert. Ich will von dir jedes Wort hören, das er dir sagt, damit mir jede Widersprüchlichkeit sofort auffällt. Sollte dieses Fort jedoch tatsächlich existieren, will ich wissen, wo es steht und zu welchem Zweck es gebaut wurde. Außerdem sollst du in Erfahrung bringen, was er den Franzosen während seiner Gefangenschaft verraten hat!«

»Nichts. Ich glaube nicht, daß er ein Verräter ist.«

Jetzt stand Lieutenant Sweet mit Hilfe seines Krückstocks auf. Er trug seinen langen Uniformmantel mit dem goldverzierten Stehkragen. Mit einem Schritt stand er vor ihr und packte sie mit einer Hand beim Arm.

»Ich erlaube dir, mit ihm im Wagen zu fahren, solange es dir gelingt, von ihm alle Informationen über Fort Lacour zu erfahren, die mir wichtig erscheinen. Solltest du dich weigern, oder sollte dir die Erledigung dieser Aufgabe binnen zwei oder höchstens drei Tagen nicht gelingen, wirst du den Rest des Wagens im Sattel des Franzosenpferdes oder sogar zu Fuß zurücklegen. Außerdem werde ich dir verbieten, dich weiter um den Verletzten zu kümmern, ganz gleich, wie es um ihn steht!«

»Und wenn er am Wundbrand stirbt?«

»Dann stirbt er! Aber bevor er seine Augen für immer schließt, wird er mir seine Informationen anvertrauen wollen – so er tatsächlich welche mitgebracht hat. Darauf kannst du dich verlassen. Wenn er jedoch zum Verräter geworden ist, wird für ihn dieser Tod eine Erlösung sein, denn in Winchester wartet der Henker auf ihn!«

Lieutenant Sweet ließ ihren Arm los. »Geh jetzt und kümmere dich um ihn! Ich werde hier auf dich warten.«

Sie dachte daran, ihm in das teigige Gesicht zu spukken, aber sie drehte sich statt dessen um und ging durch das Lager zum Wagen zurück. Dabei spürte sie die Blicke der Soldaten auf sich gerichtet, die noch am Feuer saßen. Zeb war nicht mehr unter ihnen, und Jason war zur ersten Lagerwache eingeteilt. Sie sah ihn drüben am kleinen Feuer des Mohawk am Boden kauern. Mit beiden Händen gestikulierend, redete er auf Mataqua ein, der dabei war, seinen sehnigen Körper mit Fett einzureiben.

Clarissa ließ die Heckbracke herunter und kletterte in den Wagen, in dem es schon beinahe dunkel war. Nathaniel Axton saß auf seinem Lager, mit dem Rücken gegen ein Pulverfäßchen gelehnt. Wortlos nahm sie einen der Kochkessel in die Hand und füllte ihn zur Hälfte mit Wasser aus einem der Ziegenbälge. Als sie den Wagen mit dem Kessel verlassen wollte, brach Nathaniel Axton das Schweigen.

»Was hat er von Ihnen verlangt?« fragte er.

Clarissa zuckte zusammen. Einige Sekunden verharrte sie auf der Heckbracke stehend, bereit, vom Wagen zu springen, dann drehte sie sich jäh zu ihm um.

»Ich soll Ihr Vertrauen gewinnen, damit Sie mir über Fort Lacour alles erzählen«, sagte sie.

Er verzog sein Gesicht zu einem schwachen Grinsen, das sie trotz seines wilden Bartes erkennen konnte.

»Dieses Fort läßt ihm keine Ruhe mehr, nicht wahr?«

»Er will wissen, ob es tatsächlich existiert.«

»Es ist...«

»Sie brauchen es mir nicht zu sagen, wenn Sie nicht wollen, Mister Axton«, unterbrach sie ihn schnell.

»Ich weiß«, sagte er. »Ich könnte Ihnen die Wahrheit sagen, aber ich kann Sie auch belügen.«

»Sagen Sie lieber nichts.«

»Was hat er vor, wenn es Ihnen nicht gelingt, mich zum Reden zu bringen?«

»Er gibt mir zwei oder drei Tage Zeit. Dann will er mich den Rest des Weges reiten oder marschieren lassen. Außerdem wird mir nicht mehr erlaubt sein, nach Ihnen zu sehen und die Wunde zu versorgen. Ich glaube, er wünscht sogar, daß Sie an Wundbrand sterben, bevor wir Winchester erreichen.«

»Das kann gut sein, daß er das wünscht«, antwortete Nathaniel lächelnd. »Aber ich glaube nicht, daß ich ihm den Gefallen tun werde.«

*

In dieser Nacht schlichen sich unbemerkt mehrere Shawnee-Kundschafter so nahe an das Lager, daß Mataqua sie eigentlich hätte riechen müssen. Doch auch keine der Nachtwachen bemerkte etwas Ungewöhnliches. Es regnete leicht in dieser Nacht, und es wurde unangenehm kühl.

Am Morgen, noch vor Tagesanbruch, als Korporal Brady erwachte, weil ihm sein Armstumpf brennende Schmerzen verursachte, war das Feuer im Regen verlöscht, und der Soldat, der auf Wache hätte sein sollen, lag unter einer der schützenden Mooreichen am Boden.

Korporal Bradys Gefluche weckte die anderen Soldaten. Einer von ihnen stocherte vergeblich in der nassen Asche nach einem Glutnest. Korporal Brady stampfte inzwischen zu dem Wachsoldaten, der auf dem Bauch lag.

Aber noch bevor er ihn erreichte, bemerkte er, daß ihn jemand skalpiert hatte. Auf seinem Hinterkopf fehlte ein

großes Stück Kopfhaut. Der Regen hatte das Blut wegge-
waschen, aber in den kleinen Pfützen in der Nähe des
Soldaten war das Regenwasser rostrot.

Brady drehte den Soldaten mit dem Fuß auf den Rükken. Jetzt konnte er sehen, daß ihm mit einem Messer die
Kehle durchgeschnitten worden war. Verwünschungen
ausstoßend, trat Brady dem Toten in die Seite.

»Hättest du aufgepaßt, wäre das nicht passiert, du
Kröte!« brüllte er zu dem Toten hinunter. »Jetzt liegst du
da und schläfst für immer, und deine Mutter daheim
denkt, daß du gegen die verdammten Franzosen in den
Krieg ziehst und eines Tages als Held zurückkehrst. Aber
du hast es nicht bis nach Winchester geschafft, ganz zu
schweigen davon, daß du jemals einen Franzosen zu
Gesicht kriegst, es sei denn in der Hölle!«

Brady trat noch auf den toten Soldaten ein, als Lieutenant Sweet hastig herbeihumpelte und dem Korporal den
Krückstock ins Kreuz schlug.

»Was, zum Teufel, tun Sie da, Korporal Brady? Der
Mann kann Sie nicht mehr hören!«

»Sir, nicht nur hätten uns die Rothäute alle im Schlaf
abmurksen können, seine verdammte Unachtsamkeit hat
uns auch eine Muskete gekostet, nebst Pulver und Blei,
das er bei sich trug«, schnaufte Brady.

»Er hat mit seinem Leben dafür gezahlt!!« sagte Lieutenant Sweet scharf. »Sorgen Sie dafür, daß alle ihn sehen,
bevor er begraben wird! Wo ist Mataqua?«

Niemand hatte Mataqua an diesem Morgen gesehen.
Sein Feuer war ebenfalls ausgebrannt, sein Lagerplatz
naß. Es schien, als hätte er ihn schon vor einigen Stunden
verlassen, ohne daß es eine Spur von ihm gab.

»Wir brechen hier auf, sobald es hell wird!« rief Lieutenant Sweet den Soldaten zu, von denen die meisten noch unter ihren Decken lagen.

»Auf die Beine, ihr müden Säcke!« brüllte Korporal Brady. »In einer halben Stunde ist es hell. Packt euren Kram zusammen! Frühstück gibt's nicht, da das Feuer ausgegangen ist! Los, los, auf die Beine, habe ich gesagt!« Er ging zur nächsten, am Boden liegenden Gestalt und trat nach ihr. Es war Zeb, der seine Decke zurückwarf und aufsprang. Den Hickorystock in den Händen stand er vor Korporal Brady.

»Ich bin kein Hund, Brady!« stieß er zwischen den Zähnen hervor. »Wenn du mich noch einmal trittst, schlage ich dir den anderen Arm ab!«

Brady griff sofort zur Pistole im Gürtel, aber bevor er sie ziehen konnte, legte ihm Lieutenant Sweet den Krückstock auf den Arm.

»Lassen Sie, Korporal Brady. Aus diesem Knecht wird noch ein brauchbarer Soldat werden, den seine Vorgesetzten nicht zu treten haben, damit er seine Pflicht tut.«

Brady ließ daraufhin von Zeb ab, der seine nasse Decke zusammenrollte und verschnürte, bevor er sie sich über den Rücken warf. Brady ließ die Soldaten in Einerreihen antreten, und jeder einzelne mußte an dem Toten vorbeigehen. Clarissa sah es vom Wagen aus.

»Die Shawnee haben einen der Soldaten getötet.«

»Ich weiß«, sagte Nathaniel Axton. »Ich war wach, als es geschah.«

Sie fuhr herum und starrte ihn wütend an. »Warum haben Sie nichts getan, wenn Sie wach waren?«

»Was hätte ich tun sollen?«

»Schreien. Irgend etwas. Ein Warnruf hätte die anderen geweckt.«

116

»Dazu war es zu spät«, sagte Nathaniel ruhig. »Es ging alles blitzschnell. Nur ein oder zwei Sekunden hat es gedauert. Ich frage mich nur, warum Mataqua nichts bemerkt hat.«

»Vielleicht war er im Wald.«

»Nein. Er war da. Er verließ das Lager wenige Minuten, nachdem der Wachsoldat umgebracht worden war.«

»Wieso wissen Sie das alles?«

»Wie ich schon sagte, Clarissa, ich war wach.«

Sie blickte ihn an, und sie wußte in diesem Moment weniger denn je, ob sie ihm vertrauen konnte oder nicht.

7. Kapitel Grenzland

Im Bergland – Ein halber Mensch – Annäherungsversuch – Krieg um die Weltherrschaft – Erinnerung an die Angst – Mataquas Beute

Während der nächsten Tage bewegte sich die kleine Kolonne von Lieutenant Sweet langsam nordwärts durch schmale Täler, die zwischen den beiden Bergketten der Allegheny und der Blue Ridge Mountains wie lange Rinnen von Südwesten nach Nordosten verliefen und zusammen das Appalachen-Gebirge bildeten.

Jenseits der Blue Ridge Mountains, weiter im Osten zur See hin, lagen die besiedelten Gebiete der Kolonie Virginia, während sich auf der anderen Seite der Allegheny Mountains die Ohio Wildnis ausbreitete, die Lieutenant Sweet und Colonel Washington im nächsten Jahr mit einem großangelegten Feldzug für das britische Königreich erobern wollten.

Zuerst aber galt es, die kleine Stadt Winchester zu erreichen, die einzige größere Ansiedlung im Tal des

Shenandoah Rivers. Noch befanden sie sich mehr als zweihundert Meilen von ihr entfernt.

Die Straße führte sie aus den Sumpfgebieten heraus, durch die Täler und über Hügelkämme hinweg, ständig im Zwielicht des Buschwaldes, mit blühendem Rhododendron an den Hängen. Die Tage waren warm und gefährlich, die Nächte kalt, eisig auf den Höhen und noch gefährlicher als die Tage.

Die Abwesenheit Mataquas ließ Lieutenant Sweet noch vorsichtiger als zuvor agieren. Er schickte der Kolonne nunmehr eine Vorhut von drei Mann voraus, von denen einer mit einer Muskete bewaffnet war, während die beiden anderen Pistolen besaßen. Er schärfte ihnen ein, beim geringsten Anzeichen einer Gefahr sofort einen Warnschuß abzugeben, falls sie wegen des Verlaufs der Straße außer Sichtweite gerieten.

Solange dem Trupp Mataquas Kundschafterdienste nicht zur Verfügung standen, galt es für jeden einzelnen Soldaten, auch während des Marsches wachsam zu bleiben und die Waldränder entlang des Weges im Auge zu behalten. Natürlich erwarteten alle, daß Mataqua demnächst zurückkehren und dem Lieutenant einige Shawnee-Skalps vor die Füße werfen würde, aber der Mohawk war nach drei Tagen und Nächten noch nicht wieder aufgetaucht.

Obwohl es sich Lieutenant Sweet nicht anmerken lassen wollte, spürte Clarissa die Unruhe, die von ihm ausging und wegen seines Verhaltens von Tag zu Tag deutlicher wurde. Zwar ritt er der Kolonne ab und zu noch voran, aber meistens hielt er sich nun in der Nähe des Wagens auf.

Für Clarissa war das ein Zeichen dafür, daß sein Selbstbewußtsein infolge der Abwesenheit Mataquas mehr und mehr brüchig wurde und er vielleicht unbewußt die Nähe seines erfahrenen Jugendfreundes suchte.

Ohne Mataqua, entschied Clarissa, war dieser Andrew Warren Sweet tatsächlich nur ein halber Mensch, der vielleicht auf der Rosewood-Hill-Plantage und im Banne seiner Mutter besser aufgehoben gewesen wäre als hier, in dieser gottverlassenen Wildnis, in der ihm auf Schritt und Tritt Gefahr drohte, seinen Mut unter Beweis stellen zu müssen. Ohne Mataqua und auch ohne seine Mutter.

Am ersten Abend noch wollte er unbedingt wissen, was Nathaniel Axton ihr schon alles über Fort Lacour berichtet hatte, und als sie ihm sagte, daß sie nicht mitgekommen sei, um für ihn Spitzeldienste zu leisten, drohte er ihr zynisch, daß sie ihm eines Tages wie ein Hund zu Füßen liegen würde, um seine Befehle zu empfangen. Am zweiten Abend sagte sie ihm nur, daß es Nathaniel Axton schon wesentlich besser ginge und er kein Fieber mehr hätte.

»Dann wird er ab morgen reiten«, erklärte Lieutenant Sweet, während er dabei war, die Riemen an der Ledermanschette zu lösen, mit der er sein Holzbein am Oberschenkelstumpf befestigt hatte.

Obwohl es nicht das erste Mal war, daß er vor ihr sein Holzbein abnahm, konnte sie jetzt nicht länger hinsehen Sie wandte ihr Gesicht ab, eine Bewegung, die er sofort erspähte.

»Du wirst dich daran gewöhnen müssen, daß dein Mann ein Holzbein hat, Mädchen«, sagte er spöttisch. »Schau her, dieses hier wurde von unserem Armeearzt, Doktor Craik, extra für mich entworfen. Doktor Craik meint, daß mit einem besonderen Scharnier in Zukunft die Funktion eines menschlichen Knies erreicht werden kann, so daß ein Mensch mit einem künstlichen Bein nicht einmal mehr auf einen Krückstock angewiesen sein wird.«

Er nahm sich das Holzbein ab und seufzte vor Erleichterung. Ein merkwürdiger Geruch hing nun in der Luft, und er schickte sie zum Feuer, um Wasser zu holen, damit sie ihm den Beinstumpf waschen konnte. Widerwillig gehorchte sie, zumal sie Zeb am Feuer sitzen sah.

Als sie sich jedoch dem Feuer näherte, erhob sich Zeb schnell und ging davon. Sie wäre ihm gern nachgelaufen, aber sie wußte, daß sie von Lieutenant Sweet beobachtet wurde. So ließ sie den Eimer mit heißem Wasser füllen und kehrte zum Lagerplatz des Lieutenants zurück. Sie stellte den Eimer vor ihn hin und richtete sich auf.

»Wasch mir den Stumpf«, befahl er.

»Nein, das tu ich nicht«, entgegnete sie.

Er lachte auf. »Du ekelst dich davor, nicht wahr?«

Sie gab ihm darauf keine Antwort.

»Und wenn Nate Axton sein Bein verlieren würde?« Er tauchte einen Lappen in das Wasser und begann den Stumpf sorgfältig abzureiben. »Ich glaube, ich werde ihn morgen zu Fuß gehen lassen, dann wird sich bald herausstellen, wie gut du ihn gepflegt hast.«

Clarissa, die sich abgewandt hatte, blickte sich nun nach ihm um. Er saß vornübergebeugt neben seinem persönlichen Arzneikasten und schien sich mit seinem Beinstumpf zu unterhalten. »Ich werde ihn ganz einfach ein Stück weit gehen lassen. Mal sehen, ob sein Bein gesund ist. Mal sehen, ob er durchhält, der große Nate Axton.«

»Er kann unmöglich gehen«, sagte Clarissa. »Die Wunde würde sich wieder entzünden und...«

»Wasch mir den Stumpf, Mädchen!« unterbrach er sie.

»Nein!«

»Ich glaube nicht, daß er fünf Meilen schafft. Vielleicht doch. Mal sehen. Korporal Brady wird ihm eine Schlinge um den Hals legen, damit er nicht zurückbleibt.«

Clarissa blickte zum Wagen hinüber, in dem Nathaniel Axton darauf wartete, daß ihm jemand das Essen brachte. Sie wußte, daß er nicht gesund genug war, fünf Meilen weit zu gehen. Die Wunde war noch nicht geheilt und bildete immer noch Eiter, ein Zeichen dafür, daß sich der Heilungsprozeß im Anfangsstadium befand.

Sie wußte aber auch, daß Lieutenant Sweet seine Drohung ernst meinte. Da kauerte sie bei ihm nieder, nahm ihm den Lappen aus der Hand und tauchte ihn in das Wasser. Er lehnte sich genüßlich zurück, als sie begann, seinen Beinstumpf zu säubern.

»Siehst du, Mädchen, so schlimm ist das doch gar nicht«, sagte er und griff nach seinem Krückstock, der neben ihm am Boden lag. »Schön sachte damit umgehen, Mädchen, damit die Nervenenden nicht gereizt werden.«

Sie spürte, wie das Ende des Krückstocks ihr Haar berührte, dann ihre Schulter, und sie schauderte bei dem Gedanken, daß es nicht ein Stück Holz, sondern seine Finger sein könnten, die ihr über den gebeugten Rücken strichen.

»Mein Vater heiratete meine Mutter, als sie sechzehn Jahre alt war«, sagte er. »Ein Jahr später gebar sie meinen älteren Bruder Joseph. Wenn ich dich so ansehe, Mädchen, denke ich, daß du für eine Ehe erwachsen genug wärst.«

Clarissa richtete sich jäh auf.

»Der Stumpf ist sauber«, sagte sie und warf den Lappen in den Wassereimer.

»Dann trockne ihn und salbe ihn ein«, verlangte er und klopfte mit dem Krückstock gegen den Arzneikasten. »Da ist alles drin. Bienenwachs für die Ledermanschette, Kreidepulver und Olivenöl. Zuerst reibst du den Stumpf mit Olivenöl ein, dann kommt Bienenwachs auf die Innenseite der Manschette, und am Schluß streust du Kreidepulver über die eingeölte Haut. So wird der Stumpf gepflegt, Mädchen, und es ist nie zu früh, es zu lernen.«

Sie tat, was er verlangte, aber mit jeder Sekunde, die sie in seiner Nähe verbrachte, wuchs ihre Abneigung gegen ihn. Sie konnte sich nicht mal mehr vorstellen, daß sie auch nur eine Woche auf Rosewood Hill hätte verbringen können, wenn sie dort seinen Annäherungsversuchen ausgesetzt wäre.

Aber solange Krieg herrschte und der Feldzug zum Ohio River durchgeführt wurde, würde er kaum Gelegenheit erhalten, nach Hause zurückzukehren. Das war im Moment, da er sie mit dem Krückstock betastete, ihr einziger Trost. Der Ohio River war weit, weit von Rosewood Hill entfernt, und Clarissa ertappte sich sogar bei dem Gedanken, daß Lieutenant Sweet auf diesem Feldzug vielleicht mehr als nur ein Bein verlieren würde.

»Was hat dir Nate über Fort Lacour erzählt, Mädchen?« fragte er plötzlich, so, als hätte er in ihren Gedanken gelesen. Als sie nicht antwortete, stieß er ihr das Ende des Stocks in die Seite. »Du hast ihn doch danach gefragt, nicht wahr?«

»Er hat mir nichts gesagt«, antwortete sie.

»Hast du ihn denn gefragt?«

Clarissa nahm einen Glasbehälter aus dem Medizinkasten, der Olivenöl enthielt.

»Hast du ihn gefragt, meine Gute, so, wie ich es dir befohlen habe?« wiederholte der Lieutenant seine Frage.

Sie begann seinen Stumpf mit Öl einzureiben. »Nein! Ich habe ihn nicht gefragt.«

»Wie willst du dann wissen, ob es dieses Fort wirklich gibt?«

»Weil er es mir gesagt hat.«

Er lachte auf. »Ah, er hat es dir gesagt, und du glaubst ihm, einem Verräter?«

»Er ist kein Verräter!«

»Auch das weißt du?«

Sie schwieg. Sein Stumpf glänzte jetzt ölig im Licht des Feuers. Sie nahm das Bienenwachs aus dem Kasten und rieb damit die Innenseite der Manschette ein.

»Besonders an den Nähten und den Druckstellen muß eine dicke Schicht Bienenwachs aufgetragen werden«, sagte er, während er ihr prüfend zuschaute.

»Sobald Mataqua zurück ist, wirst du wieder auf dem Pferd sitzen und neben mir reiten, Mädchen.«

»Vielleicht kehrt Mataqua nicht mehr zurück.«

Er fuhr sofort hoch. »Was sagst du da, Mädchen?«

»Kann es nicht sein, daß ihn die Shawnee getötet haben?«

»Mataqua? Niemals!« Lieutenant Sweet lachte spöttisch auf. »Hat dir das etwa Nate vorerzählt? Daß Mataqua von den Shawnee getötet wurde?« Er entriß ihr die Ledermanschette. »Hör nun auf damit! Ist dir nicht aufgefallen, daß das Leder naß ist und zuerst trocknen muß. Häng das

Bein dort drüben an den Ast!« Sie erhob sich und hängte die Ledermanschette mit dem daran befestigten Holzstück an den besagten Ast.

Lieutenant Sweet rief nach Korporal Brady und befahl ihm, für diese Nacht Doppelwachen aufzustellen. Die Furcht, daß Mataqua etwas zugestoßen sein könnte, ließ ihn jetzt Clarissa vergessen.

Sie ging zum Wagen und versorgte Nathaniels Bein. Als sie später den Wagen verließ, saß Lieutenant Sweet mit dem Rücken gegen den Baumstamm gelehnt auf seiner Decke und starrte finster zu ihr.

∗

Es war nahezu dunkel im Wagen. Sie konnte nicht mehr als die Silhouette seiner Gestalt erkennen, die sich schwach gegen die Plane abhob, mit der der Wagen abgedeckt war.

»Es ist keine Festung, wie zum Beispiel Fort Duquesne oder Fort Machault«, erklärte er ihr mit leiser Stimme, die kaum die Plane durchdrang. »Es hat kein Glacis, kein eigentliches Bollwerk, außer einem Palisadenzaun und einem Wachturm.«

»Dann könnte es einem Angriff wohl kaum standhalten«, antwortete sie etwas unsicher, weil sie nicht wußte, was zum Beispiel ein Glacis war. Sie konnte sich jedoch das Fort vorstellen, das er ihr zu beschreiben versuchte, eine dürftige Palisadenfestung wie Fort Hull, das ihre Eltern zusammen mit den Shermans und den anderen ersten Siedlern am Holston Creek errichtet hatten, bevor sie mit dem Bau ihrer Farmen begannen.

»Sie haben recht, Clarissa«, sagte Nathaniel Axton. »Ich glaube nicht, daß die Franzosen dieses Fort gebaut haben, um es gegen einen Angriff zu verteidigen. Als sie mich dorthin brachten, war man dabei, einen Tunnel zu graben .«

»Einen Tunnel?«

»Durch den man das Fort unbemerkt verlassen oder betreten kann.«

»Wodurch man einem angreifenden Feind in den Rükken fallen könnte«, sagte Clarissa und wunderte sich dabei nicht mal, daß sie sich mit ihm über solche Dinge unterhielt, über die sie bisher nur Männer untereinander reden gehört hatte.

»Ich weiß nicht, was die Franzosen vorhaben. Aber ich könnte mir vorstellen, daß mein alter Freund, der Marquis de Montcalm, sich einen ganz besonders listigen Plan ausgedacht hat, um Fort Duquesne, den wichtigsten aller französischen Stützpunkte im Ohio-Tal, zu schützen.«

»Wer ist dieser Marquis de…?«

»De Montcalm. Er ist der Feldmarschall der französischen Truppen. Ich hatte die zweifelhafte Ehre, ihm von Pontiac und seinen Ottawa-Kriegern als Gefangener vor die Lackschuhe geworfen zu werden.«

»Oh, dann ist er nicht wirklich Ihr Freund?«

»Wir haben uns ausgezeichnet verstanden, der Marquis und ich. Das war in Fort Mauchault. Wir tranken besten französischen Wein und Liköre, während wir zu ergründen versuchten, welcher unserer Könige die Welt regieren wird, wenn dieser Krieg einmal vorbei ist. Sehen Sie, Clarissa, hier auf dem nordamerikanischen Kontinent geht es um das Tal des Ohio, während auf den Schlachtfeldern Europas und Asiens die Weltherrschaft entschieden wird. Nein, der Marquis ist alles andere als mein Freund, denn er weiß, daß Frankreichs Heere ihn hier nicht unterstützen können, solange die französischen Soldaten in Europa gegen die Regimenter des Preußenkönigs Friedrich zu kämpfen haben. Ich wußte ja von allem nichts, da ich vor dem Kriegsbeginn zum Tal des Ohio aufgebrochen war. Am Anfang soll für die Franzosen und ihre Verbündeten – Österreich, Rußland und Schweden – alles nach einem schnellen Sieg ausgesehen haben, aber dann erfolgte die große Wende, als unsere Truppen in Indien die Heere des Suratscha es Daula besiegten und damit die französischen Stellungen zerschlugen. Danach siegten die Preußen mit ihrer unübertrefflichen Reiterei bei Roßbach, und ein Jahr darauf wurden die Franzosen auch bei Krefeld vernichtend geschlagend. Das Blatt hat sich nun gewendet, und der Marquis weiß, daß er aus der Heimat nicht die Verstärkung erhalten kann, auf die er angewiesen ist, wenn er das Ohio-Tal für Frankreich bewahren will.«

Clarissa merkte gar nicht, wie schnell sie in seinen Bann gezogen wurde. Sie lauschte seiner Stimme, mit der er verstand, seinen Ausführungen Leben zu geben. Nie zuvor hatte ihr jemand zu erklären versucht, was dieser Krieg, der irgendwann im Jahre 1756 angefangen hatte, für England und seine Kolonien bedeutete. Auf Caldwell's Meadow hatte kaum jemand über die weltpolitische Situation Bescheid gewußt, über das, was zum Beispiel in Indien geschah.

Es war der tägliche Kampf in der Wildnis der Appalachen-Berge, mit dem daheim jedermann vollauf beschäftigt war. Es ging darum, den Urwald in Ackerland zu verwandeln und den nächsten Winter zu überstehen. Selbst das Gebiet jenseits der Berge bis hin zum Ohio

River war den meisten Leuten so weit entfernt wie das ehemalige Mutterland.

Aber jetzt begann Clarissa die Zusammenhänge zu verstehen, und sie merkte gar nicht, wie schnell die Zeit verging.

Sie lauschte seinen Worten und fragte ihn manchmal etwas, und sie konnte ihn sich vorstellen, bei Kerzenlicht in einem Fort der Wildnis, er, der Gefangene, den die Ottawa gemartert hatten, und der französische Offizier in seiner goldverzierten Uniform, beide an einem kleinen Tisch sitzend und Wein trinkend, nicht mehr als Feinde, sondern als Menschen, die in einem Spiel der Politiker nicht mehr waren als zwei Bauern auf dem Schachbrett.

Ob Nathaniel Axton in einer solchen Situation dem Marquis nicht doch mehr über die englischen Kriegspläne verraten hatte, als er nun, da es um seinen Kopf ging, zugeben mochte? Konnte es sein, daß etwas Wahres an den Gerüchten war, die in den Kolonien über ihn erzählt wurden, oder war er doch, trotz aller Qualen, die man ihm bereitet hatte, standhaft geblieben?

Sie wußte diese beunruhigenden Fragen nicht zu beantworten, aber im Moment war es ihr auch wichtiger, ihn gesund zu pflegen und vor der Willkür des Lieutenants zu schützen.

Sie hörte Nathaniel Axton so aufmerksam zu, daß sie nicht bemerkte, wie Lieutenant Sweet um den Wagen herumging und mit dem Krückstock gegen die heruntergelassene Heckbracke schlug, als wollte er dadurch auf sich aufmerksam machen.

Da im Wagen kein Licht war, konnte er fast nur vermuten, wo sich Clarissa und Nathaniel aufhielten.

»Nate?« fragte er deshalb.

»Andrew? Hast du draußen gelauscht, oder bist du nur hergestiefelt, um nach mir zu sehen?«

»Ich hörte deine Stimme, Nate, und jetzt frage ich mich natürlich, was du alles zu erzählen weißt. Bei dieser Gelegenheit kannst du mir auch gleich über dein Befinden berichten. Wie steht es um dein Bein? Clarissa befürchtete, man müsse es amputieren.«

»Die Verletzung heilt. Ich glaube, ich werde bis Winchester durchhalten, falls uns die Shawnee überhaupt so weit kommen lassen.«

»Die Shawnee werden sich hüten, eine ganze Kolonne anzugreifen«, entgegnete Lieutenant Sweet.

»Das hängt wohl von ihrer Stärke ab und von wem sie angeführt werden. Es könnte sogar sein, daß ein paar Franzosen bei ihnen sind. Dies zu erfahren, wäre eine Aufgabe für deinen Läufer.«

»Mataqua wird alles über sie in Erfahrung bringen, was für uns wichtig ist«, sagte Lieutenant Sweet.

»Falls er zurückkehrt.« Nathaniel sagte es so ruhig, als wäre es für ihn nicht mehr als eine Nebensächlichkeit, wenn Mataqua nicht mehr zurückkehrte. Aber gerade dieser ruhige Tonfall war es, der dem Lieutenant unter die Haut ging.

»Auf Mataqua ist Verlaß, Nate!« schnappte er zurück. »Miß Caldwell, im Lager herrscht jetzt Nachtruhe. Begeben Sie sich bitte auf Ihren Platz!«

Nathaniel glaubte die Spannung spüren zu können, die plötzlich zwischen Andrew Sweet und Clarissa herrschte. Seine Aufforderung war mehr ein Befehl, und für einen Moment schien es, als wollte sich Clarissa widersetzen.

»Gehen Sie nur, Miß Caldwell«, sagte Nathaniel und

berührte sie sachte am Arm. Da erhob sie sich und sprang an Lieutenant Sweet vorbei aus dem Wagen. Ohne ihn zu beachten, ging sie im flackernden Lichtschein des Lagerfeuers davon, während der Lieutenant bei der Heckbracke verharrte.

»Nun, Andrew, was bedrückt dich?« fragte Nathaniel nach einer Weile des Schweigens.

»Glaubst du wirklich, daß die Shawnee ihn erwischt haben?«

»Es wäre töricht zu glauben, daß er unverwundbar sei. Er ist gut, aber die Shawnee sind nicht zu unterschätzen. Und wenn sie ihn erwischt haben, fehlt dir ein Kundschafter, nicht wahr?«

»Er kehrt zurück, Nate, und er wird seinen Gürtel mit ein paar neuen Skalps verziert haben.«

»Das klingt nicht sehr zuversichtlich. Hast du Angst, Andrew? Wie früher, als wir zusammen mit George die Stromschnellen des James River überquerten und dabei von Fels zu Fels springen mußten? Erinnerst du dich an jene Tage, als du durch die Felder zu uns gelaufen bist, aus Angst vor deinem Vater? Wir haben uns damals im Stall versteckt, George, du und ich, und du hast in die Hose gemacht, weil dein Vater die Aufseher mit den Hunden losschickte, und erst als deine Mutter erschien, bist du hinausgekrochen, und sie hat dich in die Arme genommen und beschützt. Und erinnerst du dich an den Tag, als du auf den hohen Baum geklettert bist, um mit Steinen nach uns zu werfen, weil du dir eingeredet hast, wir hätten dich verraten? Das war...«

»Hör auf, Nate!« fiel Andrew Sweet dem Mann ins Wort, dem die Powhatan den Namen Lederstrumpf gegeben hatten, weil er einer der mutigsten ihres Dorfes gewesen war, als unter ihnen wahrer Mut noch mehr war als nur eine Erinnerung der alten Krieger. »Wir waren Kinder damals, verdammt!«

»Ja, wir waren Kinder damals. Und wir waren Freunde. Was glaubst du, was George sagen wird, wenn du mich ihm als Gefangenen übergibst?«

»Er wird mich dazu beglückwünschen, daß es mir gelungen ist, einen Landesverräter zu entlarven!« zischte der Lieutenant. »Es gibt Beweise dafür, daß du mit französischen Offizieren zusammengesessen hast.«

»Das stimmt. Aber was hätte ich ihnen verraten können? Ich wußte nicht mal, daß der Krieg angefangen hat.«

»Du kanntest unsere geheimsten Pläne!«

»Welche Pläne, Andrew? Daß wir sie von zwei Seiten in die Zange nehmen wollen, über den Lorenzstrom tief in ihr Herzgebiet vorstoßen und Fort Frontenac angreifen, während gleichzeitig Truppen aus den Kolonien zusammen mit englischen Regimentern über die Appalachen in das Ohio-Gebiet eindringen, um Fort Duquesne einzunehmen? Glaubst du im Ernst, daß die Franzosen von diesen Plänen nichts wissen?«

»Natürlich wissen sie davon, und zwar spätestens, seit du Sie ihnen verraten hast.«

»Ich brauchte ihnen nichts zu verraten, was sie nicht schon gewußt oder vermutet haben, Andrew. Ich wußte sogar weniger als sie. Nein, du begehst einen Fehler, mich für einen Verräter zu halten, aber ich glaube nicht, daß ich dich eines Besseren belehren könnte. Dazu sitzt dein Haß zu tief, den du seit jenen Tagen am James River in deinem Herzen herumträgst wie einen Dorn.«

Andrew Sweet lachte auf. Etwas zu schrill und zu laut.

»Ich bin es nicht, der über dich zu entscheiden hat. Ein

Gouverneursbeschluß ist erlassen worden, nach dem ein gewisser Nathaniel Axton sofort inhaftiert oder erschossen werden soll, wenn er irgendwo gesehen wird. Das Schreiben ist von Gouverneur Dinwiddie unterzeichnet und mit einem Siegel versehen. Es wurde erst aufgehoben, als bekannt wurde, daß man dich in Fort Detroit hingerichtet hätte.«

»Aber ich bin zurückgekehrt, Andrew, und der Gouverneursbeschluß ist nicht mehr gültig! Nein, die Entscheidung und die Verantwortung liegen bei dir, bei niemandem sonst. Ich habe wichtige Nachrichten für George und für Gouverneur Dinwiddie. Sollte mir auf dem Weg nach Winchester etwas zustoßen, wirst du dafür zur Rechenschaft gezogen, und ich glaube nicht, daß es dir helfen wird, wenn deine Mutter dir den Arm um die Schultern legt und du dich an ihrer Brust ausheulen kannst. Damals waren wir Kinder, Andrew, vergiß das nicht.«

»Was auf dem Weg von hier nach Winchester geschieht, weiß der Teufel! Wenn du lebend ankommst, wird es mir ein Vergnügen sein, dir vor der Hinrichtung die Binde um die Augen zu legen. Ob du schon auf dem Weg dorthin vor die Hunde gehst, liegt bei dir. Meine Leute wissen Bescheid. Versuch zu fliehen, und du wirst erschossen!«

Mit diesen Worten drehte sich der Lieutenant um und schritt, krumm auf seinen Stock gestützt, davon. Nathaniel Axton wußte, daß er ihn mit seinen Worten tief getroffen hatte, tiefer noch, als er es durch den Stoß mit dem Spundbajonett hätte tun können.

*

Am nächsten Tag kehrte Mataqua zurück. Jason Caldwell, einer der drei Mann starken Vorhut, entdeckte den Indianer zuerst, erkannte ihn aber nicht. Mit einem Warnruf riß er seine Muskete hoch und feuerte, aber aus irgendeinem Grund ging die Muskete seines Großvaters nicht los. Das Pulver in der Pulverpfanne verbrannte zischend, aber dann tat sich zum Glück nichts mehr, denn Mataqua trat aus dem Waldschatten in einen Sonnenfleck, so daß sie ihn alle drei erkannten.

Am Rande des Weges lag ein Bündel, das mit einer Wolldecke umwickelt und mit dünnen Rohhautriemen verschnürt war. Am Gürtel Mataquas hing ein Bündel von Skalps, an denen das Blut längst zu einer Kruste getrocknet war.

Mataqua selbst schien unverletzt und im Vollbesitz seiner Kräfte. Sein ganzer Körper war auf sorgfältigste Art mit Kriegsfarben bemalt, sein Gesicht wie üblich rot und schwarz, was ihm ein noch dämonenhafteres Aussehen verlieh.

Als Lieutenant Sweet auf seinem Sommerrappen herangaloppierte und den Mohawk erspähte, rief er mit lauter Stimme dessen Namen. Mataqua rührte sich nicht vom Fleck. Breitbeinig, die Arme über der Brust verschränkt, stand er im Sonnenlicht und wartete ungerührt, bis Lieutenant Sweet vor ihm sein Pferd zügelte.

Lieutenant Sweet reichte Mataqua die Hand. Jetzt rührte sich der Mohawk, um sie zu ergreifen. Unterdessen rückte Korporal Brady mit dem ganzen Trupp heran, gefolgt vom Wagen und der dreiköpfigen Nachhut. Sweet deutete auf das Bündel am Straßenrand und fragte den Indianer, was er da mitgebracht hätte. »Doch nicht etwa die Köpfe einiger Franzosen?«

Nichts rührte sich im Gesicht des Mohawk, als er zu dem Bündel ging und die Lederriemen löste. Mit schnellen Bewegungen schlug er die Wolldecke zurück, und jetzt konnten sie alle die Waffen sehen, die dort am Boden lagen; drei Langgewehre, zwei Pistolen, zwei Tomahawks, eine Kriegskeule und drei Messer. Außerdem lagen dort fünf Pulverhörner und fünf Kugeltaschen, von denen eine sogar eine Kugelzange enthielt.

»Wie viele von ihnen hast du getötet, Mataqua?« fragte der Lieutenant.

Der Mohawk hob die rechte Hand und zeigte ihm seine fünf Finger. Dann schloß er sie kurz und streckte noch einmal drei Finger aus.

»Acht«, entfuhr es Clarissa, die auf einem der beiden Franzosenpferde saß.

Der Lieutenant drehte sich zu ihr um. Seine Augen triumphierten. »Sehen Sie, Clarissa. Sie haben sich vergeblich um Mataqua gesorgt«, sagte er, und seiner Stimme war anzuhören, daß mit Mataqua auch seine Selbstgefälligkeit zurückgekehrt war.

8. Kapitel **Winteranfang**

Korporal Jason Caldwell – Der erste Schnee – Schlechtes Wasser – Ein Grab in der Wildnis – Die Zukunft unseres Landes – Im Tal des Shenandoah – Der Hinterhalt – Ein gebrochenes Bein – Totenstille – Die Verfolgung

Während der folgenden Tage gelangte Lieutenant Sweets Kolonne gut voran. Sie befand sich jetzt in einem Gebiet, wo die Ausläufer der Allegheny und der Blue Ridge Mountains so dicht zusammenrückten, daß zwischen den beiden Bergketten kaum mehr eine Lücke zu erkennen war.

Dies war das Quellgebiet des James River, der in den Osthängen der Blue Ridge Mountains entsprang und nach Osten hin durch die Virginia-Kolonie floß, hinunter zur Chesapeake Bay, einem mächtigen Meerbusen, der auch die Wasser des Potomac und des Rappahannock aufnahm.

Hier, in diesem Hochland, hatte sich eine Handvoll von schottisch-irischen Auswanderern angesiedelt. Bei diesen handelte es sich um die Leute, die der presbyterianischen Kirche angehörten und deshalb aus Schottland nach dem Norden Irlands umgesiedelt worden waren. Von dort wurden sie allerdings wiederum wegen der von England über Irland verhängten Handelsembargos und der hohen Pachtzinsen, die von den Iren erhoben wurden, nach Amerika vertrieben.

In Virginia gehörten sie zu jenen Einwanderern, die sich am weitesten in die wilden Gebiete des Grenzlandes vorwagten. Und in den Hochtälern der Appalachen-Berge, wo der Buschwald lichter wurde und über weite Strecken als Weideland für Hochlandrinder, Schafe und Ziegen verwendet werden konnte, waren sie die ersten, die ihre kleinen Blockhäuser bauten und dem Land ein noch karges Leben abzuringen verstanden.

Hier schlossen sich dem Trupp des Virginia-Regiments fast zwei Dutzend Männer an, darunter einige Verdingknechte, die ihren Dienst noch nicht abgeleistet hatten, von ihrem jeweiligen Herrn jedoch für den Krieg freigegeben worden waren. Einige dieser jungen Männer besaßen englische Musketen, Pistolen und schottische Breitschwerter, wie sie im Kampf von den Soldaten der Hochland-Regimenter benutzt wurden.

So wuchs Lieutenant Sweets Kolonne auf über vierzig Mann an, und jetzt war kaum mehr mit einem Überfall der Shawnee zu rechnen.

Es gelang dem Lieutenant auch, zwei Wagen zu konfiszieren, einen, der von einem Pferdegespann gezogen wurde, der andere ein zweirädriger Karren mit zwei Ochsen unter dem Joch, Butch und Pete. Da Jason der einzige war, der mit einem Ochsengespann richtig umgehen konnte, war er von nun an für Butch und Pete sowie den Karren zuständig.

Außerdem wurde ihm eines Abends unverhofft die Ehre zuteil, von Lieutenant Sweet zum Korporal ernannt zu werden, während Brady zum Sergeanten befördert wurde. Zur Feier erhielt jeder Mann einen Becher Whiskey von einem Faß zugeteilt, das der neue Sergeant auf einer der schottischen Hochlandfarmen konfisziert hatte.

Das gute Wetter hielt an. Die Tage blieben sogar auf den Höhen warm. Nur in der Nacht wurde es meistens empfindlich kalt, und Mataqua hatte jetzt mehr damit zu tun, einen windgeschützten Lagerplatz zu finden, als nach den Shawnee Ausschau zu halten.

Die Kolonne legte an jedem Tag fast zwanzig Meilen zurück, und solange das gute Wetter anhielt, gab es für die jungen Soldaten kaum Grund zu klagen. Einige von ihnen marschierten zwar die Sohlen ihrer Schuhe durch, und andere begannen unter den ersten Auswirkungen von Skorbut zu leiden, aber die Kolonne war die meiste Zeit in bester Stimmung.

Die Schotten sangen unterwegs ihre Hochlandlieder, die Iren ihre Kneipen- und Kampflieder, die Deutschen sangen von Wanderlust und Heiderosen, und die anderen, die keine Lieder zu singen wußten, sangen nach einigen Tagen mit, auch wenn sie die Texte in einer ihnen fremden Sprache noch nicht alle verstanden.

Es war Anfang November, als das Wetter umschlug. Sie befanden sich an den Abhängen des Hochlandes in das Tal des Shenandoah River, der hier, in den Blue-Ridge-Bergen entsprang und nach Norden hin, durch sein immer breiter werdendes Tal, zum Potomac River hin abfloß.

Der Winter setzte mitten in der Nacht ein, und er zeigte gleich sein wahres Gesicht mit einem bissigkalten Wind, in dem die ersten Schneeflocken trieben. Am nächsten Morgen hatte sich die Kälte auf dem Hochland festgekrallt. Clarissa erwachte, als sie von Lieutenant Sweet mit dem Stock angestoßen wurde.

»Hoch, hoch, wir brechen auf!« schnarrte er.

Clarissa erhob sich. Die Soldaten bereiteten sich für den Marsch vor. Sie warfen sich die Wolldecke über die Schulter, um sich gegen den kalten Wind zu schützen. Da Lieutenant Sweet so schnell wie möglich tiefer gelegene Gebiete erreichen wollte, wurde an diesem Morgen kein Feuer entzündet.

Clarissa wäre gern im Wagen mitgefahren, aber eher hätte sie sich die Zunge abgebissen, als den Lieutenant darum zu bitten. Das Franzosenpferd wurde für sie gesattelt, und der Lieutenant überreichte ihr einen alten Soldatenmantel aus seinem Bestand, den sie, ohne etwas zu sagen, anzog.

Nathaniel Axton erschien am Rande der Lichtung, auf der sie gelagert hatten. Er wurde von einem Wachsoldaten begleitet, obwohl seine Hände gefesselt waren.

Er lächelte, als er sie im Soldatenmantel dastehen sah, die kalten Hände in den Taschen und den Kopf eingezogen, so daß der Stehkragen bis zu ihrer Nase hochreichte.

»Der Mantel steht Ihnen, Clarissa«, sagte er im Vorbeigehen.

»Ich bin steif vor Kälte«, erwiderte sie. »Wie geht es dem Bein?«

»Gut. Ich kann marschieren, falls der Lieutenant darauf besteht.«

»Hat er etwas gesagt? Ich meine, hat er gesagt, daß Sie heute marschieren sollen?«

Der Wachsoldat, der sich seine Strickmütze über die

Ohren gezogen hatte, nickte, als wäre die Frage an ihn gerichtet worden. Dabei verzog er sein von der Kälte gerötetes Gesicht, an dessen Kinn ein Büschel blonder Barthaare wuchs.

»Ich bin für ihn zuständig«, sagte er, und es klang nicht, als ob er sich auf seine bevorstehende Aufgabe freute. »Notfalls soll ich ihm einen Strick um den Hals legen, damit er nicht abhauen kann.«

Die Kolonne marschierte an diesem Tag gegen den Nordwind zum oberen Ende des Shenandoah-Tales. Es wurde im Laufe des Tages kaum spürbar wärmer, aber gegen Mittag verwandelte sich der Schnee in Regen. Die Wälder waren wolkenverhangen und düster, und auch im offenen Gelände herrschte ein graues Zwielicht, in dem sich die Kolonne wie ein Geisterzug nach Norden bewegte.

Der Indianersommer war vorbei, und nicht mal Mataqua schien mehr eine Gefahr durch die Shawnee oder andere Indianer zu befürchten, da sich diese nun beeilen mußten, noch vor den ersten Schneefällen ihre Dörfer jenseits der Allegheny-Berge zu erreichen. Die meiste Zeit hielt sich Mataqua jetzt in der Nähe der Kolonne auf, und Lieutenant Sweet verzichtete darauf, seine kleine Einheit in eine Vorhut, eine Hauptmacht und eine Nachhut aufzuteilen.

Der Soldat, der für den Gefangenen verantwortlich war, hieß Archibald McBride und stammte aus Aberdeen in Schottland. Die Aufgabe, einen Mann zu bewachen, der zwei Jahre allein in der Wildnis verbracht hatte und dabei nicht nur den Franzosen, sondern auch den Ottawa und den Shawnee entronnen war, empfand er als unzumutbar. Er hatte sich zwar einen Strick geben lassen, aber er verzichtete darauf, Nathaniel Axton wie einen Ochsen zu führen.

Am Abend des ersten Tages wurde er jedoch abgelöst, weil er plötzlich über heftigen Durchfall klagte. Er war nicht der einzige. Fast die Hälfte der Soldaten litt plötzlich unter heftigen Bauchkrämpfen, und die mitgeführten Medikamente gegen akute Anfälle von Durchfall wurden schnell knapp.

Da die Krankheit nur durch das Wasser hervorgerufen worden sein konnte, mit dem die meisten Soldaten am Tag zuvor an einem Tümpel ihre Zinnflaschen und Ziegenbälge gefüllt hatten, wurden diese ausgeleert und mit Frischwasser aus einem Quellflüßchen wieder aufgefüllt.

Der nächste, der Nathaniel Axton bewachen sollte, war ein unbeholfener Kerl, der den Gefangenen um fast einen Kopf überragte. Nathaniel fielen die riesigen Hände des Jungen auf, mit denen er wahrscheinlich einem Bären das Genick brechen konnte.

Wenn er sprach, tat er dies mit einem starken deutschen Akzent, wobei er sich meistens über das Wetter beschwerte, über den schlechten Zustand der aufgeweichten Straße, über das dürftige Essen und über die zu kurzen Marschpausen.

Für die Männer, die an Durchfall erkrankt waren, wurde die Wegstrecke durch das breiter werdende Shenandoah-Tal zu einem Marsch des Leidens. Sie verloren schnell ihre ganze Kraft. Jetzt mußte Lieutenant Sweet zähneknirschend längere Marschpausen einlegen und am Abend jeweils das Lager früher aufschlagen, damit sich die Soldaten während der Nacht einigermaßen erholen konnten.

Immer mehr von ihnen schafften es nicht mehr, mit den Gesunden Schritt zu halten. Diejenigen, die auf der Straße zusammenbrachen, wurden in die Wagen verladen, in denen bald kein Platz mehr war.

Elf Männer lagen in den Wagen, als die Kolonne die Überreste eines kleinen Forts erreichte, das in der Gabelung zweier Querflüsse des Shenandoah auf einer kleinen Anhöhe gebaut worden war. Der viereckige Palisadenzaun war bis auf ein paar verkohlte Überreste niedergebrannt, aber auf den ersten Blick gab es nirgendwo Spuren eines Kampfes.

Später fand Mataqua allerdings eine kleine blutbesudelte Stoffpuppe im Gras, und etwa vierhundert Schritte vom Fort entfernt stieß er auf die skelettierten Überreste eines Menschen, der nur noch als Weißer zu erkennen war, weil er an einem Fuß einen Schuh trug.

Es gab mehrere kleine Blockhütten in der Umgebung des Forts, die jedoch alle verlassen waren. Den Spuren nach, die Mataqua fand, hatten die Leute das Gebiet nach dem Indianerüberfall auf ihr Fort verlassen. Das Fort war vor etwa zwei Monaten niedergebrannt worden, und in der Nähe eines Blockhauses, das den Leuten hier als Kirche gedient haben mochte, entdeckte Mataqua schließlich einen frischen Grabhügel, in dem ein Brett mit den Namen aller Toten steckte, die man hier beerdigt hatte.

»Ich kann es nicht erwarten, dem ersten Franzosenindianer mit einer wohlgezielten Kugel das Lebenslicht auszublasen«, stieß Jason Caldwell an diesem Abend hervor, als er auf dem Wachrundgang Clarissa begegnete. Seit Tagen hatten sie kaum ein Wort miteinander gesprochen, da sie dazu keine Gelegenheit erhalten hatten.

Clarissa war dabei, nach den Kranken zu sehen. Nicht nur der Durchfall setzte den Soldaten zu. Bei einigen war die Krätze ausgebrochen, die mit einer Schwefellösung behandelt werden mußte. Schwefel, das als Pulver vorrätig war, wurde so knapp, daß nur noch die schlimmsten Hautwunden versorgt werden konnten, was wiederum dazu führte, daß sich die Krätze von den Händen der Erkrankten über andere Stellen ihres Körpers ausbreitete.

Im Gegensatz zu Jason, der vom Durchfall und von der Krätze verschont geblieben war, wurde Zeb von heftigen Bauchkrämpfen gequält. Nichts, was er aß, konnte er halten. Er wurde von einem Tag auf den anderen so schwach, daß er plötzlich am Wegrand zusammenbrach. Am Nachmittag, als die Kolonne die verlassene Ansiedlung mit dem kleinen Fort erreichte, lag Zeb mit einigen anderen Soldaten im Wakefield-Wagen.

Da sich bei der Kolonne von Lieutenant Sweet kein Militärarzt befand, überließ der Offizier die Pflege der Kranken Clarissa. Dadurch erhielt sie Gelegenheit, auch mit Zeb zu sprechen. Sie kochte für ihn und die anderen Kranken vom letzten Gerstenvorrat einen dicken Brei. Einige von ihnen wollten überhaupt nichts essen, andere erbrachen die geringsten Mengen des Breis.

Zeb gehörte zu den wenigen, denen der warme Brei gutzutun schien. Er bat Clarissa, ihm aus dem Wagen zu helfen, in dem die Luft zum Schneiden dick geworden war.

Unter den wachsamen Augen von Lieutenant Sweet ging sie mit ihm langsam durchs Lager. Die gesunden Soldaten riefen Zeb aufmunternde Worte zu. Sie alle konnten es kaum erwarten, endlich jenen Teil des Shenandoah-Tals zu erreichen, das dichter besiedelt war.

Einige von ihnen, Korporal Brady, zum Beispiel, und Kirby, der Trommelbube, die Lieutenant Sweet von Anfang an begleitet hatten, waren nun schon länger als fünf Monate unterwegs.

Clarissa führte Zeb aus dem Lager. Jason, der Wache hatte, ließ sie gewähren, und auch Sergeant Brady versuchte nicht, sie aufzuhalten. Vornübergebeugt, und mit der Unterstützung Clarissas, gelangten sie an den Waldrand, wo sie sich im Schutz eines alten Ahornbaums niederließen.

Einige Schritte entfernt hatte sich Mataqua sein Nachtlager bereitet. Er saß auf seiner Decke und putzte ein Gewehr, das er von den Shawnee erbeutet hatte und das am Schaft, gegenüber dem Schloß, mit einem besonders schönen Drachenornament aus Bronze verziert war.

»Noch drei Wochen, und dann sind wir in Winchester«, sagte Zeb aus einer Öffnung in seiner Wolldecke heraus, mit der er sich umhüllt hatte. »Stell dir vor, es gibt dort richtige Blockhäuser mit einem Kamin und kleinen Glasfenstern. Brady hat gesagt, daß es eine richtige Stadt ist, mit allem Drum und Dran.«

»Ich glaube nicht, daß ich lange dort bleiben werde«, sagte Clarissa. »Er wird sofort einen Reiter nach Rosewood Hill entsenden, mit der Nachricht, daß mich jemand abholen soll.«

»Ein paar Wochen wird das noch dauern, Clarissa. Besonders jetzt, im Winter. Bald wird es auch in den Niederungen zu schneien anfangen.« Zeb schlug die Decke etwas zurück. Sein Gesicht sah im Dämmerlicht noch blasser und schmaler aus, als es ohnehin auf dem Weg hierher schon geworden war. »Er läßt dich keine Sekunde aus den Augen«, sagte er, und sie wußte, daß er

143

nicht Mataqua meinte, der ihnen halb den Rücken zuge-
kehrt hatte.

»Am Anfang war es schlimmer«, sagte sie. »Ich dachte
schon, er würde mich die Nacht über mit einem Strick an
seinem Holzbein festbinden.«

»Du magst ihn nicht, wie?«

»Nein. Er ist mir zuwider. Und ich glaube, daß mir auch
seine Mutter zuwider sein wird und seine ganze feine
Familie, in die ich aufgenommen werden soll. Ich glaube,
ich werde anfangen, in der Nase zu bohren und nach dem
Essen zu rülpsen, nur damit sie mich wieder wegschik-
ken.«

»Das wirst du bestimmt nicht tun, Clarissa. Du wirst
lernen, dich wie eine junge Dame zu benehmen.«

»Und warum sollte ich dies tun?« fragte sie trotzig
zurück.

»Weil es wichtig ist für die Zukunft dieses Landes.
Schau dich um! Wir sind seit Wochen schon von einer
Wildnis umgeben, die sich uns nur unterwerfen wird,
wenn unsere Zivilisation stärker ist als ihre Menschen-
feindlichkeit.«

Sie schüttelte den Kopf, weil sie nicht glauben konnte,
daß das, was sie eben aus seinem Mund vernommen hatte,
wirklich seine eigene Meinung war. Er war länger als zwei
Jahre ein Verdingknecht gewesen und hatte auf Caldwell's
Meadow ein dementsprechend einfaches Leben geführt.
Jetzt schien es, als wäre er in den Wochen im Trupp von
Lieutenant Sweet ein anderer Mensch geworden.

»Ich hatte Gelegenheit, mich mit dem Lieutenant zu
unterhalten«, fuhr er fort, als er merkte, daß sie keine
Worte fand, ihm zu antworten. »Er hat mir gesagt, daß du
seine Frau werden wirst.«

Jetzt sprang sie auf. Mataqua drehte kurz den Kopf, richtete aber sein Augenmerk sofort wieder auf sein Gewehr.

»Und du? Was hast du ihm gesagt, Zebulon Peck? Hast du ihm vielleicht gesagt, daß wir uns schon geküßt haben?«

»Nein. Natürlich nicht. Er hat deinen Bruder zum Korporal befördert, und der nächste auf seiner Liste bin ich.«

»Und dies ist ein Grund für dich, ihm unsere Liebe zu verschweigen?«

»Was auf Caldwell's Meadow geschehen ist, gehört der Vergangenheit an. Und daß wir uns geküßt haben, soll unser Geheimnis...«

»Das genügt!« fiel sie ihm ins Wort. »Du brauchst nicht weiterzureden, Zebulon Peck. Ich bringe dich jetzt besser wieder zum Wagen zurück, bevor Lieutenant Sweet auf irgendwelche Gedanken verfällt, die dir und meinem Bruder zum Nachteil gereichen könnten.«

Sie wandte sich von ihm ab, und es dauerte eine Weile, bis er sich hochgerappelt hatte.

»Am Tag, als wir Caldwell's Meadow verlassen haben, ist alles anders geworden, Clarissa. Nichts wird jemals wieder so sein, wie es einmal war.«

»Das brauchst du mir nicht zu sagen, Zeb. Ich bin nicht blöde.«

»Dann gib mir deinen Arm und hilf mir zum Wagen zurück.«

Sie zögerte einen Moment, aber dann nahm sie ihn bei der Hand und führte ihn durch das Lager. Später, als sie unter ihrer Decke lag, weinte sie, aber schließlich wurde sie von der Müdigkeit übermannt, und sie schlief bis zum Morgen, obwohl es die ganze Nacht regnete und die Kälte durch ihre nassen Decken drang.

✳

Es schneite, und es regnete durcheinander. Ein brettharter Nordwester fegte durch das Tal. Die Great Valley Road hatte sich innerhalb weniger Tage in einen Moraststreifen verwandelt, in dessen Radfurchen die Pfützen über Nacht gefroren. Die Räder der Wagen versanken fast bis zu den Naben im Dreck, und die Zugtiere hatten immer mehr Mühe, die schweren Lasten vorwärts zu bewegen, obwohl die Kolonne nun die ganze Zeit talwärts zog.

Je tiefer sie in das Shenandoah-Tal eindrangen, desto dichter wurde der Wald. Er schützte sie zwar vor dem eiskalten Wind, aber auf dem weichen, schmierigen Boden gelangten sie noch langsamer voran als im freien Gelände, wo die Erde fester war.

Wie ein Hohlweg führte die Straße durch das Halbdunkel, in dem der Fahrer des hintersten Wagens die Spitze der Kolonne nur schwach erkennen konnte. Die Männer marschierten gebeugt unter der Last ihrer triefenden Wolldecken und Packen hinter dem Lieutenant her, der sich die meiste Zeit mit Mataqua vor dem Trupp aufhielt.

Längst war niemand mehr in der Stimmung, ein Lied zu singen oder auch nur ein Gespräch anzufangen. Still bewegte sich die Kolonne durch den Wald. Nur die Geschirrketten klirrten, die Wagen knarrten unter ihrer Last, und die Zugtiere, die sich mit aller Kraft ins Geschirr legen mußten, ächzten. Manchmal feuerte einer der Fahrer kurz seine Pferde an. Ab und zu benutzte Jason Caldwell seine Peitsche, um Butch und Pete erneut anzutreiben.

146

Clarissa ritt auf einem der Franzosenpferde hinter dem ersten Wagen, mit dem an diesem Tag sieben kranke Soldaten transportiert wurden, unter ihnen auch Sergeant Brady. Es war jetzt der Lieutenant selbst, der die Soldaten anführte, die noch marschieren konnten.

Nach den Angaben des Lieutenants, der als einziger eine Landkarte besaß und diese auch zu lesen verstand, sollte die Kolonne gegen Abend eine kleine Ansiedlung von schottischen Einwanderern erreichen, die Greenock hieß. Obwohl es keine Anzeichen dafür gab, daß sich diese Ortschaft in der Nähe befand, schienen an diesem Tag selbst Butch und Pete zu spüren, daß sie am Abend vor einer vollen Futterkrippe stehen würden.

Noch etwa fünfzehn Meilen mochten sie von Greenock entfernt sein, als sie eine Lichtung erreichten, auf der ein schmaler Karrenweg von rechts in die Great Valley Road mündete. Mitten auf der Straße stand ein mit längsgespaltenen Zedernstangen beladener Brückenwagen, der offensichtlich unter seiner schweren Last zusammengebrochen war. Die Deichsel steckte mit ihrem Ende tief im Dreck. Das linke Vorderrad fehlte, und der Wagen stand so schief, daß die Hälfte der Ladung abgerutscht war.

Während die Soldaten zu Fuß an diesem Hindernis vorbeigestapft wären, gab es für die beiden Wagen und den Ochsenkarren keine Ausweichmöglichkeit, weil sich zu beiden Seiten der Straße steile Böschungen erhoben. Da sich der Besitzer des Wagens nicht in der Nähe aufzuhalten schien, gab Lieutenant Sweet den Befehl, die hinuntergerutschten Zaunstangen wegzutragen und den Wagen zu entladen, so daß er von der Straße gezogen werden konnte.

Den Spuren nach war der Wagen von zwei Pferden gezogen worden, die der Besitzer wahrscheinlich aus dem Geschirr genommen und nach Hause gebracht hatte. Mit seinem gebrochenen Fahrwerk war das Gefährt nicht mehr zu gebrauchen, und wer immer die Zaunstangen zu transportieren hatte, würde sich einen anderen Wagen holen müssen.

Da sie alle so schnell wie möglich nach Greenock gelangen wollten, begannen die Soldaten ohne Umschweife mit der Arbeit. Nathaniel Axton, dessen Hände gefesselt waren, setzte sich auf einen Stein. Sein Wächter, der Hans hieß, nahm seinen Leinenbeutel vom Rücken, krempelte die Ärmel seines karierten Hemdes auf und wuchtete zwei der Zedernstangen gleichzeitig hoch, um sie aus dem Weg zu räumen.

Einige der an Durchfall erkrankten Soldaten kletterten aus den Wagen, um ein nahes Unterholz aufzusuchen, Clarissa blieb, ebenso wie der Lieutenant, im Sattel sitzen, da die Straße in wenigen Minuten wieder passierbar sein würde. Mataqua hatte sich etwas von der Straße entfernt.

Nathaniel sah den Mohawk am Rande der Lichtung auf einige moosbewachsene Felsen zugehen. Plötzlich blieb er jedoch mitten im Schritt stehen. Er duckte sich etwas und blickte sich sichernd um wie ein Tier, das die Witterung einer Gefahr aufgenommen hat, während er das Gewehr in seinen Händen anhob.

Nathaniel stand auf. Er wollte Clarissa auf den Mohawk hinweisen, aber bevor er einen Ton herausbrachte, zerriß der Schrei einer Eule die Stille des Waldes.

Im nächsten Moment antwortete Mataqua dem Schrei mit seinem eigenen Kriegsschrei. Wie ein Schatten jagte er durch das Zwielicht auf die Felsen zu, die wie Buckel von Riesentieren aus dem Gestrüpp ragten.

Sein Kriegsschrei ging im Krachen von Schüssen unter. Am Rande der Lichtung, zu beiden Seiten der Straße, flammte Mündungsfeuer auf. Funken stoben, und Rauch hob sich aus dem Unterholz.

Ein ohrenbetäubendes Geheul übertönte die Befehle des Lieutenants, an den Straßenböschungen in Deckung zu gehen. Sein Rappenwallach stieg wiehernd, während Sweet seine Befehle brüllte.

Clarissas Pferd drehte sich mitten auf der Weggabelung. Nathaniel stürzte hinzu, um nach dem Zaumzeug zu greifen, aber da sah das Pferd eine Lücke zwischen einem der Wagen und der Straßenböschung, und ehe Nathaniel es daran hindern konnte, jagte es in panischer Angst davon.

Lieutenant Sweets Sommerrappe wurde von einer Kugel in den Hals getroffen. Er stieg kerzengerade und kippte nach hinten. Der Lieutenant versuchte zwar, sich aus dem Sattel zu werfen, aber er blieb an seinem Spezialsteigbügel hängen und geriet dabei halb unter sein Pferd.

Zu beiden Seiten der Straße krochen jene Soldaten, die Gewehre und Pistolen hatten, an der steilen Lehmböschung hoch, um das Feuer zu erwidern. Ohne daß sie im dichten Unterholz auch nur einen der Angreifer sahen, begannen sie zurückzuschießen.

Eine Gestalt taumelte aus den Büschen. Es war einer der kranken Soldaten.

»Nicht schießen!« schrie er ihnen entgegen, aber eine zu hastig abgefeuerte Kugel warf ihn auf den Rücken.

»Paßt auf, dort sind unsere eigenen Leute drin!«

brüllte Jason Caldwell, während er die Muskete seines Großvaters nachlud.

Die Soldaten wußten nicht mehr, wohin sie schießen sollten. Einige der Kranken liefen zur Straße zurück, wurden aber von Kugeln eingeholt, bevor sie die schützende Böschung erreichten.

Butch und Pete brachen neben Jason im Joch zusammen. Die Wagenpferde gerieten in Panik. Trotz angezogener Bremse schleiften sie den Wakefield-Wagen durch den tiefen Dreck, bis er im Graben am Straßenrand steckenblieb und gegen die Böschung kippte.

Soldaten, die keine Schußwaffen hatten, flohen auf dem Karrenweg, der an dieser Stelle in die Great Valley Road mündete. Sie gelangten nicht weit. Dort, wo die Lichtung aufhörte und das Unterholz begann, fielen mehr als ein Dutzend Krieger über sie her. Sie wurden mit Tomahawks und Kriegskeulen niedergeschlagen und mit Triumphgeschrei skalpiert.

Andere flohen auf der Straße in die Richtung, in der sie Greenock vermuteten. Jason konnte jetzt auch diejenigen nicht mehr zurückhalten, die zu beiden Seiten der Straße Stellung bezogen hatten. Mit leergeschossenen Gewehren sprangen sie auf und ergriffen die Flucht.

Dreimal war es Jason gelungen, seine Muskete nachzuladen. Beim viertenmal zitterten seine Hände so stark, daß er sein Pulver verschüttete. Er sprang auf und sah Zeb über die Straße laufen.

Zeb hatte die Wolldecke von sich geworfen. Er lief auf die Stelle zu, wo Lieutenant Sweet unter seinem Pferd im Dreck lag und um Hilfe schrie. Zeb packte einen Arm des Lieutenants und versuchte, ihn unter dem Pferd hervorzuziehen, aber er schaffte es nicht.

150

Er vermochte auch den schweren Kadaver nicht zu bewegen, und als er sich aufrichtete und sich nach jemand umsehen wollte, der ihm hätte helfen können, traf ihn eine Kugel. Er taumelte einige Schritte weit, die Hände gegen den Leib gepreßt.

Jason hängte sich die Muskete über den Rücken, lief auf Zeb zu, der am Straßenrand zusammenbrach, und packte ihn beim Hemd.

»Steh auf, Zeb!« schrie er ihn an. »Steh auf!« Er zerrte ihn hoch und schleifte ihn mit sich.

Hinter ihm stürzten die Indianer aus dem Wald, trotz der Kälte nackt, grün und schwarz bemalt, mit Blau im Gesicht, heulend und schreiend, als ob die Hölle sie ausgespuckt hätte.

Sie fielen mit ihren Tomahawks über die wenigen Soldaten her, die sich ihnen noch entgegenstellten, und töteten sie mit gewaltigen Hieben.

Sie erwischten Brady, der sich unter dem Ochsenkarren verkrochen hatte, und sie töteten den Trommelbuben, der sich ängstlich an seine Trommel klammerte.

Und einige von ihnen holten Plunder aus den Wagen, während andere die Wagenpferde ausschirrten.

Sie nahmen den Toten die Kleider weg, die sie brauchen konnten, denn bis zu ihren Dörfern jenseits der Allegheny Mountains war es ein langer und beschwerlicher Weg durch den frühen Winter, von dem sie hier, im Tal des Shenandoah überrascht worden waren.

Einer von ihnen entdeckte den Lieutenant, der halb von seinem Pferd begraben worden war.

Der Lieutenant stellte sich tot.

Sein Kopf lag tief im Dreck, und er konnte kaum mehr atmen, aber er sah den Shawnee-Krieger auf sich zugehen, sah, wie er geduckt stehenblieb und sein Messer zog, und dann stieß er ihn mit dem Fuß an, und der Lieutenant begann wie von Sinnen zu schreien.

Der Shawnee wich erschrocken zurück, aber ein anderer sprang heran und hob den Arm mit dem Tomahawk zum Hieb.

Da krachte ein Schuß, und der Shawnee wurde wie von einem gewaltigen Hieb zurückgeschleudert. Der Tomahawk entfiel ihm, und er riß beim Sturz den anderen zu Boden, der jedoch sofort wieder aufsprang.

Wieder krachte es im Unterholz. Eine Kugel pfiff zwischen die Shawnee, die sich mit den Pferden abmühten, streifte einen von ihnen an der Schulter und schlug in die Seitenbracke des Wagens.

Jetzt hatten die Shawnee genug. Sie ergriffen die Flucht und verschwanden mit den erbeuteten Pferden und dem Plunder im Wald, ihre Toten und Verletzten mit sich schleifend.

Stille kehrte ein.

Am Rand der Lichtung tauchte Mataqua auf, das rauchende Gewehr in den Händen. Nichts rührte sich mehr. In der kalten Luft trieb der Pulverrauch in bläulichen Schleiern. Der Wind zerrte an der Plane des Ochsenkarrens, unter dem der tote Brady lag. Der Wald war still. Die Tiere, die nicht geflohen waren, schwiegen.

Es regnete leicht.

Langsam näherte sich Mataqua der Straße. Da sah er, daß Lieutenant Sweet den Kopf erhoben hatte.

»Hier, Mataqua«, hörte er ihn flüstern. »Hilf mir! Bitte, hilf mir!«

Mataqua sah sich um.

Überall lagen die Leichen der getöteten Soldaten, die

noch nicht mal richtige Soldaten gewesen waren. Überall lagen sie im Dreck und im Blut, und alle waren skalpiert.

Auch der Trommelbube lag dort, und er hielt im Todeskampf seine Trommel fest, als wollte er als letztes dafür sorgen, daß sie nicht in die Hände der Shawnee fiel.

Aber die Shawnee wollten keine Trommel. Ihre Beute waren die Pferde, die Kleidungsstücke der Toten, die Decken und die Waffen, Pulver und Blei. Die Trommel hatten sie dem Knaben gelassen, nicht jedoch seinen Skalp mit den blonden Locken.

Mataqua konnte den Mann, der Lederstrumpf genannt wurde, nirgendwo sehen. Auch das Mädchen, Miß Caldwell, befand sich nicht unter den Toten.

Mataqua ging zum Lieutenant. Dort kauerte er nieder.

»Ich glaube, mein Holzbein ist gebrochen«, stöhnte der Lieutenant. »Wenn du die Riemen an der Manschette öffnest, kann ich mich selbst befreien.«

Mataqua lud zuerst sein Gewehr. Als er damit fertig war, kehrten die ersten Soldaten zurück, die in den Wald geflohen waren.

Mataqua schlitzte dem Lieutenant mit dem Messer das Hosenbein auf und löste die Riemen, mit denen das Holzbein an seinen Beinstumpf geschnallt war. Jetzt kam der Lieutenant frei. Er setzte sich mitten auf der Straße hin und verlangte nach seinen Krücken.

»Wo sind meine Krücken, verdammt!« schrie er die Männer an, die zurückgekehrt waren.

Einige von ihnen kauerten bei ihren toten Kameraden und schluchzten wie kleine Kinder. Andere standen betreten herum, Angst in den Augen. Jason und Zeb kehrten zurück. Jason fragte sofort, ob jemand Clarissa gesehen hätte.

Niemand gab ihm eine Antwort. Niemand hatte Clarissa gesehen. Niemand wußte, ob sie noch lebte oder tot irgendwo im Wald lag.

Mataqua umwickelte sein Gewehr mit einem Stück Wolldecke und legte es in den Wakefield-Wagen. Dann lief er über die Straße davon, in die Richtung, in die Clarissas Pferd galoppiert war. Der Nebel, der durch den nassen Wald trieb, schluckte ihn.

Lieutenant Sweet erhob sich an seinem Krückstock. Schwankend stand er im Dreck.

»Ich brauche einen zweiten Krückstock«, murmelte er. »Und kann vielleicht jemand nach meinem Bein sehen?«

Mit vereinten Kräften bewegten die Soldaten den Pferdekadaver so weit, daß sie das Bein des Lieutenants darunter hervorziehen konnten. Es war tatsächlich in der Mitte durchgebrochen.

»In Greenock gibt es bestimmt einen Tischler, der mir ein neues Bein herstellt«, sagte der Lieutenant. »Wir wollen uns hier nicht länger aufhalten. Korporal Caldwell, lassen Sie die Männer zum Abmarsch antreten!«

»Und – die Toten, Sir?«

»Um die Toten werden sich die Leute von Greenock kümmern«, sagte der Lieutenant rauh. »Es sind noch etwa zehn Meilen, Korporal. Wenn wir nicht gleich aufbrechen, holt uns die Dunkelheit ein.«

»Sir, ich gehe hier nicht weg, bevor ich nicht weiß, was mit meiner Schwester geschehen ist«, sagte Jason.

»Mataqua bringt sie zurück, wenn sie noch lebt«, sagte der Lieutenant. »Niemand bleibt hier zurück, Korporal!«

»Ich bleibe hier!« beharrte Jason.

Einige der Soldaten gesellten sich zu ihm.

»Wir bleiben hier, bis wir Bescheid wissen«, sagte einer von ihnen. »Und wenn die Leute aus Greenock herkommen, schließen wir uns ihnen an.«

»Dieser Platz ist sicherer, als der Weg nach Greenock«, sagte Jason Caldwell bestimmt. »Hierher kehren die Shawnee ganz bestimmt nicht zurück, Lieutenant.«

Lieutenant Sweet mußte sich eingestehen, daß sein Korporal recht hatte. Er entschied, einen Trupp von sieben Mann ins Dorf zu schicken und selbst hier zu warten. Nach einer Stunde kehrte Mataqua zurück und überreichte dem Lieutenant ein Stück Stoff, das mit Blut verschmiert war. Jason erkannte es als ein Stück vom Kleid Clarissas.

»Was ist geschehen?« fragte er Mataqua leise.

»Deine Schwester lebt«, antwortete der Mohawk ungerührt. »Die Shawnee haben sie und das Pferd gefangengenommen.«

»Dann ist sie verschleppt worden!« stieß Jason hervor. »Wir müssen den Shawnee sofort folgen.« Er wollte davonlaufen, um sein Bündel zu holen, aber die Stimme Mataquas hielt ihn auf.

»Lederstrumpf folgt ihnen«, sagte er.

»Nate Axton folgt ihnen? Das heißt, daß er uns entwischt ist. Verdammt, war er denn nicht gefesselt?«

»Er hat die Fesseln mit dem Messer eines toten Soldaten durchgeschnitten und dessen Gewehr mitgenommen«, erklärte Mataqua und verschränkte die Arme vor seiner Brust.

»Mataqua, ich befehle dir, den Gefangenen zurückzubringen!« stieß der Lieutenant grimmig hervor.

»Nein, er wird bald selbst zurückkehren«, widersprach der Mohawk ruhig.

»Mit Clarissa?« keuchte Zeb, der beim Wagen auf der Straße lag, mit dem Rücken gegen ein Rad gelehnt.

»Vielleicht«, antwortete ihm Mataqua. »Vielleicht auch nicht.« Und damit drehte er sich um. Er holte sein Gewehr aus dem Wagen und verschwand im Unterholz.

*

Der tote Soldat war einer von jenen gewesen, die in die falsche Richtung davongelaufen waren. Die Kugel hatte ihn in den Rücken getroffen, und er lag im hohen Farn. Nathaniel hätte ihn wohl kaum entdeckt, wäre er nicht über seine ausgestreckten Beine gestolpert.

Da der Soldat von den Indianern auch nicht entdeckt worden war, hatte er noch seine ganze Ausrüstung. Nathaniel benutzte das Jagdmesser, um seine Fesseln zu durchschneiden. Er nahm ihm den Brotbeutel ab, den er auf dem Rücken trug, zog ihm den Mantel aus und hängte sich Kugelbeutel, Pulverhorn und den kleinen Behälter mit dem Zündkraut um. Dann nahm er das Gewehr und brach zur Verfolgung auf.

Lederstrumpf folgte den Shawnee den ganzen Tag und auch die Nacht hindurch. Irgendwann, dachte er, würden sie anhalten und eine Pause einlegen. Irgendwann würden ihre Pferde müde sein. Aber die Nacht verging, und am nächsten Morgen schneite es so dicht, daß innerhalb weniger Minuten alles weiß war.

Es schneite unaufhörlich weiter, und bis zum Mittag waren ihre Spuren kaum noch zu erkennen. Da sie über Nacht kein einziges Mal angehalten hatten und Nathaniel bei völliger Dunkelheit Mühe hatte, ihre Fährte zu halten, waren sie ihm am nächsten Tag um mindestens zwei Stunden voraus, und ihr Vorsprung vergrößerte sich.

Trotzdem gab er nicht auf.

Er wußte, wohin sie unterwegs waren. Ihre Dörfer befanden sich am unteren Ohio River, jenseits der Allegheny Mountains. Es gab nur zwei Möglichkeiten, dorthin zu gelangen: entweder durch die Cumberland-Lücke oder aber im Norden an Winchester vorbei zum Potomac und von dort auf der Braddock Road über die Great Crossing Passage quer durch die Reihe von Bergzügen zum Monongahela River.

Zuerst schien es, als ob die Shawnee die südliche Route durch die Cumberland Gap nehmen würden. Dies war der längere und beschwerlichere Weg, führte er doch das ganze Shenandoah-Tal hoch und dann durch das Hochland zum Holston River, wo sich die beiden Ansiedlungen Shermantown und Caldwell's Meadow befanden.

Am Tag nach dem Überfall jedoch führte die Fährte plötzlich aus den Niederungen des Tales in die Ausläufer der Allegheny Mountains, die von dunklen Schneewolken verhangen waren. Die Shawnee wußten selbst, daß sie zu spät dran waren, die Berge auf ihren Jagdpfaden zu durchqueren. Schon jetzt wüteten dort oben die Stürme mit unbändiger Gewalt, und in wenigen Tagen würden die Bergpässe so tief verschneit sein, daß sie weder von Pferden noch von Menschen passiert werden konnten.

So hatten die Shawnee keine andere Wahl, als einen Bogen um das dichtbesiedelte Tal des Shenandoah zu schlagen, an Winchester vorbeizuziehen und dann der Straße zu folgen, die der Rotrock General Braddock genommen hatte, als er in ihr Land eindrang, um die Franzmänner zu vertreiben und die Shawnee zu töten.

Die in Winchester stationierten Miliztruppen von Colonel Washington hätten sie vielleicht abfangen können, wenn der Schneesturm nachgelassen hätte. Aber in Winchester wußte niemand, daß sich ein großer Kriegstrupp der Shawnee zu lange auf das gute Wetter verlassen hatte und sich jetzt in Schwierigkeiten befand.

Am Abend des zweiten Tages gab Nathaniel die Verfolgung auf.

Er befand sich am Fuße eines steilen Talhanges. Der Sturm fauchte wie ein Raubtier von den Bergen herunter und fegte heulend durch die kahlen Wälder. An den Ufern des Baches, den er erreicht hatte, glitzerte Eis, und an den windgeschützten Stellen lag der Schnee bereits fußhoch.

Die Fährte führte schräg zum Hang hoch und verlor sich im Schneegestöber und in den Wolken, die als Eisnebel durch das Tal zogen. Nathaniel stand keuchend am Ufer des Baches. Obwohl er ihn hätte überspringen können, war das gurgelnde Rinnsal mit seinen eisverkrusteten Ufern für ihn ein Hindernis, das ihm seine eigenen Grenzen aufzeigte.

Er hatte weder die Ausrüstung noch die Kraft, die Verfolgung fortzusetzen und den Winter in der Wildnis zu verbringen. Zwei Tage lang hatte er außer einem Stück Maisbrot nichts gegessen und kein Feuer entfacht, an dem er sich hätte wärmen können. Ohne Pause war er der Fährte gefolgt mit dem Gewehr des toten Soldaten und der nassen Wolldecke, die in der Kälte steif wie ein Brett gefroren war.

Der Wille, weiterzugehen, war gebrochen, die Kraft am Ende. Als hätte er mit seinen Blicken die eisige Leere durchdringen können, in der die Fährte verschwand, starrte er den Hang hoch. Er konnte nichts erspähen, außer einem Rehbock, der aus dem Nebel auftauchte, lautlos wie ein Geisterwesen.

Lederstrumpf nahm das Gewehr vom Rücken.

Es war eine leichte Muskete, wie sie von den Franzosen und den Engländern für den Handel mit den Indianern hergestellt wurde.

Er spannte den Hahn, und das Knacken warnte den Rehbock. Er blieb stehen und lauschte mit zur Seite gedrehtem Kopf in die Richtung, aus der er das Geräusch vernommen hatte.

Und dort stand der Mann, das Gewehr an der Schulter.

Der Rehbock sah den Mann, aber er floh nicht. Er äugte zu ihm, als wäre er nicht ganz sicher, ob der Mann tatsächlich existierte, oder ob er ihn sich nur eingebildet hatte.

Dann verschwand der Mann in einer Wolke von Funken und Rauch, und der Rehbock wurde von der Kugel zur Seite geworfen. Er fiel auf den Rücken und schlegelte mit seinen spitzen Hufen durch die Luft, bis er sich schließlich im blutigen Schnee ausstreckte.

Nathaniel lud das Gewehr und wartete eine Weile, bevor er es am Riemen über seinen Rücken hängte. Dann zog er den toten Rehbock zurück in den Wald, wo er mit dem Flintstein des Gewehrs und mit etwas Zündkraut und Flechten von den Bäumen ein Feuer in Gang brachte.

Nathaniel verbrachte die Nacht an seinem Feuer und in der Geborgenheit des Waldes. Draußen, im freien Gelände, fauchte der kalte Wind. Es war die Stimme des Winters, in dessen Krallen das ganze Land für mehrere

Monate erstarren würde. Die Shawnee mußten sich beeilen, wollten sie Pickawillanee, ihr großes Dorf am Miami River erreichen, bevor die Flüsse zufroren.

Nathaniel war sicher, daß sie ihre Kanus bei Fort Duquesne zurückgelassen hatten, um sie dort auf dem Rückweg wieder in Besitz zu nehmen. Selbst wenn alles gut ging, würden die Shawnee mit ihrer Beute und den Gefangenen länger als einen Monat unterwegs sein, und die einzige Möglichkeit, ihnen den Weg zu verlegen, bevor sie die Allegheny-Berge überqueren konnten, bestand von Winchester aus.

Aber Nathaniel wußte, daß die Chancen nicht sehr groß waren, auch wenn er Winchester während der nächsten drei, vier Tagen erreichte.

Er versuchte es trotzdem.

Er marschierte den ganzen Tag gegen den Wind nordwärts und ruhte in der Nacht nur für einige Stunden, um danach bei völliger Dunkelheit weiterzugehen. Die Gedanken an Clarissa trieben ihn an und gaben ihm die Kraft, durchzuhalten.

Auf einer Farm, wo man ihn zu einer warmen Mahlzeit einlud, erfuhr er, daß sein Freund George Washington die Garnison in Winchester als kranker Mann verlassen hatte, um auf seine Mount-Vernon-Plantage zurückzukehren. Die Nachricht ließ ihn fast mutlos werden, denn er wußte, daß man ihn in Winchester gefangennehmen würde.

9. Kapitel **Winchester**

*Die Garnison – Dr. Craik – Die
Krankheit des Colonels – Zu
den Akten gelegt – Ein Rattenloch – Die Spieler – Der einäugige Seelentreiber – Belohnung – Captain Squire
Calhoun – Die Patrouille –
Das Jahr geht zu Ende*

Zwei Wochen nach dem Überfall bei Greenock erreichte Lieutenant Andrew Warren Sweet mit dem
Rest seiner Kolonne die kleine Stadt Winchester, wo sich
in der Garnison inzwischen an die tausend Soldaten des
Virginia-Regiments aufhielten.

Winchester war die einzige größere Siedlung im unteren Tal des Shenandoah, eine Ansammlung von nicht
mal hundert Blockhäusern, von denen die meisten links
und rechts der Hauptstraße standen.

Die Hauptstraße war ein Stück der Great Valley Road,
die von Winchester aus bis zum Potomac weiterführte,
diesen Fluß durchquerte und sich in Pennsylvania mit
dem Zane's Trace, einer anderen Handelsstraße, verband.

Von Winchester aus führten mehrere Wege und Straßen durch die niederen Ausläufer der Blue Ridge Mountains in das dichtbesiedelte Flachland Virginias bis hinunter nach Richmond und Williamsburg, der Hauptstadt.

Die Garnison der Virginia-Armee befand sich außerhalb der kleinen Stadt in einer Senke. Hier waren in aller Eile eine Anzahl von Blockhäusern errichtet worden, die den Soldaten als Mannschaftsbaracken dienten.

Das Hauptquartier, in dem Lieutenant Sweet seinen Jugendfreund George Washington anzutreffen hoffte, unterschied sich nur durch seinen Kamin von den anderen Häusern, denn dieser war aus Stein gebaut, während die anderen aus Rundhölzern und Lehmerde errichtet worden waren.

Am Tag, als Lieutenant Sweet und seine Kolonne die Garnison erreichten, regnete es in Strömen. Die ganze Niederung war ein einziger tiefer Morast, in dem die Häuser, die Depots, die Ställe, die abgestellten Wagen und die Vieh- und Pferdekoppeln zu versinken drohten. Aus den Kaminen quoll Rauch und vermischte sich über der Niederung mit den tiefhängenden Regenwolken.

Auf der Straße von Winchester bewegte sich ein langer Frachtzug mit Gütern aus Pennsylvania, da Virginia als Landwirtschaftskolonie keine Industrieerzeugnisse herstellte. Trotz des Regens übte eine Kompanie am Rand der Niederung einen Formationsaufmarsch in Kampfbereitschaft. Irgendwo in einem nahen Wald krachten Schüsse.

Im Hauptquartier wurde Lieutenant Sweet mitgeteilt, daß sich Colonel Washington zur Zeit nicht in der Garnison aufhalte. Er sei nach Mount Vernon heimgereist, um dort allenfalls zu sterben.

Der von Washington eingesetzte Kommandant der Garnison, Captain Squire Calhoun, verwies Lieutenant Sweet an Dr. Craik, der sich im Garnisonslazarett inzwischen um Verletzte seiner Kolonne kümmerte.

Bevor Andrew Warren Sweet jedoch den Arzt aufsuchte, setzte er sich in seinem Quartier an den kleinen Tisch und schrieb pflichtbewußt seinen ersten Rapport über den Hinterhalt und das Scharmützel bei Greenock. Dreizehn Mann waren gefallen, acht mehr oder weniger schwer verwundet.

Clarissa Caldwell gab er als vermißt an, und damit hatte es sich. Mit keinem Wort erwähnte er den Grund, warum Clarissa bei der Kolonne gewesen war, denn in Gedanken hatte er das Mädchen aus Caldwell's Meadow bereits als persönlichen Fehlschlag zu den Akten gelegt.

Bedeutenderes stand bevor, als daß er Gedanken an solche Lappalien verschwendete. Nur die Flucht von Nathaniel Axton war ihm noch wichtig genug, denn von dessen Gefangennahme hatte er sich Ruhm und Ehre versprochen.

Während er den Rapport schrieb, begann er mit seinem Glück zu hadern, von dem er sich im Stich gelassen fühlte. In schlechter Stimmung setzte er die Unterschrift unter das Schreiben und verließ sein Quartier, um das Garnisonslazarett aufzusuchen.

Dr. Craik war ein drahtiger Mann mit leicht ergrautem Spitzbart und glasklaren Augen. Er hatte alle Hände voll zu tun, die Soldaten der Garnison einigermaßen gesund über den Winter zu bringen. Seit es kalt geworden war, litten zwar nicht mehr viele an Durchfall, aber dafür wurden sie von ansteckenden Erkältungskrankheiten heimgesucht. Täglich ließ Dr. Craik Dutzende von Männern zur Ader. Sein Lazarett war dermaßen überfüllt, daß man dabei war, in aller Eile ein zweites Blockhaus zu errichten.

»Die Stimmung unter den Soldaten ist alles andere als gut«, sagte Dr. Craik, während er Lieutenant Sweet einen Glühwein einschenkte, an dem sich dieser zuerst einmal die Finger wärmen konnte. »Wir haben über tausend Mann hier, von denen mehr als dreißig im Lazarett liegen. Von den anderen sind auch mehr als die Hälfte krank.« Dr. Craik trank von seinem Wein. Sein Kittel war voll mit Blutspritzern. »Zum Glück kehrt im Tal während der Wintermonate Ruhe ein. Noch vor wenigen Wochen überfielen französische Rothäute keine zehn Meilen von hier entfernt eine Farm und verschwanden danach in den Bergen. Colonel Washington ließ sie verfolgen, aber ein Trupp unter Captain Calhoun kehrte unverrichteterdinge zurück.«

»Im Hauptquartier sagte man mir, daß der Colonel erneut krank geworden sei, und dieses Mal soll es ernst sein.«

»Es wird wohl mehr auf ihn ankommen und auf seinen Überlebenswillen, als auf die Krankheit selbst«, meinte Dr. Craik. »Der Colonel hat sich übernommen. Die Aufgabe, die man ihm aufgeladen hat, ist zu schwer. Es gibt nichts als Schwierigkeiten. Das neue Aushebungsgesetz unserer Regierung bevorzugt die Besitzenden und trifft am härtesten die Armen. Tagtäglich desertieren Leute, um nach Hause zurückzukehren, wo sie gebraucht werden. Der Nachschub funktioniert nicht. Mit unserem Virginia-Geld können wir in den anderen Kolonien nichts kaufen. Außerdem glaubt man in Pennsylvania, zum Beispiel, daß man auch ein Anrecht auf das Land hinter den Bergen hätte, was natürlich von unserem Gouverneur aufs heftigste bestritten wird. Immerhin ist er ja ein Mitglied der Ohio Company, und die hat sich in den Kopf gesetzt, das ganze Gebiet für den Eigenbedarf einzuheimsen. Aber was natürlich unserem Colonel noch mehr zusetzt und ihn erbost, ist die Arroganz, mit der die Engländer seinen Vorschlägen begegnen, das Virginia-Regiment dem königlichen Heer einzuverleiben, damit die Soldaten besser ausgerüstet und besser bezahlt werden können.«

»Und was hat das alles mit seiner Krankheit zu tun?«

»Die Probleme sind es, die seine Krankheit ausbrechen ließen. Er kehrte krank aus dem Braddock-Feldzug zurück. Nach dem Tod seines Bruders Lawrence gelang es ihm, sich langsam gesund zu pflegen. Aber vor einem Monat brach die Krankheit erneut aus, dieses Mal noch schlimmer.«

»Der Durchfall?«

»Ja. Aber dieses Mal verbunden mit einem schrecklichen Lungenfieber. Ich habe ihn ein dutzendmal zur Ader gelassen. Ohne Erfolg. Die Krankheit schwächt ihn dermaßen, daß wir ihn im Wagen nach Mount Vernon transportieren mußten.«

»Wird er sterben?«

»Das weiß ich eben nicht, Lieutenant. Er war ein starker junger Mann, bevor er krank wurde. Vielleicht gelingt es ihm, zu Hause, fern der Probleme, denen er hier ausgesetzt wäre, zu gesunden.«

»Wann soll der Feldzug gegen die Franzosen beginnen, Doktor Craik? Wenn das Virginia-Regiment noch nicht mal über einen Kommandanten verfügt?«

»Auch das kann ich Ihnen nicht sagen, Lieutenant. Man erzählt, daß aus England Schiffe mit Soldaten und

Kriegsmaterial unterwegs seien. Etwas Genaues weiß ich nicht, aber es soll im Frühjahr losgehen.«

Lieutenant Sweet bedankte sich bei Dr. Craik für die Auskünfte und den Glühwein. Auf seinen Krückstock gestützt, mit dem provisorischen Holzbein, das von einem Tischler aus Greenock aus einem Hickorystock gefertigt worden war, humpelte er hinaus und überquerte den aufgeweichten Paradeplatz, in dessen Mitte der Union Jack schlaff von einem Mast hing.

Er ging in sein Quartier. Dort zog er seine nasse Uniform aus und setzte sich im Unterzeug an den Tisch beim Fenster, um seiner Mutter einen Brief zu schreiben und ihr mitzuteilen, daß er bei der ersten Gelegenheit für einige Tage nach Hause zurückkehren würde.

Er schrieb ihr auch, daß Nathaniel Axton die Flucht geglückt sei.

»Liebe Mutter«, schrieb er am Schluß des Briefes, »ich bin untröstlich über die Entführung des Mädchens, von dem ich dir bereits im letzten Brief mitgeteilt hatte. Es waren die blutgierigen roten Barbaren aus dem Tal des Ohio, die wir jedoch für ihre Schandtaten bald aufs Härteste bestrafen werden. Ich weiß nicht, ob ich dieses Mädchen jemals wiedersehen werde, wenn wir die Dörfer der Shawnee vernichten, aber sollten wir es aus der Gefangenschaft befreien, wird es kaum mehr zu jener jungen Dame erzogen werden können, als die du es mir zur Gemahlin gewünscht hättest. Wir wissen ja leider zu gut, was dir roten Teufel mit ihren weiblichen Gefangenen anstellen, bevor sie als Sklaven in den Stamm aufgenommen werden. Ich glaube auch nicht, daß es Nate Axton gelingen wird, das Mädchen zu befreien, denn der Winter wird sein Vorhaben zum Scheitern bringen, falls er sich nicht schon, nur um seinen Kopf zu retten, irgendwo im Tal des Shenandoah versteckt hat wie ein feiger Hund.«

Am nächsten Tag ließ Lieutenant Sweet in Winchester eine Mitteilung drucken, in der er die Bürger dazu aufforderte, Nathaniel Axton sofort an das Virginia-Regiment auszuliefern, wenn er nach Winchester käme. Es folgte eine Beschreibung des Mannes, den die Indianer Lederstrumpf nannten und der des Hochverrates bezichtigt wurde.

*

Im Licht einer Pechfackel, die neben der Tür der Herberge in einem Fackelhalter steckte, las der Mann, was auf dem Zettel stand, den jemand an ein Nachrichtenbrett genagelt hatte.

Der Mann war Nathaniel Axton.

Er hatte Winchester am Abend während eines Schneesturmes erreicht. Jetzt fielen nur noch vereinzelte Flocken, aber es war so kalt geworden, daß ihm der Atem im Bart zu Eis gefror. Auf der Hauptstraße lag funkelnd eine weiße Decke, in der es nur eine Spur gab. Seine! Er lächelte, als er die letzten Worte auf dem Papier las.

DEM ÜBERBRINGER WIRD EINE ANGEMESSENE BELOHNUNG ZUTEIL, hieß es dort, und darunter stand der Name des Lieutenants: Andrew Warren Sweet.

Nathaniel öffnete die Tür der Herberge. Stickige, nach Tabak und billigem Fusel riechende Luft schlug ihm entgegen. Irgendwo in der Dunkelheit brannte ein Lichtdocht, der mehr Rauch als Licht abgab. An einem runden Tisch saßen Männer beim Kartenspiel. An den fensterlosen Wänden entlang schliefen einige auf Laubsäcken, die ihnen als Lager dienten. In einem Kamin brannte ein Feuer, über dem ein Kessel hing.

Einer der Männer am Tisch blickte auf. Eine Augenklappe bedeckte sein linkes Auge. Die eine Hälfte seines Gesichtes war von einer schrumpeligen Narbenhaut überzogen, die sich bis zu seinem Hals hinzog. Das gesunde Auge musterte den Mann, der eingetreten war.

»Gibt es hier ein freies Bett?« fragte Nathaniel.

Der Einäugige rülpste und widmete sich wieder seinen Karten. Aus einem dunklen Winkel des Raumes erklang ein raschelndes Geräusch. Ein kleines, mageres Männchen trat in den Lichtschein.

»Ein Bett will der Herr?« Das Männchen trat ins Licht. Es hatte das Gesicht einer Waldratte, mit kleinen stechenden Augen und einem spitzen Kinn. Das Männchen ging um Nathaniel Axton herum, um ihn von allen Seiten zu betrachten.

Am Tisch blickte der Mann mit der Augenklappe auf.

»Gib ihm ein Bett, wenn du eins hast, verdammt!«

»Kommen Sie.« Das Männchen führte Nathaniel am Tisch vorbei.

Ganz hinten im Raum waren einige der Schlafstellen frei. Der Laubsack roch säuerlich. Nathaniel hängte sein nasses Zeug an Nägeln auf. Er war müde.

Auf dem Sack neben ihm lag ein Junge. Seine schmutzigen Füße lugten unter der Decke hervor. Sein Gesicht war weiß und voller Sommersprossen.

An einer Schnur hingen schmutzige Kleider, und im hintersten Winkel des langen Raumes lag eine Bastardhündin, die neun Welpen hatte. Einige von ihnen schliefen, während andere schmatzend an den schlaffen Zitzen der Hündin säugten.

Nathaniel kannte den Mann mit der Augenklappe. Er konnte sich nur nicht mehr an seinen Namen erinnern. Seine Geschäfte tätigte er mit Einwanderern, die ihre Überfahrt nicht bezahlen konnten und für die in den Hafenstädten keine Abnahme gefunden wurde.

Der Einäugige kaufte solche Leute auf, brachte sie ins Landesinnere und ging mit ihnen von Ort zu Ort und Farm zu Farm hausieren. Männer wie ihn nannte man »Seelentreiber«, und Nathaniel Axton erinnerte sich, daß er dem Einäugigen schon als Junge begegnet war, als der mit seiner Waren auf der Plantage seines Onkels erschien.

Ob der Einäugige ihn ebenfalls erkannt hatte, wußte Nathaniel nicht. Bestimmt war es zu dunkel in diesem Rattenloch, als daß ihn jemand nach der Beschreibung auf dem Steckbrief hätte erkennen können.

Die Männer am Tisch tranken Schnaps, während sie spielten. Dann gab es plötzlich Streit. Nathaniel war noch wach. Einer beschimpfte einen anderen und nannte ihn einen erbärmlichen Bescheißer. Der andere fuhr hoch und stieß ihm sein Messer unter der Gurgel in den Hals. Alle sprangen auf, um dem spritzenden Blut auszuweichen. Der Einäugige fluchte. Alle fluchten und verwünschten den, der den anderen niedergestochen hatte.

»Ich bescheiße keinen von euch«, sagte der Mann mit dem Messer. Er hatte Blut im Gesicht und auf seinem schmutzigen Jagdhemd.

»Nein, aber dafür bringst du einen um, wenn er was Falsches sagt, verdammt!«

Der andere lag jetzt röchelnd am Boden. Er röchelte noch, als sie ihn hinausschleiften und draußen in den

Schnee warfen. Sie kehrten zurück, weckten einen der Schläfer und fragten ihn, ob er mitspielen wolle. Der Mann setzte sich auf den Stuhl, mit dem sein Vorgänger nach hinten gekippt war.

»Leg den Zaster auf den Tisch, Jack«, sagte der Einäugige.

Der Mann öffnete einen Geldbeutel und ließ ein paar Münzen herausfallen.

»Das ist alles, was ich habe«, sagte er.

Sie spielten, und plötzlich ging die Tür auf, und der Mann, der niedergestochen worden war, kroch herein. Über ihm wirbelten Schneeflocken in den Raum. Er kroch bis zum Tisch, dann krümmte er sich am Boden zusammen.

»Was ist mit ihm?« fragte der Spieler, der seinen Platz eingenommen hatte.

»Nichts«, sagte der Einäugige. »Er ist nur eben gestorben.«

Das kleine Männchen tauchte aus dem Dunkel auf und schleifte den Toten hinaus.

*

»Ich weiß, wer du bist«, flüsterte der Einäugige. Er kauerte neben dem Lager, auf dem Nathaniel lag, und seine Pistolenmündung berührte Nathaniels Brust.

»Wenn du das weißt, Mister, warum drückst du dann nicht ab?«

»Weil nur der, der dich lebend abliefert, eine Belohnung kassiert«, erwiderte der Einäugige.

»Es sind nur ein paar Shillinge, die man für mich bezahlen wird«, flüsterte Nathaniel.

»Das Geschäft ist flau um diese Jahreszeit.«

»Ich könnte dir zu einer beträchtlichen Belohnung verhelfen, Mister.«

»Wie?«

»Laß mich schlafen, und ich begleite dich morgen freiwillig zur Garnison.«

»Wie könnte ich dir vertrauen?«

»Ich gebe dir mein Wort.«

»Und was würdest du zahlen?«

»Zwanzig.«

»Pfund?«

»Ja.«

»Wo hast du das Geld?«

»Ich habe es nicht bei mir.«

»Wenn du es nicht bei dir hast, wo hast du es dann?«

»Der Colonel wird für mich zahlen.«

»Washington?«

»Ja.«

»Dann müßte ich dich mitnehmen nach Mount Ver-
mont.«

»Das kannst du tun, wenn ich in der Garnison gewesen
bin.«

»Und wenn man mich unterwegs mit dir antrifft?«

»Was könnte dir geschehen? Du bist ein Seelentreiber.
Es gehört nicht zu deinem Geschäft, nach Namen zu
fragen. Das weiß jeder.«

»Aber deinen kenne ich. Die Rothäute nennen dich
Lederstrumpf, nicht wahr?«

»Ja. Die Powhatan tun es und einige andere auch. Ich
glaube, das ist ein Name, den sie auch einem gewissen
Daniel Boone vom Yadkin River gegeben haben.«

»Aber du bist nicht dieser Boone. Du bist Nathaniel
Axton, der Landesverräter.«

»Bring mich nach Mount Vernon. Ich hörte, daß der Colonel dort auf dem Totenbett liegt.«

»Steh auf!«

Nathaniel richtete sich auf den Ellenbogen auf. Da ließ der Druck der Pistolenmündung nach, und der Einäugige erhob sich ächzend. Nathaniel wollte sich ganz aufsetzen, aber da fielen aus der Dunkelheit mehrere Männer über ihn her.

Er versuchte, sie sich vom Leib zu halten, und schlug einem von ihnen dabei die Nase ein, aber die anderen begruben ihn unter sich und hielten ihn so lange nieder, bis ihm der Einäugige die Hände und Füße in Sklaveneisen gelegt hatte.

Als sie schließlich von ihm abließen, wollte sich der, dem er die Nase eingeschlagen hatte, auf ihn stürzen, aber der Einäugige hielt ihn zurück.

»Morgen liefern wir dich in der Garnison ab«, sagte der Einäugige. »Ein Sperling in der Hand ist mir lieber als eine Taube auf dem Dach.«

Die Männer suchten ihre Lager auf.

Nathaniel schlief, obwohl er die Eisen trug. Am Morgen wurde er mit einem Fußtritt geweckt. Der Einäugige beugte sich über ihn. Sein Atem roch, als ob er sich in der Nacht übergeben hätte.

»Steh auf«, sagte er. »Jetzt hol' ich mir die Belohnung.«

*

Lieutenant Sweet bezahlte die Belohnung für die Ergreifung von Nathaniel Axton aus seiner eigenen Tasche. Captain Calhoun weigerte sich, die Regimentskasse zu belasten, da für ihn nicht feststand, ob es sich bei Axton tatsächlich um einen Landesverräter handelte.

Bevor er auch nur daran dachte, Nathaniel Axton im Wachhaus in die einzige Gitterzelle einzusperren, befahl er Lieutenant Sweet, ihm den Gefangenen im Hauptquartier vorzuführen. Er blickte durch die kleinen viereckigen Glasscheiben eines Fensters hinaus auf den Platz, wo Nathaniel Axton in seinen Sklaveneisen auf einer gefrorenen Pfütze stand, umgeben von einigen zerlumpten Männern, deren Anführer der Einäugige war.

»Und lassen Sie ihm die Eisen abnehmen, Lieutenant!« befahl er seinem Untergebenen, der im Begriff war, das Hauptquartier zu verlassen.

»Captain, es ist meine Pflicht, Sie auf die unberechenbare Gefährlichkeit des Gefangenen hinzuweisen«, sagte Lieutenant Sweet. »Dieser Mann ist gefährlich wie ein...«

»Bringen Sie ihn herein, Lieutenant!« unterbrach ihn der Captain. »Ohne Eisen!«

Eine Minute später stand Nathaniel vor Captain Calhoun. Der Captain betrachtete Nathaniel von Kopf bis Fuß. Nur einmal zuvor war er ihm begegnet, vor mehr als zwei Jahren bei der Konferenz im Büro des Gouverneurs Dinwiddie, als Nathaniel den Geheimauftrag übernommen hatte.

Der Mann, der jetzt vor ihm stand, hatte kaum Ähnlichkeit mit jenem, der ihm in Erinnerung geblieben war. Groß und mager stand Nathaniel Axton vor ihm, mit schulterlangem, strähnigem Haar und einem wilden, rötlich schimmernden Bart. Seine Augen lagen in tiefen Höhlen, und trotz des Bartes konnte der Captain die scharfen Züge erkennen, die das Gesicht Nathaniels zeichneten.

»Ich wollte heute morgen eigentlich einen Barbier aufsuchen«, sagte Nathaniel, als hätte er die Gedanken des

Captains erraten. »Leider hatte Einauge McGrath nichts anderes im Sinn, als die Belohnung zu kassieren.«

Der Captain, der beim Eintreten Nathaniels hinter dem Schreibtisch aufgestanden war, deutete mit einer Handbewegung auf einen Stuhl.

»Setzen Sie sich, Mister Axton«, sagte er. »Wenn Sie wollen, lasse ich Ihnen aus der Messe Frühstück bringen. Nicht wahr, Lieutenant, es wird Ihnen nichts ausmachen, dafür zu sorgen, daß Mister Axton sein Frühstück erhält!«

»Captain, ich...«

»Und lassen Sie mir bitte auch einen Tee bringen, Lieutenant«, wurde Andrew Warren Sweet von seinem Vorgesetzten unterbrochen.

Und da Mataqua hier in der Garnison nicht bei Sweet war, wurde er in diesem Moment vor dem Captain so klein und verletzlich wie damals, als er zusammen mit George Washington den James River bei den Stromschnellen von Richmond hatte überqueren sollen.

Sichtlich aus der Fassung gebracht, verließ er das Hauptquartier. Sobald er draußen war, beugte sich der Captain vor. Er blickte Nathaniel über den Schreibtisch hinweg streng in die Augen.

»Das Gerücht, Sie hätten Virginia verraten, stimmt nicht, nicht wahr?«

Nathaniel lächelte. »Captain, sorgen Sie dafür, daß ich zu Colonel Washington gebracht werde.«

»Sie wollen nach Mount Vernon an sein Totenbett?«

»Wo sonst würde man meinen Worten eher glauben, Captain, als am Totenbett des Mannes, dem ganz Virginia vertraut.«

Captain Calhoun hob seine borstigen Brauen. »Haben

Sie sich deshalb von einem Tagedieb wie Einauge McGrath fangen lassen, Mister Axton?«

»Nein, Sir. Ich hätte Winchester umgehen können, wenn ich das gewollt hätte. Ich erfuhr schon auf dem Weg hierher, daß sich Colonel Washington nicht in der Garnison befindet, sondern nach Hause zurückgekehrt ist.«

»Warum sind Sie dann hier erschienen? Sie wissen, welcher Gefahr Sie sich in Winchester aussetzen? Es gibt einflußreiche Leute in unserer Kolonie, die Sie gern exekutieren.«

»Mitglieder der Ohio Company?«

Captain Calhoun lächelte.

»Sie werden Ihre Feinde früh genug kennenlernen, Mister Axton. Es sind dieselben, die Sie vor zwei Jahren zum Ohio geschickt haben. Jetzt fürchten sie, daß das Land, das wir erobern wollen, nicht in ihren Besitz gerät, sondern unter den Mittleren Kolonien aufgeteilt wird.«

»Davon weiß ich nichts, Captain«, sagte Nathaniel ruhig. »Ich bin kein Mann der Politik. Man hat mir den Auftrag erteilt, die Kriegsvorbereitungen der Franzosen auszukundschaften. Das habe ich getan. Ich kehre nicht mit leeren Händen zurück. Meine Nachrichten sind für Gouverneur Dinwiddie oder Colonel Washington bestimmt.«

»Gouverneur Dinwiddie ist eines der Gründungsmitglieder der Ohio Company«, sagte der Captain nachdrücklich. »Ihre Nachrichten sind deshalb bei Colonel Washington besser aufgehoben, denke ich.«

»Das denke ich auch, Sir. Und deshalb ist es wichtig, daß ich Colonel Washington in Mount Vernon aufsuchen kann.«

»Ich glaube, das liegt innerhalb meiner Befugnisse als

Kommandant der Garnison und als stellvertretender Kommandant des Virginia-Regimentes, Mister Axton. Aber sagen Sie mir, warum Sie wirklich hierhergekommen sind, statt nach Mount Vernon weiterzureisen.«

»Es geht um ein Mädchen, Sir«, erklärte Nathaniel, ohne auch nur eine Sekunde zu zögern. »Clarissa Caldwell war bei Lieutenant Sweets Trupp, als dieser bei Greenock in den Hinterhalt geriet.«

»Davon hat mir Lieutenant Sweet kein Wort gesagt«, wunderte sich der Captain. »Seinen Rapport habe ich allerdings noch nicht gelesen. Erklären Sie mir bitte, was es mit diesem Mädchen Clarissa – eh...«

»Caldwell, Sir, vom Clear Creek.«

Die Tür ging auf, und ein Soldat trat ein. Hinter ihm Lieutenant Sweet. Der Soldat trug ein Tablett mit einem Porzellankrug voll Tee und dem Frühstück, das aus Speck, Eiern, Bohnen und Kartoffeln bestand.

»Würden Sie die Freundlichkeit haben, uns eine halbe Stunde allein zu lassen, Lieutenant Sweet«, sagte Captain Calhoun, als sich der Lieutenant auf einem Schemel niederlassen wollte.

»Es stört mich nicht, wenn der Lieutenant bleibt, Captain«, sagte Nathaniel. »Sie wissen vielleicht, daß wir alte Jugendfreunde sind, Andrew, George und ich.«

»Das ist mir bekannt, Mister Axton. Der Colonel persönlich hat mir von Ihren Abenteuern am James River erzählt.«

Nathaniel bemerkte, wie sich Andrew Warren Sweets Gesicht rötete. Während sich Captain Calhoun Tee einschenkte, begann Nathaniel von Clarissa zu erzählen, von jenem Tag, als er Caldwell's Meadow verlassen hatte, um seinen Auftrag auszuführen, und von seiner Rückkehr.

Er verschwieg dem Captain jedoch den Wettlauf mit Mataqua und die Ermordung des jungen Shawnee-Kriegers durch den Indianer, um den Lieutenant nicht unnötig zu belasten.

Statt dessen erzählte er kurz und sachlich von dem Hinterhalt bei Greenock und von der Verfolgung, die er nach einigen Tagen ergebnislos abbrechen mußte. Und während er sprach, hörte der Captain aufmerksam zu, ohne Nathaniel auch nur einmal zu unterbrechen.

Erst als dieser mit seinen Ausführungen fertig war, beugte sich Captain Calhoun vor und stützte die Ellbogen auf die Schreibtischplatte.

»Verzeihen Sie, Mister Axton, aber es scheint, als ob Ihnen Miß Caldwell sehr viel bedeutet.«

»Miß Caldwell hat mich auf dem Weg gesund gepflegt, Captain. Aber Sie haben recht, wenn Sie denken, daß dies nicht der einzige Grund meiner Zuneigung zu Miß Caldwell ist. Allerdings möchte ich dazu an dieser Stelle nichts Weiteres sagen. Mir geht es darum, daß versucht wird, die Shawnee auf dem Weg durch die Allegheny Mountains abzufangen.«

»Wissen Sie denn, wo sich diese Mörderbande zur Zeit befindet, Mister Axton?«

»Nicht genau. Nach meinen Schätzungen werden die Shawnee allerdings morgen oder übermorgen westlich von dieser Garnison vorbeiziehen. Sie werden versuchen, die Braddock-Straße zu erreichen, um auf ihr nach Fort Duquesne und dem französischen Handelsposten bei Logstown zu gelangen, wo ihre Kanus auf sie warten.«

Lieutenant Sweet, der bis jetzt geschwiegen hatte, räusperte sich.

»Und wenn sie sich doch für die Cumberland Gap und den Warrior's Path entschieden haben?« fragte er.

»Ihre Spuren deuten nicht darauf hin, Andrew«, entgegnete Nathaniel.

»Was schlagen Sie vor, Mister Axton?« Der Captain trank ein Schluck von seinem Tee.

»Geben Sie mir zwanzig erfahrene Männer und einen erfahrenen Offizier, Captain. Mit etwas Glück gelingt es uns, den Shawnee einen Hinterhalt zu legen, bevor sie die Berge überqueren.«

»Nate, vergißt du nicht, daß du ein Gefangener bist?« ließ sich Lieutenant Sweet sofort vernehmen. »Ich glaube, du mußt dir etwas anderes einfallen lassen, wenn du deinen Kopf aus der Schlinge ziehen willst.«

»Es geht um das Leben von Clarissa Caldwell, Andrew«, erwiderte Nathaniel ruhig, aber bestimmt. »Ihre Eltern wissen noch nicht mal, daß sie den Shawnees in die Hände fiel und sich, statt auf dem Weg nach Rosewood Hill, auf dem Weg zu den Dörfern der Shawnee befindet. Es ist nicht sicher, daß es uns gelingt, die Shawnee aufzuhalten, aber ich glaube, wir sollten nichts unversucht lassen.«

»Das Wetter läßt es kaum zu, eine Patrouille in die Berge zu schicken, um...«

Lieutenant Sweet wurde dieses Mal von der Tür unterbrochen, die plötzlich aufflog und gegen die Innenwand des Blockhauses krachte. Jason Caldwell hatte sie mit einem Fußtritt aufgestoßen, weil er Zeb mit beiden Händen halten mußte, damit dieser nicht stürzte.

Zeb trug einen blutigen Verband um seinen Oberkörper und eine Lazaretthose. Sein Gesicht war wächsern, und in seinen dunklen Augen glühte das Feuer.

»Wo ist Clarissa?« keuchte er und starrte Nathaniel wild an, der beim Schreibtisch auf dem Stuhl saß.

»Hast du sie gesehen, Axton?« stieß Jason hervor, der jetzt die Uniform des Virginia-Regiments trug, mit den Korporalstreifen am Ärmel.

»Es gelang mir leider nicht, die Shawnee einzuholen«, gab Nathaniel zu. »Es tut mir leid.«

Zeb drehte den Kopf zur Seite, so daß er Lieutenant Sweet sehen konnte.

»Und Ihnen, Sir? Tut es Ihnen auch leid?« Er zog die Oberlippe von seinen Zähnen. »Wegen Ihnen war sie dabei! Warum sitzen Sie hier und versuchen nicht, die Shawnee zu verfolgen, bevor sie jenseits der Berge in Sicherheit sind?«

»Das wurde eben von uns besprochen, Soldat«, sagte Captain Calhoun und richtete sich hinter dem Schreibtisch auf. »Wir werden noch heute eine Patrouille ausschicken und versuchen, den Shawnee den Fluchtweg über die Berge abzuschneiden. Lieutenant Madison wird die Patrouille kommandieren. Mister Axton, sind Sie in der Verfassung, für Lieutenant Madison Kundschafterdienste zu leisten?«

»Ich werde die Patrouille in die Berge führen.«

»Gut. Korporal, sorgen Sie dafür, daß Ihr Freund unverzüglich ins Lazarett zurückgebracht wird. Dann holen Sie mir bitte Lieutenant Madison her.«

»Jawohl, Sir.«

»Name?«

»Caldwell, Sir. Korporal Jason Caldwell. Mein Freund heißt Zebulon Peck, und wir haben beschlossen, nicht eher zu ruhen, als bis wir meine Schwester aus den Klauen dieser Teufel befreit haben, Sir.«

Jason brachte seinen Freund zurück ins Lazarett. Lieutenant Madison fand er auf dem Schießübungsplatz im Wald, wo ein Trupp im Schnee kniend Aufstellung genommen hatte. Seinen Arm mit dem Degen ausgestreckt, gab der Lieutenant den Feuerbefehl. Eine ohrenbetäubende Salve ließ Schnee von den kahlen Bäumen fallen. An einer Böschung zersplitterten Holzbretter, die Feinde darstellten.

✳

Nathaniel Axton führte die Patrouille von Lieutenant Madison tief in die Ausläufer der Allegheny Mountains, die nach Norden hin flacher und flacher wurden, nicht so flach jedoch, daß sie keine Berge mehr waren. Jedenfalls würden dort die Shawnee versuchen, das Tal des Shenandoah zu verlassen.

Es gab eine Straße, die nach Fort Cumberland führte, ein Karrenweg über die windgefegten Höhen und dann hinunter zu einer Furt des Potomac Rivers und weiter zum Monongahela River.

Fort Cumberland befand sich auf Boden der England-Kolonie, hart an der Grenze zu Virginia. Zwar schickte Captain Squire Calhoun einen Kurier dorthin, aber mit einem Eingreifen der dortigen Fortbesatzung, die zur Zeit knapp hundert Mann betrug, war nicht zu rechnen.

Fünf Tage verbrachte Madisons Patrouille in den Ausläufern der Allegheny Mountains auf der Suche nach den Shawnee oder wenigstens nach einer Spur von ihnen. Kreuz und quer wurden die Täler durchkämmt.

Die Soldaten in ihren neuen blauroten Uniformen marschierten gegen die Winterstürme über die Höhenzüge, suchten im Tal des Potomac nach einer Fährte, nach einem schneeverwehten Lagerfeuer, nach einem einzigen Anzeichen, daß die fliehenden Indianer überhaupt existierten.

Fünf Tage und Nächte kämpfte sich die Patrouille von Lieutenant Madison durch Schnee und Eis, ungeschützt den Gewalten ausgesetzt, denen sie sich schließlich beugen mußte. Mit Erfrierungen an Händen und Füßen, mit Frostbeulen in den stoppelbärtigen Gesichtern, kehrten die Soldaten am sechsten Tag unverrichteter Dinge in die Garnison zurück.

Nicht ein einziger Indianer war ihnen begegnet. Nicht mal auf eine einzelne Spur waren sie gestoßen. Der Winter hatte das Land fest in seinem eisigen Griff. Wer sich dort draußen in den Bergen aufhielt, hatte den Tod zum Begleiter. Und jetzt trug dieser einen weißen Mantel.

Nathaniel Axton wußte, daß er nunmehr den Frühling abwarten mußte, bevor er die Suche nach Clarissa fortsetzen konnte. Aber bis dahin würden Monate vergehen, während denen Clarissa von den Shawnee in einem ihrer Dörfer festgehalten wurde. Es konnte auch sein, daß die Indianer sie an französische Händler verkauften, ein Los, das wahrscheinlich erträglicher gewesen wäre, da die Shawnee ihre gefangenen Frauen daheim wie Sklaven behandelten.

Nach der Rückkehr der Patrouille nach Winchester erreichte ein Kurier von Colonel Washington die Garnison. Er hatte erfahren, daß man Nathaniel Axton gefangen hatte, und wünschte dessen baldmöglichste Überführung durch Lieutenant Sweet nach Mount Vernon. Captain Calhoun befolgte die Order seines Vorgesetzten, indem er den Lieutenant mit einem kleinen Trupp Soldaten zum Geleit des Gefangenen abkommandierte.

10. Kapitel **Geheime Pläne**

Mount Vernon – Ein Schatten seiner selbst – Im Uniformrock am Schreibtisch – Ein Hauch von Farbe – Zurück in die Wildnis – Eine letzte Chance – Gequältes Herz – Nichts zu verlieren – Das neue Jahr

Ende Dezember, drei Tage vor Weihnachten, verließ der Trupp die Garnison. Am letzten Tag des Jahres erreichte er die Mount-Vernon-Plantage, und am Nachmittag stand Nathaniel Axton vor seinem alten Jugendfreund George Washington, der mit fahlem Gesicht und fiebrigen Augen in seinem Zimmer lag.

Er erkannte Nathaniel nicht, als dieser an sein Bett trat. Ihn für einen Boten haltend, fragte er nach einer Nachricht von Sally Fairfax, der Frau seines Nachbarn William Fairfax, in die er sich schon vor Jahren verliebt hatte.

»Ich bin's, George«, sagte Nathaniel und beugte sich über den Kranken.

»Nate?« Washington versuchte sich auf den Ellbogen aufzurichten, aber Nathaniel mußte ihm dabei helfen. Erst jetzt, als die Decke von seinen Schultern glitt, konnte

Nathaniel sehen, wie sehr die Krankheit den Freund mitgenommen hatte.

George war nur noch ein Schatten jenes breitschultrigen jungen Mannes, den Nathaniel vor zwei Jahren zum letztenmal in Williamsburg gesehen hatte. Sechsundzwanzig Jahre alt war er nun, drei Jahre älter als Nathaniel, aber sein Gesicht war gezeichnet von der Krankheit, die ihn zum erstenmal auf dem Braddock-Feldzug befallen hatte.

»Nate, du glaubst gar nicht, wie ich mich über die Nachricht gefreut habe, daß du den Franzosen doch noch entkommen bist. Gib mir die Hand, mein Freund.«

Nathaniel reichte ihm die Hand, und der Kranke drückte sie, als wollte er sie nie mehr loslassen. Dabei brach ihm der Schweiß in Perlen auf die Stirn.

»Lederstrumpf«, sagte er leise, als wollte er dem Klang des Namens nachlauschen. »Eine Weile befürchtete ich, daß du tot wärst und ich dich nie mehr wiedersehen würde. Jetzt bist du es, dem die Furcht um mich das Herz bedrückt. Ja, mein Freund, es steht nicht gut um meine Gesundheit, und ich weiß nicht, ob ich es erleben werde, daß die Frühlingssonne den Schnee wegschmilzt und unsere alte Straße zum Ohio freigibt.«

»Du wirst gesund, George, und die Franzosen werden vor Angst in die Hosen machen, wenn sie vernehmen, daß du es bist, der Fort Duquesne angreift.«

»Was weißt du über ihre Pläne, Nate? Was weißt du über ihre Forts und über ihre Truppenstärke? Vor Monaten hörte ich, daß du in Fort Machault dem Marquis de Montcalm persönlich begegnet sein sollst.«

»Der Marquis hat mir natürlich nicht verraten, was er im Schilde führt. Aber er weiß seine Lage richtig einzuschätzen, George. Er kennt unsere Stärke. Er weiß, daß Schiffe mit Truppen und Material aus England nach Amerika unterwegs sind, und eigentlich sollte er deshalb sein Hauptaugenmerk auf die Sicherung des Lorenzstromes richten.«

»Würde er das tun, fällt Fort Duquesne beim ersten Angriff.«

»Er ist ein erfahrener Offizier und Stratege, George. Obwohl er die notwendige Unterstützung von seinem König nicht erhalten wird, kann er Fort Duquesne unmöglich aufgeben. Außerdem ist der Marquis wohl der letzte, der angesichts einer Übermacht die Flinte ins Korn wirft.«

Washingtons Blick wurde mit einem Mal klarer.

»Das klingt, als ob er zumindest eine Ahnung hat von dem, was er zu tun beabsichtigt«, sagte er. »Weißt du, ich möchte heute von diesem Bett, in dem ich nun schon so viele Tage liege, aufstehen.« Er langte nach Nathaniels Arm und hielt sich an ihm fest. »Hilf mir auf die Beine, Nate. Ich glaube, du bist der einzige, dem das gelingt.«

»Ich bin kein Arzt, George«, entgegnete Nathaniel.

»Das ist kaum ein Nachteil, mein Freund«, stieß der Kranke hervor und verzog das eingefallene Gesicht zu einem schiefen Grinsen. »Nichts gegen die Ärzte, aber nach jedem Aderlaß fühle ich mich noch schwächer als zuvor. Bestimmt bin ich innerlich schon völlig ausgetrocknet.«

Nathaniel half seinem Freund, die Beine über den Bettrand zu schieben und sich zu erheben. Nach einer Verschnaufpause gingen sie zusammen in den großen, halbrunden Fenstererker, vor dem sich tief verschneit die Gartenanlagen von Mount Vernon ausbreiteten.

Rotkehlchen und Sperlinge pickten Kerne aus dem Schnee, die aus einem Vogelhäuschen gefallen waren. Nebel lag über der Flußniederung des Potomac. Morgen sollte der Beginn des neuen Jahres gefeiert werden, aber auf der Mount-Vernon-Plantage von Colonel George Washington herrschte eine bleischwere Stille.

»Ich hörte, daß man dich gefangen hat«, sagte Washington, während er ins Weiß hinausblickte, gestützt von seinem Freund, an dem er sich festhalten konnte.

»Ich fiel Andrew in die Hände«, sagte Nathaniel. »Er hätte mich beinahe auf der Stelle erschossen.«

»Kannst du mich, selbst auf die Gefahr hin, daß wir in der Halle meiner Mutter begegnen, in mein Arbeitszimmer begleiten, Nate?«

»Deine Mutter unterhält sich mit einem jungen schneidigen Offizier, der ihr von seinen haarsträubenden Abenteuern zu erzählen weiß.«

»Andrew ist hier im Haus?«

»Ja. Und er ist davon überzeugt, daß man mich als Landesverräter zum Tode verurteilen wird.« Die beiden jungen Männer, von denen der eine kaum in der Lage gewesen wäre, sich ohne die Hilfe des anderen aufrecht zu halten, verließen das Krankenzimmer und durchquerten so leise, wie es ging, die große Halle. Im Ostflügel des Hauses verschwanden sie nacheinander unbemerkt im Arbeitszimmer von George Washington.

Dort stand der mächtige Schreibtisch, an dem früher sein Bruder Lawrence gesessen hatte. An der Wand hing eine Landkarte, die den nordamerikanischen Kontinent mit den englischen Kolonien sowie die von den Franzosen und Spaniern besetzten Gebiete und das Tal des Ohio zeigte, das George Washington im Jahre 1753 im Auftrag von Gouverneur Dinwiddie selbst ausgekundschaftet hatte.

Washington bat Nathaniel, ihm den Uniformrock des Virginia-Regimentes aus dem Schrank zu holen. Er zog ihn über sein Nachthemd, bevor er hinter dem Schreibtisch Platz nahm. Es war kalt in diesem Raum, da niemand es für nötig gehalten hatte, ihn zu beheizen.

Nathaniel entzündete im kleinen Eckkamin ein Feuer.

Draußen im Schnee ging ein dunkelhäutiger Mann vorbei. Als er bemerkte, daß sich jemand im Raum befand, trat er neugierig näher und drückte seine Nase gegen die Fensterscheibe. Da erst sah er George Washington am Tisch sitzen. Entsetzt von diesem Anblick, schlug er die Hände über dem Kopf zusammen und lief davon.

»Jetzt wird hier bald meine Mutter erscheinen, Nate. Das war Byron, der für die Pferde zuständig ist.«

Tatsächlich stürzte kaum eine Minute später Mrs. Washington, gefolgt von einem Dienstmädchen und einem schwarzen Diener, ins Arbeitszimmer.

»George, die Ärzte haben dir strengstens verboten, dein Bett zu verlassen!« rief sie. »Und du, Nate, du solltest dich...«

»Mutter, Nathaniel ist in einer dringlichen Angelegenheit hier, die ohne Aufschub besprochen werden muß. Ich bitte dich deshalb, uns allein zu lassen und dich mit unserem Freund Andrew zu unterhalten. Ich verspreche dir, daß ich mich zu Bett begebe, sollten meine Kräfte schwinden.«

»George, du trägst nicht mal deine Perücke!«

»Mutter! Ich bitte dich!«

Sie warf Nathaniel einen Blick zu, mit dem sie ihm

186

ihren Unwillen über sein Eindringen in ihre Privatsphäre zu verstehen geben wollte, aber da er nicht darauf reagierte, verließ sie mit ihrem Gefolge das Arbeitszimmer und drückte die Tür nachhaltiger zu, als es notwendig gewesen wäre.

»Nun, mein Freund. Erzähle mir, was du am Ohio in Erfahrung bringen konntest!« forderte George Washington seinen Besucher auf, nachdem draußen die Schritte seiner Mutter verhallt waren.

Nathaniel ging zur Landkarte. Einige Sekunden lag studierte er sie, um sich zu orientieren, dann deutete er mit dem Zeigefinger auf einen ganz bestimmten Punkt, der sich nicht weit vom Zusammenfluß des Monongahela und des Allegheny River entfernt befand.

»Hier waren die Franzosen dabei, ein neues Fort zu errichten«, sagte er, ohne sich von der Karte abzuwenden. »Fort Lacour nennen sie es, zu Ehren des Kommandanten, eines Captains mit dem klangvollen Namen Pierre Maurice Lacour.«

»Fort Lacour?« George Washington wischte sich mit einem Tuch den Schweiß von der Stirn. »Wenn ich mich recht entsinne, befindet sich ungefähr dort, wo du hinzeigst, ein altes, von irgendwelchen Indianern verlassenes Dorf.«

»Das habe ich gesehen. Der Fluß hat dort hohe Uferdämme. Das Fort wurde am Westufer gebaut, inmitten eines Waldgebietes, das mit seinem dichten Unterholz nicht leicht zugänglich ist.«

»Ich kann mir nicht vorstellen, warum die Franzosen keine zwanzig Meilen von Fort Duquesne noch eine Festung errichten. Der strategisch wichtigste Punkt des Ohio-Tales befindet sich am Zusammenfluß des Monongahela und des Allegheny. Dort sind die Franzosen uns zuvorgekommen und haben Fort Duquesne errichtet.«

»Bei Fort Lacour handelt es sich nicht um eine Festung wie Duquesne, wo man eine stattliche Verteidigungsanlage errichtet hat. Fort Lacour besteht aus einem Palisadenviereck und einem Wachturm. Das ist alles, George.«

»Dann, lieber Freund, kann ich mir nur vorstellen, daß Fort Lacour als geheimes Nachschublager dienen soll, in dem Montcalm Truppen und Waffen bereitstellt, von denen wir nichts wissen sollen, wenn wir Fort Duquesne angreifen.«

Washingtons Stimme klang jetzt plötzlich fester. Nathaniel glaubte im Gesicht seines Freundes einen Hauch von Farbe zu erkennen.

»Vielleicht«, fuhr Washington fort, »will unser Freund, der Marquis, uns heimlich in den Rücken fallen, wenn wir Duquesne angreifen, Nate. Einen anderen Grund für ein solches Fort gibt es sonst wohl kaum.«

»Ich glaube, daß du mit deiner Vermutung richtig liegst«, stimmte Nathaniel zu. »Mit einer in Fort Lacour stationierten Transportflotte von Kanus und Flußbooten könnten die Franzosen in wenigen Stunden eine ganze Armee flußabwärts nach Duquesne bringen.«

»Was wiederum bedeutet, daß sie Fort Duquesne als Finte besetzen lassen, um uns dann einzukesseln und so lange zu belagern, bis sie unsere eingeschlossenen Truppen demoralisiert haben.« Vor Aufregung hielt es George Washington nicht mehr in seinem Stuhl. Er erhob sich, taumelte jedoch in Nathaniels Arme.

»Ich glaube, du solltest dich nun wieder zu Bett begeben, George«, schlug Nathaniel vor, während er den Freund stützte.

»Ich habe mich seit Monaten nicht mehr so gut gefühlt wie jetzt, Nate«, widersprach der Colonel schwach. »Weißt du, das ist es, was mir gefehlt hat, die Unterstützung eines guten Freundes.« Er richtete sich etwas auf. »Du kannst mich jetzt loslassen, Nate.«

Nathaniel ließ ihn los, war aber bereit, ihn sofort wieder aufzufangen, falls ihm schwindelig wurde und er das Gleichgewicht verloren hätte. George Washington betrachtete die Karte an der Wand, und Nathaniel konnte an seiner Miene sehen, wie sehr er sich anstrengte, dem Schlachtplan des Marquis de Montcalm mit seinem eigenen zu begegnen.

Es waren zwar nur Vermutungen, auf die er reagieren mußte, aber wenn Fort Lacour tatsächlich errichtet war, bedeutete es für das Virginia-Regiment und die Engländer eine Gefahr, durch die der Krieg um das Tal des Ohio zugunsten der Franzosen entschieden werden konnte.

Nach einigen Minuten, in denen die beiden Männer schwiegen, weil jeder seinen eigenen Gedanken nachhing, drehte sich George Washington plötzlich zu Nathaniel um.

»Wir müssen Fort Lacour zerstören, bevor wir Fort Duquesne angreifen, Nate«, sagte er. »Und das hat genauso geheim zu geschehen wie der Bau des Forts. Nicht einmal die Engländer sollen davon erfahren, denn wenn die es wissen, erfährt es auch der Marquis in Quebec.«

»Dann wirst du die Entscheidung treffen müssen, mich mit einem Trupp zum Ohio zurückzuschicken, George.«

»Dich?« George Washington sah Nathaniel verblüfft an. »Du bist eben von dort zurückgekehrt, Nate. Wie könnte ich dich da gleich wieder zurückschicken? Ich weiß selbst, welche Gefahren und Strapazen hinter den Allegheny Mountains auf einen Mann warten. Als ich damals vom Ohio zurückkehrte, hatte ich die Nase ziemlich voll vom Leben in der Wildnis.«

»Und trotzdem bist du mit General Braddock zurückgegangen.«

»Es ging um die Entscheidung, wer sich zuerst am Zusammenfluß des Monongahela und des Allegheny festsetzte, die Franzosen oder wir. Wir haben damals verloren. Dieses Mal gewinnen wir!«

»Es ging damals um die Kontrolle über den Nordwesten und die Vorherrschaft über den nordamerikanischen Kontinent. Und darum geht es auch heute noch. Gib mir eine Vollmacht, George, und ich werde dafür sorgen, daß die Franzosen deiner Virginia-Armee nicht in den Rükken fallen können!«

»Es gibt noch genug Leute in der Kolonie, die dich für einen Verräter halten, Nate.«

»Einer davon leistet deiner Mutter Gesellschaft«, entgegnete Nathaniel. »Und er ist einer von denen, die mich begleiten sollen.«

»Andrew?« George Washington konnte es nicht glauben. »Unser Freund Andrew, von dem wir doch wissen, daß er nie der Mutigste war.«

»Und trotzdem ist er einer deiner Offiziere!«

»Ja. Das war nicht zu umgehen. Seine Mutter machte mir die Hölle heiß, und Gouverneur Dinwiddie leistete ihr Beistand.«

»Dann soll er sich bewähren! Als Offizier genauso wie als Freund. Ich war nun seit Caldwell's Meadow einige Wochen mit ihm zusammen. Er ist dabei, den Rest der

Selbstachtung zu verlieren, den ihm seine Mutter gelassen hat. Er wollte mich als Verräter an das Gesetz ausliefern und glaubte, dadurch den Respekt von ganz Virginia zu gewinnen. Jetzt wirst du ihm sagen müssen, daß ich kein Verräter bin, und das bedeutet für ihn, daß er wieder einmal gescheitert ist.«

»Was versprichst du dir davon, daß du ihm eine Chance geben willst, Nate? Er wäre bereit gewesen, bei deiner Hinrichtung den Feuerbefehl zu geben.«

»Er braucht eine Chance.«

»Die hatte er an meiner Seite im Braddock-Feldzug. Er ist zwar nicht davongerannt, als es krachte, aber ich kann auch nicht sagen, daß er standgehalten hat.«

»Kennst du den Indianer, den er sich hält wie einen Wolf an der Kette?«

»Nein, ich kenne ihn nicht, aber ich habe von ihm gehört. Er soll ein schneller Läufer sein.«

»Der schnellste, den ich je gesehen habe. Andrew gab mir Gelegenheit, gegen Mataqua zu laufen, als ich nach Caldwell's Meadow kam. Es ging um das Leben eines Shawnee, den ich jenseits der Cumberland Gap angeschossen hatte und mit mir schleppte.«

»Du hattest einen gefangenen Shawnee dabei?« George Washington ließ sich auf seinem Stuhl nieder. »Erzähle«, forderte er den Freund auf, und Nathaniel berichtete von dem Tag, als er Caldwell's Meadow erreichte, von seinem Wettlauf mit Mataqua und vom Marsch nach Greenock. Er berichtete von Clarissas Caldwell, die auf Andrew Sweets Vorschlag hin von ihren Eltern mit auf den Marsch geschickt worden war, um auf Rosewood Hill zu einer Dame erzogen zu werden.

George Washington hörte zu, unterbrach Nathaniel,

wenn er etwas genauer wissen wollte, und als dieser mit seiner Geschichte fertig war, beugte er sich auf seinem Stuhl vor, um Nathaniel besser in die Augen sehen zu können.

»Wenn du von diesem Mädchen sprichst, tust du es mit einem dir sonst nicht eigenen Eifer, Nate. Dabei allerdings klingt deine Stimme sanfter als sonst, und da ich dich gut kenne, wage ich die Behauptung, daß du dich in dieses junge Ding verliebt hast.«

»Mein Herz ist es, das mich quält, seit ich Clarissa in den Händen der Shawnee weiß, George«, erwiderte Nathaniel.

»Und wegen ihr willst du über die Berge zurück?«

»Wegen ihr, und weil ich dir den Rücken decken kann.« Nathaniel zeigte auf die Landkarte. »Hier, in diesen Seitentälern des Ohio, befinden sich die Dörfer der Shawnee. Und hier ist Fort Lacour. Selbst wenn der Feldzug gegen Fort Duquesne schon im Frühsommer beginnt, hätte ich genug Zeit, Clarissa zu finden.«

»Und dabei willst du dich auf keinen anderen als Andrew Sweet verlassen, Nate?«

»Und auf Mataqua.«

»Du gehst ein großes Risiko ein, und das weißt du!«

»Ich glaube, daß mir Mataqua im Rücken lieber ist als jeder andere Mann, den ich kenne.«

»Hoffentlich nutzt er dein Vertrauen nicht dazu aus, dir hinterrücks den Schädel zu spalten, mein Freund.« George Washington legte ein Blatt Papier vor sich auf den Schreibtisch und griff nach der Feder. Prüfend hielt er die Spitze ins Licht, bevor er sie in die Tinte tauchte.

»Wie viele Männer brauchst du, Nate?« fragte er.

»Fünf.«

»Fünf?« George Washington hob den Kopf. Er war bereit, eine Zahl auf das Papier zu schreiben, aber die Feder berührte das Blatt auf dem Schreibtisch nicht.

»Fünf«, wiederholte Nathaniel. »Ich habe nicht die Absicht, eine militärische Operation durchzuführen. Nicht als solche erkennbar, meine ich. Meine Absicht ist es, als Vorhut einer Pelzhandelskompanie kein Aufsehen zu erregen, wenn wir in das Jagdgebiet der Indianer vorstoßen. Dazu nehmen wir Geschenke mit – Wampumperlen, Tomahawks, Messer, Pfeifen und anderes Zeug, auf das die Indianer scharf sind.«

»Reiche Beute für die Krieger der Shawnee oder der Ottawa«, entgegnete George Washington. »Wenn man euch nicht wegen eurer Skalps überfällt, so wird man es wegen des Plunders tun, den ihr mitschleppt.«

»Dieses Risiko müssen wir eingehen, George. Wenn wir jedoch mit einem Trupp von zwanzig oder dreißig Mann jenseits der Berge auftauchen, werden nicht nur die Indianer, sondern auch die Franzosen gewarnt sein.«

»Fünf Männer sollen es sein, Nate. Und wie ich dich kenne, hast du sie dir in Winchester bereits ausgesucht.«

»Es sind zwei Soldaten aus Andrew Sweets Trupp. Sie haben beide triftige Gründe, mich begleiten zu wollen. Jason Caldwell, weil es um seine Schwester geht, und Zebulon Peck, weil er sich den Caldwells gegenüber noch immer verpflichtet fühlt.«

»Zusammen mit Mataqua und Andrew sind das erst vier«, wandte George Washington ein, während die Feder leise kratzend über das Papier glitt. »Wer ist der fünfte?«

»McGrath.«

»Der einäugige Seelentreiber, dem Andrew die Belohnung bezahlt hat?«

»Er ist der furchtloseste aller Haudegen, den ich kenne, George, und er hat nichts zu verlieren, außer seinem eigenen Leben, und das ist ihm die meiste Zeit wohl selbst zuwider. Seit über dreißig Jahren lebt er vom Menschenhandel. Er ist mit allen Wassern gewaschen, und seine Seele mag schwarz sein wie ein schmutziger Fußlappen, aber er ist ein durchtriebener Kämpfer, auf den ich auch im schlimmsten Fall zählen kann.«

George Washington schrieb den Namen auf das Papier und blickte dann den Mann, der groß und hager vor der Landkarte stand, prüfend an.

»Nate, ich muß mich darauf verlassen können, daß Fort Lacour vernichtet ist, bevor wir in den Krieg ziehen. Du weißt, daß ich dir einiges zutraue, aber sollte trotzdem etwas schiefgehen, kann es uns den Krieg kosten.«

»Ich brauche Pferde und den Plunder, den ich erwähnt habe, George. Das ist alles.«

»Weiß Andrew von deinem Vorhaben?«

»Nein.«

»Und die anderen?«

»Ich wollte zuerst mit dir darüber reden.«

»Auch McGrath nicht?«

»Nein. Der sitzt in Winchester und säuft sich wahrscheinlich in den Winterschlaf, nachdem er seine ganze Ware losgeworden ist. Aber ich bin sicher, daß er mich begleitet, da ich ihm reiche Beute versprechen kann. McGrath ist ein Mann, der die Hölle mit einem Eimer Wasser angreifen würde, wenn er sich davon einen Beutel Gold verspricht.«

George Washington holte tief Luft. Er sah jetzt wieder müde aus. In seinen Augen war das Aufflackern seines Lebenswillens verglüht. Er legte die Feder weg.

»Gut«, sagte er nach einer Weile. »Du hast meine Zu-
stimmung und meine Unterstützung. Ich weiß nur nicht,
ob ich dir lange von Hilfe sein kann. Wann willst du
aufbrechen?«

»Sobald der Winter es zuläßt. Anfang März vielleicht,
wenn das erste Tauwetter einsetzt. Ich bring' dich jetzt zu
deinem Bett.«

Nathaniel half dem Freund aufzustehen. Sie verließen
das Zimmer. In der Halle herrschte düsteres Zwielicht.
Irgendwo im Haus spielte jemand auf einem Spinett.

Es war der letzte Abend des Jahres 1757. Im nächsten
Jahr sollte sich am Ohio entscheiden, wer auf dieser Welt
die Macht haben würde: England oder Frankreich.

1758 sollte das Jahr der Entscheidung werden.

11. Kapitel **Jenseits der Berge**

*Wie ein Wolfsrudel – Die
eigene Furcht – Clarissas
Fänger – Die Trennung –
Flußdurchquerung – Nacht-
lager – Clarissas Name*

Die ersten Tage und Nächte waren die schlimmsten.
Benommen vom schrecklichen Erlebnis des Über-
falles, gab sich Clarissa dem Bewußtsein hin, daß sie jetzt
nur noch zu sterben hatte, um der quälenden Hoffnungs-
losigkeit zu entgehen, von der sie an den Rand der Verzweiflung getrieben wurde.

Aber die Shawnee-Krieger dachten nicht daran, Clarissa zu töten. Nach dem Überfall setzten sie sich so
schnell ab, daß sie kaum Zeit an ihre Gefangenen ver-
schwendeten. Nicht nur am Tage hetzten die Shawnee
wie ein Wolfsrudel durch die Wälder auf die Berge zu,
auch bei Dunkelheit legten sie kaum eine längere Marschpause ein.

Sie zerrten und stießen Clarissa vorwärts und schlugen
auf sie ein, wenn sie nicht mehr weiterkonnte. Clarissa

196

nahm kaum wahr, was um sie herum und mit ihr geschah. Sie taumelte zwischen den Kriegern und den mit Beute beladenen Pferden durch stille, tiefverschneite Wälder, ohne auch nur einmal zurückzublicken.

Niemand hätte diesen Shawnee auf den Fersen bleiben können, davon war Clarissa nach kurzer Zeit überzeugt. Niemand würde die Shawnee einholen und sie befreien.

Nach einigen Tagen lagerten sie in einer Talenge, hoch oben in in den Allegheny Mountains. Als Windschutz diente ihnen eine steile Böschung. Es schneite nicht, aber der Wind trieb Schnee in weißen Schleiern über die Hänge herunter und türmte ihn an der Böschung zu mannshohen Wehen auf.

Während mehrerer Tage waren die Shawnee mit ihren Gefangenen und den erbeuteten Pferden bergan marschiert. Jetzt befanden sie sich außerhalb der Reichweite der Soldaten, die in Winchester stationiert waren. Die angespannte Erregung, in die sie der blutige Kampf mit den Soldaten gebracht hatte, war mehr und mehr von ihnen gewichen. Die Shawnee wußten, daß sie jetzt mit ihrer Beute in Sicherheit waren, und an diesem Tag rasteten sie früher als an den Tagen zuvor.

In einem ihrer prallgefüllten Beutesäcke hatten sie auch einen Krug Whiskey dabei, den sie jetzt kreisen ließen. Mit ängstlicher Besorgnis schaute Clarissa dem Anführer zu, der den Krug mit angewinkeltem Arm hochstemmte und zum Mund führte.

Er trank in großen Schlucken, wobei ihm der Whiskey über das Kinn lief und in seinen Fellumhang tropfte. Als er genug hatte, gab er den Krug einem Krieger weiter, dessen Gesicht von einer gräßlichen Narbe verunstaltet war.

Der Krieger, der Clarissa gefangengenommen hatte, löste die dünne Rohhautleine von ihrem Hals, sobald sie den Lagerplatz erreichten. Zusammen mit der anderen Gefangenen, einer Frau aus der Nähe von Greenock, die Sarah McKee hieß, sollte sie wie jeden Abend Brennholz für das Feuer herbeischaffen.

In der Talenge, in der sie an diesem Abend lagerten, gab es jedoch weder Baum noch Strauch. Die Hänge waren schneebedeckt, und dort, wo sie zu steil waren, als daß sich eine Schneedecke hätte bilden können, war nichts als Dreck und Geröll zu sehen, dazwischen kleines Gestrüpp und dürres Büschelgras.

Sarah McKee kniete völlig erschöpft und verzweifelt im Schnee, als ihr die Schlinge vom Hals genommen wurde. Sie hob den Kopf und blickte durch die herunterhängenden Haarsträhnen zu dem Krieger auf, der sie gefangen hatte.

»Ich kann nicht mehr«, stieß sie mit erstickter Stimme hervor.

Er stand breitbeinig über ihr, die Rohhautschnur in der Hand. Mit drohender Stimme stieß er ein paar kehlige Laute in der Sprache der Shawnee hervor.

Sarah konnte sie nicht verstehen, aber sie hob flehend die Arme und zeigte ihm ihre zerschundenen, mit Frostbeulen bedeckten Hände.

»Ich kann nicht mehr«, preßte sie noch einmal hervor.

Da schrie er sie an, und als sie immer noch nicht aufstand, trat er ihr in die Seite. Sie stürzte mit einem Aufschrei in den Schnee.

Als er sie an den Haaren packen wollte, um sie hochzuzerren, warf sich Clarissa, ihre eigene Furcht bezwingend, schützend über die Frau.

Der Krieger, dem Sarah gehörte, trat überrascht einen Schritt zurück und blickte wütend zu seinem jüngeren Gefährten hinüber, der Clarissa gefangengenommen hatte. Er sagte etwas zu ihm.

Es klang wie ein Befehl.

Der Krieger, dem Clarissa gehörte, war noch jung. Bis jetzt hatte er Clarissa nicht angerührt, während sich der andere in einer Nacht bereits an Sarah McKee vergangen hatte.

Jetzt ging der Junge auf Clarissa zu. Dabei nahm er den Bogen vom Rücken. Die anderen rückten nun alle näher. Sie redeten auf ihn ein, und er blieb stehen und schrie einige von ihnen an.

Der Anführer trat hervor. Er war der älteste, ein Mann, dessen Gesicht tätowiert war wie das von Mataqua. Er trug als einziger einen Mantel und eine Mütze, die aus Fellen des Silberfuchses gearbeitet waren.

Er sagte etwas zu dem jungen Krieger, der über Clarissa und Sarah stand, den Bogen drohend zum Schlag erhoben.

Der Junge gab dem Anführer eine kurze Antwort. Dann hob er den Bogen drohend zum Schlag und brüllte auf Clarissa ein, ohne daß sie auch nur ein Wort davon verstand.

»Sie hat gesagt, daß sie nicht mehr kann«, erklärte Clarissa, als er zu schreien aufhörte. »Ich gehe Holz holen, aber Sarah sollt ihr in Ruhe lassen. Sie ist am Ende ihrer Kräfte.«

Der junge Krieger fing sofort wieder zu brüllen an, und der Bogen in seiner Hand sauste dicht über Clarissas Kopf hinweg durch die Luft.

Clarissa duckte sich und barg Sarahs Kopf an ihrer

Brust. Da sie keine Anstalten zeigte, ihrem Fänger zu gehorchen und aufzustehen, wurde dieser von den anderen ausgelacht und verhöhnt.

Clarissa konnte ihm ansehen, wie sehr er sich bemühte, nicht die Beherrschung zu verlieren. Statt sie zu schlagen, schleuderte er den Bogen von sich, packte sie beim Arm und riß sie hoch.

Sie wehrte sich nicht gegen seinen Griff, denn sie wußte, daß seine Gefährten ihn am Ende doch noch dazu hätten bringen können, ihr mit dem Bogen eine Tracht Prügel zu verpassen.

Er zog sie mit sich, ein Stück weit weg von Sarah, die, von einem Weinkrampf geschüttelt, im Schnee zusammensank. Plötzlich hielt der Junge an. Ohne Clarissa loszulassen, wandte er sich dem Krieger, dem Sarah gehörte, zu.

Die beiden starrten sich einige Sekunden lang in die Augen, dann sagte der Junge etwas zu dem anderen, und am Tonfall seiner Stimme glaubte Clarissa den Zorn zu vernehmen, mit dem er in diesem Moment zu kämpfen hatte.

Er zeigte auf Sarah, dann auf Clarissa und schließlich auf die steilen Talhänge. Jetzt richtete er seine Worte an den Anführer, und wahrscheinlich, so vermutete Clarissa, sagte er ihm, daß dies ein ungünstiger Platz war, um ein Nachtlager einzurichten, da es nirgendwo in der Nähe Holz für ein Feuer gab.

Und mit diesen Worten drehte er sich um und stapfte, Clarissa mit sich ziehend, durch eine Schneewehe aus dem Lager. Clarissa warf einen Blick zurück. Die anderen Shawnee lärmten hinter ihnen her, während sie den Whiskeykrug herumreichten.

*

In einiger Entfernung vom Lager, an einem windgefegten
Hang, bildeten kahle Birken zusammen mit kleineren
Büschen, an denen ebenfalls nur noch vereinzelte Blätter
hingen, ein schütteres Gehölz. Der Schnee lag hier kaum
einen Fuß hoch. An manchen Stellen war der Boden vom
Wind sogar sauber gefegt worden, so daß es Clarissa nicht
schwerfiel, totes Holz zusammenzutragen.

Die ganze Zeit schaute ihr der junge Krieger dabei zu.
Er lehnte an einem der dünnen Birkenstämme, die Arme
über der Brust verschränkt.

Der Wind zerrte an seinem roten Mantel, den jemand
für ihn aus einer französischen Handelsdecke genäht
hatte. Der Mantel hatte eine Kapuze, und seine Nähte
waren mit Stickereien aus den Borsten des Stachel-
schweins und mit Wampumperlen verziert.

Ohne sich einmal vom Fleck zu rühren, beobachtete er
Clarissa mit einem fast gelangweilten Ausdruck in seinem dunklen Gesicht, in dem es keine Tätowierungen
und auch keine Narben gab. Für einen Wilden, dachte
Clarissa, hatte er eigentlich edle Züge, die ihn fast so gut
aussehen ließen wie Zeb.

Der Gedanke an Zeb quälte sie genauso wie alle Gedanken an ihr Zuhause, aber nachdem die Benommenheit
der ersten Tage von ihr gewichen war, nahm sie sich vor,
ihrem Schicksal mit Mut zu begegnen. Sie hätte nur gern
gewußt, ob Jason und Zeb überhaupt noch am Leben
waren. Bestimmt hatte es viele Tote und Verletzte gegeben.

Wenn jedoch einer dem Hinterhalt entronnen war,
dann konnte das nur Axton sein. Oder Mataqua. Hilfe

erwartete sie weder von dem einen noch vom anderen. Sie mußte in sich die Stärke finden, die sie brauchte, um mit klarem Blick der Zukunft entgegenzusehen.

Jetzt waren acht oder neun Tage vergangen, und die Shawnee beeilten sich nicht mehr so wie am Anfang. Sie stellten nicht mal mehr Nachtwachen auf, aber Clarissa war sicher, daß sie sofort bemerkt hätten, wenn sie auch nur auf den Gedanken verfallen wäre, die Flucht zu ergreifen.

Ein törichter Gedanke übrigens. Sie waren inzwischen meilenweit von den besiedelten Gebieten des Shenandoah-Tales entfernt und hatten die höchsten Bergzüge der Allegheny-Berge bereits überquert.

Noch ragten vor ihnen verschneite Berge auf, aber das Tal, dem sie folgten, führte nach Westen. Und im Westen irgendwo floß der große Ohio dahin, und dort befanden sich die Dörfer der Shawnee.

Clarissa hatte gar nicht gemerkt, daß sie in ihrer Arbeit innegehalten hatte, während sie sich in Gedanken mit ihrem Schicksal beschäftigte. Sie blickte jäh zu dem jungen Krieger hinüber, und da stand er, so wie zuvor, als hätte er die ganze Zeit nicht mal einen Finger gerührt.

»Du bist ein merkwürdiger Mensch«, sagte sie, ohne daß sie den Gedanken hatte laut aussprechen wollen. Ihre Worte schwebten in der Stille wie die vereinzelten Blätter, die aus dem kahlen Geäst der Birken herunterfielen und im Wind über den verschneiten Hang davonflogen.

Er warf ihr eine Rohhautschnur zu, mit der sie ein großes Bündel Holz zusammenbinden konnte, so daß es leichter auf dem Rücken zu tragen war.

»Das genügt«, sagte er zu ihr, und sie verstand ihn nur,

weil er dazu eine entsprechende Handbewegung aus-
führte.

»Das wird nicht für ein großes Feuer reichen«, entgegnete sie, während sie die Äste zusammenband. Sie brachte
es kaum fertig, mit ihren steifgefrorenen Fingern einen
Knoten zu knüpfen, und als sie das Holzbündel hoch-
wuchten wollte, um es sich auf den Rücken zu laden, löste
sich die Schnur, und das Bündel fiel auseinander.

Jetzt mußte sie die Äste wieder geordnet aufschichten,
so daß alle in gleicher Richtung nebeneinander und über-
einander auf der ausgestreckten Schnur lagen. Sie tat es,
ohne einmal aufzublicken, aber plötzlich spürte sie seine
Nähe. Sie blickte auf, und da stand er hinter ihr, und sie
erschrak fast über das Lächeln, das seinen Mund um-
spielte.

Ohne sich um sie zu kümmern, kauerte er nieder und
half ihr, die Äste zu bündeln. Clarissa wagte kaum mehr zu
atmen, während sie weiterarbeitete. Er kauerte so dicht bei
ihr, daß sich manchmal ihre Schultern berührten. Und
auch ihre Hände gerieten sich einmal in die Quere, und sie
zog sie so schnell zurück, als hätte sie glühende Kohle
angefaßt.

Er lachte leise auf, aber als sie ihn von der Seite verstohlen ansah, war sein Gesicht ernst wie immer.

Schließlich band er das Bündel zusammen, hob es vom
Boden auf und lud es auf ihren Rücken. Sie brach unter
dem Gewicht beinahe zusammen, aber er stieß sie an und
bedeutete ihr, zum Lager zurückzukehren. Langsam
stapfte sie tief gebeugt vor ihm her, und immer, wenn sie
im Schritt verhielt, stieß er sie an, um sie weiter voranzu-
treiben.

»Ich bin kein Ochse«, murrte sie einmal.

»Dépêche-toi!« tönte es sofort zurück.

Sie verlor beinahe das Gleichgewicht, als sie sich umdrehte.

»Du kannst französisch?« keuchte sie ihn an.

»Oui, je parle français«, erwiderte er stolz.

»Ich nicht«, sagte sie. »Ich hasse die Franzosen. Sie sind unsere Feinde.«

Mit diesen Worten drehte sie sich wieder um und marschierte weiter. Als das Lager in Sicht kam, trieb er sie schneller an.

»Allez-vous-en! Allez-vous-en!« befahl er ihr.

Sie taumelte vor ihm her durch den Schnee, und dann stürzte sie, und er half ihr nicht auf die Beine, weil alle anderen jetzt zusahen. Sie blieb liegen, um Luft zu schöpfen. Dann rappelte sie sich unter dem Holzbündel auf und taumelte weiter.

*

Die Namen der Bergketten, die sie durchquerten, wußte sie nicht. Das Tal und der Fluß, dem sie folgten, mochten auf einer Landkarte eingezeichnet sein, aber sie kannte ihre Namen nicht. Sie hatte auch keine Ahnung, wie viele Meilen sie zurückgelegt hatten. Nur eines war gewiß: Mit jedem Schritt entfernte sie sich mehr vom Shenandoah Valley – und damit von ihrem Zuhause.

Die im Eis erstarrte Wildnis um sie herum funkelte und glitzerte, als gehörte sie zu einer Welt aus Spiegelglas. Manchmal schneite es tagelang ohne Unterbrechung. Dann war diese Welt so still, daß es schien, als bewegte sich der kleine Kriegstrupp mit den Pferden und den beiden Gefangenen in einem Trichter, der jedes Geräusch und jeden Laut sofort verschluckte.

Wie Geister bewegten sich Menschen und Tiere durch das Eis, durch den Schnee, durch den Trichter, durch das Zwielicht, in dem nichts einen Schatten hatte, außer der frühen Nacht, die am Morgen dem neuen Tag nicht weichen wollte.

Clarissa zählte die Tage, die sie unterwegs waren und schlug für jeden einen Knoten in ein blaues Seidenband, das zu ihrem Kleid gehörte. Das Kleid trug sie unter zwei Decken, mit denen sie sich die Tage und Nächte hindurch gegen die Kälte schützte, indem sie sich eine über den Kopf warf und die andere über die Schultern. Ihre eigenen Schuhe hatte sie schon am ersten Tag zurückgelassen, als ihr einer der Krieger die festen Schuhe eines gefallenen Soldaten anbot.

Die Shawnee hatten mehrere Krieger dabei, die beim letzten Kampf gegen Lieutenant Sweets Rekruten verletzt worden waren. Einer von ihnen hatte einen Bauchschuß. Er starb in der dritten Nacht, und die Shawnee ließen den Leichnam in einer Felsnische zurück, die sie mit Steinen verbauten.

Die Verletzungen der anderen waren nicht so schlimm, aber einer von ihnen verlor viel Blut und wurde immer schwächer, und schließlich, am Morgen des siebten Tages, war seine blutige Decke leer. Eine Spur führte vom Lager in den Wald, und niemand war bereit, ihr zu folgen.

Eines Morgens wurde Clarissa von lauten Stimmen geweckt. Fast alle Shawnee saßen am Feuer und redeten heftig durcheinander. Einige hatten die Decken von sich geworfen, andere waren noch immer vermummt, denn es wehte ein eiskalter Wind über die Hügel.

Clarissa hatte keine Ahnung, über was sich die Shawnee stritten. Es schien, als ob die einen nicht mehr weitergehen oder eine andere Richtung einschlagen wollten. Ab und zu fielen Worte auf französisch, die Clarissa jedoch auch nicht verstehen konnte.

Sarah, die neben Clarissa in ihren Decken lag, stieß ihr den Ellbogen in die Seite.

»Die einen wollen weiter dem Tal folgen, während die anderen von einem kürzeren Weg reden«, flüsterte sie, da die Shawnee den Frauen verboten hatten, miteinander zu reden.

»Woher weißt du das?« gab Clarissa ebenso leise zurück.

»Der Anführer prahlt mit seinen französischen Sprachkenntnissen. Ich kann einiges verstehen.«

»Wenn sie sich teilen, dann müssen auch wir uns vielleicht trennen, Sarah«, flüsterte Clarissa.

»Lieber Gott, daran habe ich noch gar nicht gedacht.« Sarah schob sich dichter an Clarissa heran. »Das ist es, worüber sie sich streiten. Nicht nur um den Weg, sondern auch um die Beute, die sie gestohlen haben.«

»Wenn wir uns trennen müssen, sehen wir uns vielleicht in ihren Dörfern wieder, Sarah.«

»Vielleicht sehen wir uns nie mehr wieder. Wer weiß, was sie mit uns vorhaben.« Sarahs Hand fand eine Öffnung in Clarissas Decke. »Gib mir deine Hand, Clarissa«, bat sie leise, und Clarissa gab ihr die Hand, und sie hielten sich fest, als ob sie dadurch das Schicksal einer Trennung hätten abwenden können.

»Du bist jung, Clarissa, und der, der dich gefangen hat, ist keine wilde Bestie wie meiner, der mich wie eine Sklavin behandelt. Eines Tages wirst du vielleicht fliehen können. Oder sie verkaufen dich an einen Händler oder einen weißen Jäger. Beim Überfall auf unsere Farm haben sie meine beiden ältesten Söhne und meinen Mann getötet, nicht aber meinen Jüngsten. Ich sah ihn zum Fluß hinunterlaufen und in die Fluten springen. Ich bin sicher, daß er ihnen entwischt ist, und deshalb bitte ich dich, ihn zu suchen, wenn du zurück bist, und ihm zu sagen, daß ich noch am Leben war, als wir uns getrennt haben. Sag ihm, daß wir in ein Dorf namens Piqua gebracht werden sollen und daß sich dieses Dorf an einem Fluß befindet, dem die Franzosen den Namen Mad River gegeben haben.«

Während Sarah leise auf Clarissa eingeredet hatte, war der Krieger, dem Sarah gehörte, aufmerksam geworden. Jetzt stand er auf, warf die Decke zurück und ging auf sie zu.

»Der Name?« stieß Clarissa schnell hervor. »Wie ist der Name deines Sohnes?«

»Davy. Davy McKee. Versuche deinen Fänger zum Freund zu gewinnen, dann wirst du dein Schicksal leichter ertragen können und...«

Ein Fußtritt traf Sarah McKee in die Seite. Sie stöhnte auf vor Schmerzen und krümmte sich im Schnee zusammen wie ein ängstlicher Hund. Noch einmal trat er zu und herrschte sie auf französisch an.

»*Tais-toi, bavardeuse!*«

Clarissa wagte nicht, sich zu rühren, als er über sie hinwegtrat und zum Feuer zurückging.

*

Es geschah, was Clarissa und Sarah befürchtet hatten. Die Shawnee trennten sich. Eine größere Gruppe, die von Sarahs Besitzer angeführt wurde, entschied sich, einem zugefrorenen Quellbach bergan zu folgen, während die andere Gruppe weiterhin dem Flüßchen folgte, das ihnen schon seit drei Tagen die Richtung gab.

Die Beute wurde unter den beiden Gruppen aufgeteilt, wobei die größere mit vier Pferden weiterzog, während bei der Gruppe, bei der sich Clarissa befand, nur noch zwei Pferde mitgeführt wurden, um den Plunder zu tragen.

Bei Clarissas Gruppe waren keine Verletzten. So brauchte niemand mehr auf jemanden Rücksicht zu nehmen, was schon am ersten Tag nach der Trennung zu einem schärferen Marschtempo führte.

Clarissa glaubte, daß die beiden Gruppen auf zwei verschiedenen Wegen einen Wettlauf bestritten, der vermutlich erst an jenem Fluß endete, den Sarah erwähnt hatte, dem Mad River.

Die Gruppe mit Clarissa wurde von jenem Krieger angeführt, der den Pelzumhang trug. Er war ein großgewachsener Mann, der in seinem Mantel wuchtiger aussah, als er es seinen geschmeidigen Bewegungen nach sein mochte. Um den Hals trug er einen Ringkragen aus Metall, der zu einer holländischen Offiziersuniform gehört hatte, und eine Kette mit den riesigen Klauen der Grizzlybären, die er im Zweikampf getötet hatte. Unter seiner Fellmütze hervor hing eine lange Skalplocke, mit einem Strang von Perlen und Muscheln verziert.

Außer ihm gehörten fünf Krieger zu der Gruppe, die alle mit erbeuteten Gewehren, Tomahawks sowie Pfeil und Bogen bewaffnet waren. Einer von ihnen trug unter seinem Deckenmantel einen weißgrauen Uniformrock und gleichfarbige Kniehosen mit hirschledernen Leggings, die anderen hatten sich Zeug angezogen, das sie bei ihren Überfällen erbeutet hatten.

Während sie marschierten, redeten sie kaum miteinander. Sie folgten dem Krieger mit der Bärenklauenkette, der den Weg durch die Wälder kannte, obwohl der Schnee jede Spur zugedeckt hatte.

Clarissa versuchte, mit den Kriegern Schritt zu halten, und solange sie nicht langsamer wurde und zurückfiel, kümmerte sich niemand um sie. Der junge Krieger, dem sie offenbar gehörte, verzichtete sogar darauf, sie an der Rohhautschlinge zu führen, da Clarissa zu keiner Zeit einen Fluchtversuch unternommen hatte.

Nur wenn sie zu erschöpft war, um weiterhin mit den Kriegern Schritt zu halten, forderte der Anführer den Jungen im roten Mantel auf, ihr die Schlinge um den Hals zu legen und sie zu führen. Der Junge tat dies jedesmal ohne Widerrede, aber sein Gesichtsausdruck verriet Clarissa, daß es ihm nicht leichtfiel, den Befehl zu befolgen.

Eines Tages – Clarissa hätte die Knoten nachzählen müssen, um herauszufinden, wie lange sie sich nun schon in den Händen der Shawnee befand – erreichten sie das Tal eines Flusses, der unter seiner verschneiten Decke nordwärts floß.

An diesem Tag schneite es nicht, und die Wolkendecke lichtete sich immer mehr, bis gegen Abend in der Ferne über dem Horizont schwach die blasse Scheibe der Sonne sichtbar wurde.

Am Abhang zum Fluß, der nicht ganz zugefroren war und sich dunkel wie eine Schlange durch das tiefverschneite Tal wand, blieben die Shawnee endlich stehen.

Clarissa war so erschöpft, daß sie zusammenbrach und in den Schnee stürzte, ohne daß sich einer der Shawnee um sie gekümmert hätte. Ihr Interesse galt dem Tal, und der Anführer zeigte in die Ferne, wo sich ein weiterer

Bergzug erhob, eine Kette bewaldeter Hügel, die die Shawnee auf ihrem Weg zu durchqueren hatten.

Nach wenigen Minuten begannen die Shawnee mit dem steilen Abstieg. Der junge Krieger legte Clarissa die Schlinge um den Hals. Bis jetzt hatte sie sich immer dazu aufraffen können, ihm zu folgen, ohne daß er sie ziehen mußte, aber dieses Mal fehlte ihr die Kraft, sich aus dem Tiefschnee zu erheben.

Sie streckte dem Krieger eine Hand entgegen, damit er ihr auf die Beine half, aber in diesem Moment blieb der Anführer stehen und blickte zurück. Er rief dem Krieger etwas zu, und der zerrte mit einem Ruck an der Leine.

»Allez-nous!« befahl er. *»Allez-nous, parbleu!«*

Da sie die Worte schon sooft gehört hatte, wußte sie, was sie bedeuteten. Sie taumelte auf die Beine, und er zog sie mit sich hinter den anderen her. Der Anführer, der mit einem der Pferde voranging, trat eine tiefe Spur durch den Schnee, der an einigen Stellen des Hanges Clarissa bis an die Hüften reichte.

Sie konnte es kaum erwarten, den Fluß zu erreichen und von seinem Wasser zu trinken. Seit Tagen schon verspürte sie einen furchtbaren Durst, denn in den Bergen waren die kleinen Quellflüsse zugefroren. Die einzige Flüssigkeit gewann sie aus dem Schnee, den sie während des Marsches vom Boden aufhob und im Mund zergehen ließ.

Auch zu essen gab es kaum noch etwas, da es den Kriegern unterwegs nicht mehr gelungen war, ein Wild zu erlegen. Der kleine Rest des Pemmikanvorrats war beinahe aufgebraucht, und wenn Clarissa hin und wieder etwas davon abkriegte, dann war es ein Anteil von dem, was der junge Krieger erhielt.

210

Clarissa hoffte, daß die Shawnee am Ufer des Flusses, vielleicht im Schutze der Uferböschung, das Nachtlager aufschlugen, aber als der Anführer das Ufer erreichte, schickte er sich sofort an, den Fluß zu durchqueren.

Selbst das Pferd, das er an der Leine führte, scheute vor dem eiskalten Wasser zurück, das zwischen eisbehangenen Felsen und schneeverkrusteten Ufern zu Tale schoß. Eis zersplitterte wie Glas unter seinen Hufen, und der Anführer brauchte alle Kraft dazu, die Leine mit beiden Händen festzuhalten, wenn das Pferd scheute und den Kopf hochriß.

Am Ende ihrer Kräfte verlor Clarissa an der steilen Uferböschung den Halt. Sie stürzte, und der junge Krieger versuchte vergeblich, sie an der Leine aufzuhalten. Sie rutschte an ihm vorbei, und er ließ die Leine los, damit Clarissa von der Schlinge nicht erwürgt wurde.

Unten prallte Clarissa heftig gegen einen der großen Steinbrocken, die mit knorpeligen Eisgebilden bedeckt waren. Benommen begann sie zum Ufer zu kriechen. Sie merkte nicht, daß sie sich die Stirn aufgeschlagen hatte. Blut lief ihr über das Gesicht.

Plötzlich war der Krieger bei ihr. Er packte sie und zerrte sie hoch, aber sie wehrte sich und riß sich los. Sie taumelte auf das Wasser zu, stolperte und stürzte in den Fluß.

Der Anführer und die anderen hatten bereits das andere Ufer erreicht, das an dieser Stelle ziemlich flach war und mit kahlen Bäumen und Gestrüpp bewachsen war.

Clarissa ergriff die Leine mit beiden Händen, um die Schlinge, die ihr den Hals zuschnürte, zu lockern. Aber der Krieger ließ sie nicht los. Er zog sie unentwegt weiter, als fürchtete er, daß sie hinfallen und von den wilden Wassern des Flusses weggetragen werden könnte.

»*Allez-nous!*« rief er ihr immer wieder zu, wenn sie ins Taumeln geriet und ihre Füße auf den glitschigen Steinen keinen Halt mehr fanden.

Aber in der Mitte des Flusses, dort, wo die Strömung am stärksten war, verlor der Krieger selbst das Gleichgewicht. Er stürzte in die tosenden Fluten, und einige Sekunden lang war nur noch seine Hand sichtbar, mit der er nach einem Halt suchte.

Clarissa warf sich mit letzter Kraft vor, und es gelang ihr, den Krieger am Mantelärmel zu packen und nicht loszulassen. Mit beiden Händen zog und zerrte sie an ihm, bis er schließlich mit seinen Füßen sicher stand und das Gleichgewicht wiederfand.

Sich aneinander festhaltend, wateten sie zum anderen Ufer. Beide waren bis auf die Haut durchnäßt, und Clarissa versuchte vergeblich, auf den Beinen zu bleiben. Ohnmächtig brach sie am Ufer zusammen.

✳

Als sie erwachte, glaubte sie zuerst, sich in einem Raum zu befinden. Über ihr schien eine Decke zu sein, auf der Licht und Schatten eines Kaminfeuers tanzten. Sie lag still. Die Geschehnisse der letzten Tage erschienen ihr als verblaßte Bilder eines Alptraums, aus dem sie eben erst erwacht war.

Sie hob den Kopf und erkannte, daß es kein Raum war, in dem sie sich befand, sondern nur die Nacht, die ihr zusammen mit dem kahlen Geäst der Bäume und dem Licht eines großen Feuers Wände und Decke vorgaukelten.

Die Shawnee-Krieger saßen um das Feuer herum. Sie hatten ihre nassen Sachen ausgezogen und sie an den Baumästen zum Trocknen aufgehängt.

Mit Schrecken entdeckte Clarissa unter den Jagdröcken und Beinkleidern der Indianer ihr eigenes Kleid und ihr gesamtes Unterzeug, das in der Nähe des Feuers über den Büschen ausgebreitet war. Erst jetzt wurde ihr bewußt, daß sie völlig nackt, von mehreren Wolldecken umhüllt, am Boden lag.

Sie ließ den Kopf sofort zurückgleiten und schloß die Augen. Am liebsten wäre sie aus Scham und Verlegenheit gleich wieder in Ohnmacht gefallen, aber sie blieb wach und hörte, wie sich die Shawnee leise unterhielten. Plötzlich vernahm sie ihren Namen. Sie war ganz sicher, daß einer von ihnen ihren Namen genannt hatte. Sie öffnete die Augen und erschrak, weil alle im selben Moment zu ihr blickten, aber sofort wieder wegschauten, als sie bemerkten, daß sie aus der Ohnmacht aufgewacht war.

Der Anführer sagte etwas zu den anderen. Da erhob sich der junge Krieger. Er ging zu Clarissa und kauerte bei ihr nieder. In der Hand hatte er eine Schale aus Holz, die einen kleinen Rest Pemmikan enthielt. Er hielt ihr die Schale vors Gesicht.

»Du iß!« forderte er sie auf französisch auf.

Sie blieb stocksteif liegen, die Hände zu Fäusten geballt.

»Iß!« sagte er noch einmal.

Sie rührte sich nicht. Der Anführer beim Feuer sagte etwas und lachte. Die anderen lachten auch. Da stellte der Krieger die Schale neben Clarissa in den Schnee, erhob sich und ging zum Feuer zurück.

Obwohl Clarissa vor Hunger beinahe umkam, rührte sie das Essen nicht an.

Die Shawnee ließen das Feuer in dieser Nacht nicht ausgehen. Immer, wenn einer von ihnen aufwachte, versorgte er zuerst das Feuer. Einmal erhob sich der junge Krieger von seinen Decken. Clarissa konnte im Feuerschein erkennen, daß er nur noch den Lendenschurz trug.

Sie beobachtete ihn mit halbgeschlossenen Lidern, während er Äste in das Feuer legte. Als er sich erhob, schloß sie schnell die Augen.

Er ging zu ihr. Sie hielt die Augen fest geschlossen, aber sie hörte die Schneedecke knirschen, und sie spürte seine Nähe. Er beugte sich zu ihr hinunter und berührte die Decke über ihrer Schulter.

Sie spürte seinen Atem auf ihrem Gesicht, und dann flüsterte er leise ihren Namen.

»Clarissa.«

Regungslos und steif wie ein Brett lag sie da, die Augen fest zugedrückt. Sie atmete jetzt nicht einmal mehr. Nur ihr Herz raste.

»Clarissa«, flüsterte er noch einmal.

Dann stand er auf, und als sie die Augen öffnete, war er dabei, zu seinem Lager zurückzukehren.

Langsam löste sich die Starre von ihr, und ihr Herz beruhigte sich. Später, als sie den Hunger nicht mehr länger ertragen konnte, aß sie den Pemmikan aus der Schale, und schließlich schlief sie ein.

Am Morgen, als sie erwachte, schien ihr durch das Geäst der Bäume die Sonne ins Gesicht. Der junge Krieger holte ihre Kleider und warf sie ihr zu. An diesem Morgen trieb sie der Anführer zum erstenmal nicht zur Eile an.

In die Decken gehüllt, stapfte Clarissa mit ihren Kleidern davon und zog sich im Schutz des Unterholzes an. Niemand schien sich an diesem Morgen um sie zu kümmern.

12. Kapitel   **Am Ufer des Ohio**

*Spuren im Schnee – Nacht-
wache – Alliquippa – Ein
Pferd wird geschlachtet –
Satt – Ein Schatten im Wald –
Clarissa wehrt sich – Kriegs-
bemalung – Das Franzosenfort*

Z wei Tage brauchten sie, um die Hügelkette zu durchqueren Sie folgten nun einem Weg, der trotz des
Schnees gut erkennbar war, da hier jemand vor kurzer
Zeit eine beachtliche Schneise durch die Buschwälder
geschlagen hatte.

Clarissa hatte keine Ahnung, daß es sich bei diesem
Weg um die Straße handelte, auf der Braddocks Armee
im Sommer des Jahres 1755 ihrem Schicksal entgegen-
marschiert war.

Braddocks Pioniere waren es gewesen, die, mit schweren Äxten ausgerüstet, Büsche und Bäume aus dem Weg
geräumt hatten, damit die Regimenter des Generals mit
der aus mehreren Dutzend Wagen und Karren bestehen-
den Nachschubkolonne überhaupt vorangelangen konnten.

Auf einem Hügelrücken, inmitten eines waldfreien Gebietes, ragten verkohlte Baumstämme aus dem Schnee, mit denen offenbar eine viereckige Brustwehr errichtet worden war. Deutlich konnte Clarissa die aufgeworfenen Erdhügel erkennen, hinter denen sich die Schützengräben und Schützenlöcher befanden.

Alle waren jetzt tief verschneit und verödet, aber die Shawnee brachen beim Anblick dieser verlassenen Befestigung in lautes, triumphierendes Geschrei aus. Sie hielten am Straßenrand, und der Anführer schien den jüngeren Kriegern zu erklären, was hier vorgefallen war. Als er mit seinen Ausführungen fertig war, wandte er sich an Clarissa.

»Fort Necessity«, sagte er mit kehliger Stimme, wobei er die beiden Worte mit einem französischen Akzent aussprach. Er ballte die rechte Hand und hieb sich damit gegen die Brust, zum Zeichen dafür, daß er oder zumindest die Shawnee diesen Platz einmal als Sieger verlassen hatten.

Clarissa erinnerte sich an die Nachrichten, die Caldwell's Meadow vor drei oder vier Jahren erreicht hatten, die etwas mit einem Fort namens Necessity zu tun gehabt hatten, aber sie konnte sich nicht mehr an die Einzelheiten erinnern, außer daß es George Washington gewesen war, der hier gegen die Franzosen und Indianer gekämpft hatte.

Auf der nachfolgenden Wegstrecke durch die schmalen Täler zwischen den Hügelzügen, die sich, quer zu ihrer Marschrichtung, von Süden nach Norden erstreckten, führte die Straße durch immer dichter werdende Waldgebiete, die trotz der kahlen Laubbäume schier undurchdringbar erschienen.

Hier, in diesem Gebiet, war General Braddocks Armee von regulären britischen Truppen und Kolonialsoldaten aus Virginia auf der Flucht vor den Franzosen und ihren verbündeten Shawnee- und Ottawa-Indianern endlich wieder zur Ruhe gelangt.

Links und rechts der Straße waren ihre Toten begraben, und die Shawnee beeilten sich jetzt noch mehr als zuvor, da sie fürchteten, die Seelen der Toten irrten noch in den Wäldern herum.

In der folgenden Nacht begann es wieder zu schneien, und es schneite auch den ganzen nächsten Tag. Die Shawnee überquerten einen letzten Bergzug, kreuzten einen zugefrorenen Flußlauf und marschierten von da an durch tiefverschneite Wälder talwärts.

An einem Abend, als Clarissa Feuerholz zusammentrug, fiel im Wald ein Schuß. Der junge Krieger bedeutete ihr mit Gesten, daß einer der Shawnee ein Tier erlegt hatte. Allein der Gedanke an eine warme Mahlzeit ließ Clarissa das Wasser im Mund zusammenlaufen. Sie beeilte sich, das Holz zum Lager zu bringen.

Bald darauf kehrte jedoch einer der Krieger mit leeren Händen von der Jagd zurück. Er erklärte den anderen, daß er im Unterholz ein Lebewesen erspäht hätte, das entweder ein Tier oder ein Mensch gewesen sei, vielleicht aber auch eine der Seelen, die seit dem blutigen Kampf mit den Engländern noch nicht zur Ruhe gekommen waren.

Der Anführer ließ daraufhin den jungen Krieger allein mit Clarissa und den beiden Pferden im Lager zurück, während er mit den anderen Kriegern aufbrach, um nach Spuren zu suchen. Sie kehrten schon nach kurzer Zeit wieder zurück, und obwohl Clarissa nicht verstehen konnte, was der Anführer dem jungen Krieger mitteilte, vermutete sie, daß sie tatsächlich Spuren eines Menschen entdeckt hatten.

In dieser Nacht stellten sie seit vielen Tagen wieder einmal Wachen auf. Clarissa wurde an Händen und Füßen gefesselt. Zum erstenmal, seit sie das Tal des Shenandoah River verlassen hatte, spürte sie so etwas wie einen Hauch von Hoffnung in sich aufsteigen. Konnte es sein, daß den Shawnee doch jemand bis hierher gefolgt war?

Eine Armeepatrouille vielleicht?

Oder Nathaniel Axton?

Sicher war er der einzige, dem es gelingen könnte, die Fährte der Shawnee durch Schnee und Eis zu verfolgen, ohne selbst von ihnen erspäht zu werden. Aber wenn es Nathaniel war, warum hatte er sich dann so nahe an das Lager herangewagt, daß einer ihrer Jäger auf seine Spur stoßen konnte?

Nathaniel Axton, davon war Clarissa überzeugt, würde eine solche Nachlässigkeit nicht passieren. Nicht ihm, den die Indianer Lederstrumpf nannten. Also handelte es sich bei dem Menschen vermutlich um einen einzelnen Fallensteller oder Jäger aus einem der Franzosenforts.

Obwohl es noch keine sicheren Zeichen dafür gab, glaubte Clarissa, daß sie sich nicht mehr weit vom Ohio River entfernt befanden, und da war es gut möglich, daß außer ihnen noch jemand in dieser pfadlosen Wildnis unterwegs war.

Sie konnte in dieser Nacht nicht schlafen. Der Hunger nagte mit den spitzen Zähnen einer Ratte an ihrem Magen. Die letzten Reste des Pemmikanvorrates hatten die Shawnee vor zwei Abenden unter sich aufgeteilt, ohne ihr davon etwas abzugeben.

Um Mitternacht herum hatte der junge Krieger Wache.

Er legte Holz ins Feuer. Dann stand er eine Weile am Rand des Lichtscheins und starrte in den Wald. Schließlich kehrte er zurück.

Clarissa hob den Kopf, damit er sehen konnte, daß sie wach war. Er vergewisserte sich erst, daß alle anderen schliefen. Dann ging er zu ihr und kauerte sich nieder.

»Was willst du?« fragte er sie auf französisch.

Sie setzte sich auf.

»Clarissa«, flüsterte sie und legte ihre gefesselten Hände an ihre Brust.

»Clarissa«, sagte er so leise, daß sie seine Stimme kaum hören konnte.

Sie streckte ihre Hände aus, bis ihre Finger den roten Deckenmantel vor seiner Brust berührten.

»Dein Name?« fragte sie.

Er wich zurück und erhob sich.

»Schlaf jetzt!« sagte er halblaut, drehte sich um und ging davon.

*

Am nächsten Morgen brachen sie früh auf. Aber jetzt schickte der Anführer einen Kundschafter voraus, dem er befahl, sich nie weiter als auf Sichtweite zu entfernen.

Das Wetter wurde schlechter. Der Wind hatte wieder gedreht. Er wehte jetzt aus Nordwesten in ihre Gesichter, und es war ein eiskalter Wind, der auf der ungeschützten Haut brannte, als wäre er voll mit Eisnadeln.

Mitten in einem Schneesturm erreichten die Shawnee schließlich das Ufer eines Flusses, der breiter war als alle, die sie bis jetzt durchquert hatten. Hier, auf einer großen Lichtung mit vereinzelten Baumgruppen, standen die Überreste mehrerer zerfallener Holz- und Rindenhütten, die einem Menschen kaum noch Schutz bieten konnten. Nur ein Haus war aus Quaderbalken gebaut. Es stand etwas entfernt von den anderen Hütten in der Nähe des Flußufers.

Clarissa hatte keine Ahnung, wo sie sich befanden, aber sie vermutete, daß es sich bei diesem verlassenen Platz um ein Indianerdorf gehandelt hatte.

»Alliquippa«, sagte der Anführer zu Clarissa. »C'est un village des Loupes.«

Trotz des Sturmes wurde sie ausgeschickt, um Holz zu sammeln und es zum Blockhaus zu bringen, das aussah, als könne es dem Sturm noch eine Weile standhalten.

Die Krieger entluden die beiden Pferde und trugen ihre ganze Beute in die Hütte. Clarissa war dabei, sich ein Bündel Holz auf den Rücken zu laden, als der Anführer mit seinem Gewehr die Hütte verließ.

Einer der Krieger führte eines der Pferde weg. Das andere stand mit hängendem Kopf neben der Hütte. Der Anführer hob das Gewehr, zielte kurz und schoß das Pferd nieder.

Die Krieger fielen sofort über das tote Tier her. Sie schlitzten ihm die Halsschlagader auf, und einer nach dem anderen ließ sich das warme Blut in den Mund spritzen.

Einer schnitt dem Pferd den Bauch auf. Dampfende Eingeweide quollen dem Tier aus dem Leib in den Schnee. Mit dem Messer wurden Leber und Herz entfernt und – in Stücke geschnitten – roh verschlungen.

Keiner dachte an Clarissa, die auf den Pferdekadaver zuging und plötzlich unter ihrer Last ins Wanken geriet. Das Holzbündel rutschte von ihrem Rücken, ohne daß sie es merkte. Sie sah nur das tote Pferd im blutigen Schnee liegen, und sie verspürte nichts als den quälenden Hungerschmerz, der während der letzten Tage nahezu unerträglich geworden war.

Mit knurrendem Magen warf sie sich bei dem Pferd auf die Knie und zerrte mit Fingern und Zähnen rohes Fleisch von den Rippenknochen des Kadavers. Der süßliche Blutgeruch des Dampfes, der vom Gedärm und vom offenen Pferdeleib aufstieg, ließ sie beinahe ohnmächtig werden, und die abgehackten Laute, mit denen die Shawnee sie anfeuerten, drangen wie durch dichten Nebel an ihre Ohren.

Jemand streckte ihr ein Stück der Leber entgegen. Sie schnappte mit dem Mund danach wie ein hungriger Hund. Dann fingen die Shawnee an, den Kadaver mit ihren Messern und Tomahawks in Stücke zu zerlegen, und der Anführer packte Clarissa bei den Haaren und riß sie hoch.

»Das Feuer!« schrie er sie auf französisch an. »Mach das Feuer!«

Er stieß sie so hart von sich, daß sie bei ihrem Holzbündel in den Schnee stürzte, und dort, wo sie den Schnee mit ihren Händen und dem Gesicht berührte, blieben Blutspuren zurück.

Sie schleppte das Bündel in das Blockhaus, in dem es einen Kamin gab. Der Anführer erschien und warf ihr den Beutel zu, der Funkenschläger und Zunder enthielt. In wenigen Minuten brannte in der Hütte ein warmes Feuer, während draußen der Sturm orgelte.

Die Shawnee kamen herein und brachten einige Stücke des Pferdes mit. Sie schickten Clarissa mit dem Kochtopf hinaus, um ihn mit Schnee zu füllen, damit sie das Fleisch kochen konnten, da sie es gebratenem Fleisch vorzogen.

Nachdem sie sich alle die Bäuche vollgeschlagen hatten, legten sie sich dort, wo sie saßen, hin. Nur der Anführer rauchte noch genüßlich eine kleine Meerschaumpfeife, rülpste ab und zu und lachte, als Clarissa nicht verhindern konnte, daß sie ebenfalls laut rülpsen mußte.

Keiner dachte daran, Wachen aufzustellen. Solange der Schneesturm tobte, drohte ihnen keine Gefahr. Auch der Anführer ließ sich schließlich auf seinem Lager nieder, um zu schlafen.

Clarissa legte noch ein paar Äste ins Feuer. Ihr Bauch war prallvoll. Sie rollte sich am Boden zusammen, und nach wenigen Sekunden schlief sie inmitten der Shawnee, die friedlich wie kleine Kinder eng beieinander in der warmen Hütte lagen.

*

Am Morgen, als Clarissa das Blockhaus verließ, wurde ihr klar, warum die Shawnee das Pferd geschlachtet hatten. Die Lichtung mit den Hütten befand sich nämlich am Ufer eines breiten Flusses, der bis auf eine unregelmäßige Rinne in seiner Mitte nahezu zugefroren war.

Hier, in der Nähe des verlassenen Indianerdorfes, hatten die Shawnee auf dem Hinweg einige Kanus zurückgelassen, in der Absicht, sie auf dem Rückweg wieder zu benutzen. Jetzt holten sie diese schlanken, zerbrechlich aussehenden Rindenboote mit den hochgebogenen Enden aus einem Versteck, das sie mit Ästen, Rindenstükken, Moos und Laub getarnt hatten, hervor, und trugen sie auf dem Eis zur Flußmitte.

Dann wurde auch das andere Pferd geschlachtet, aber dieses Mal zogen die Shawnee dem Kadaver sorgfältig das Fell ab, damit sie es später gerben und zu einer Decke verarbeiten konnten. Das Fleisch wurde in Stücken zu den Kanus getragen und dort erst mal aufs Eis gelegt, damit es in der Kälte des Morgens gefrieren konnte.

Die Shawnee verrichteten an diesem Morgen die Vorbereitungen für die Weiterreise, ohne daß Clarissa ein einziges Mal zur Eile angetrieben wurde. Im Gegenteil, die Krieger schienen in bester Stimmung, scherzten untereinander und schienen sie die ganze Zeit nicht zu beachten. Sie tat ihren Teil der Arbeit, schleppte die Beutesäcke mit dem Plunder zu den Kanus, und während sie noch arbeitete, zogen sich die Krieger, einer nach dem anderen, in die warme Hütte zurück.

Als Clarissa mit der Arbeit fertig war, schaute sie sich unschlüssig nach allen Seiten um. Konnte es sein, daß dieser Fluß hier der Ohio River war, oder handelte es sich um einen seiner Nebenflüsse?

Unsicher blickte sie entlang der schwarzen Wasserrinne und versuchte die Richtung zu bestimmen, die der Fluß nahm. Aber der Tag war grau und neblig, so daß es nichts gab, wonach sie sich hätte orientieren können.

Sie war im Begriff, zum Ufer zurückzukehren, als sie plötzlich die Gestalt entdeckte, die zwischen den winterlichen Baumskeletten am Rande des verlassenen Dorfes erschien. Nicht mehr als ein Schatten im kahlen Geäst des Unterholzes konnte sie erkennen, ein Mensch, der helle Tierfelle trug und ein Gewehr in den Händen hielt.

Lautlos bewegte sich der Schatten am Rand der Lichtung durch das Gehölz, und Clarissa merkte, wie ihr die Angst die Kehle zuschnürte, als sie erkannte, daß es sich bei dem Menschen nicht um einen Weißen, sondern um einen Indianer handelte, dessen Schädel bis auf einen Haarbüschel kahlgeschoren war.

Im nächsten Augenblick war die Gestalt jedoch im Wald verschwunden. Sie starrte zu den Bäumen hinüber, die Hände vor dem Mund. Nichts rührte sich mehr dort drüben, wo der Indianer verschwunden war. Minuten verstrichen. Plötzlich trat der junge Krieger aus der Hütte und rief nach ihr.

»Du da!« rief er auf französisch. »Komm her! *Vite, vite!*«

Sie lief über die Eisdecke des Flusses und die Uferböschung hoch bis zum Blockhaus.

Der Krieger stand noch immer davor. Er war bis auf den Lendenschurz nackt und am ganzen Körper mit frischen Farben bemalt. Sein Gesicht war rot, mit einer aufgemalten schwarzen Hand über dem Mund. Blaue und grüne Schlangenlinien zogen sich auf seinen Armen und Beinen entlang, und auf seiner Brust hatte er mehrere aufgemalte Kreise und Punktelinien.

Wie stolz er auf seine Bemalung war, konnte Clarissa seiner Haltung ansehen, mit der er ihr seinen geschmeidigen Körper präsentierte, bevor er sie aufforderte, die Hütte zu betreten.

Sie zögerte einen Augenblick und warf noch einmal einen Blick zum Rand der Lichtung hinüber, aber dort bewegte sich nichts mehr. War es der Läufer von Lieutenant Sweet, der ihnen hierher gefolgt war? Mataqua, der Mohawk?

Clarissa hatte die Gestalt im Astgewirr des Unterholzes nicht deutlich genug gesehen, um zu erkennen, ob es tatsächlich Mataqua gewesen war oder ein anderer Indianer. Sie nahm sich jedoch vor, während der nächsten Tage ihre Umgebung im Auge zu behalten und sich für eine Flucht bereit zu halten.

In der Hütte waren die Shawnee dabei, sich gegenseitig zu bemalen. In kleinen Holzschalen hatten sie pulverisierte Farbe angerührt. Alle hatten sich fast völlig entkleidet. Als Clarissa eintrat, befahl ihr der Anführer, die Decken abzustreifen. Obwohl sie kaum die französische Sprache verstand, wußte sie sofort, was er von ihr verlangte. Sie schüttelte den Kopf.

»Ich ziehe mich nicht aus!« widersprach sie auf englisch.

Da erhob sich der Anführer und schlug ihr mit der flachen Hand ins Gesicht.

»Zieh dich aus!« befahl er.

Bevor er jedoch noch einmal zuschlagen konnte, stieß ihn Clarissa heftig von sich und stürzte durch den Ausgang ins Freie. Sie lief über den Platz in die Richtung, in der sie den Schatten gesehen hatte. Bevor sie jedoch den Rand der Lichtung erreichte, wurde sie von dem jungen Krieger eingeholt.

Er sprang sie von hinten an und riß sie mit sich zu Boden. Sie überrollten sich im Schnee, und Clarissa versuchte, ihn von sich zu stoßen, aber er umklammerte sie mit Armen und Beinen, und sie hörte ihn dabei lachen, was sie noch wütender werden ließ.

Sie biß ihn in den Unterarm, und sein Lachen endete in einem Aufschrei. Er ließ sie los und sprang mit schmerzverzerrtem Gesicht auf. Blut lief ihm von der Bißwunde über die Hand. Clarissa kniete keuchend im Schnee und starrte ihn wild an.

»Versuch ja nicht, mich noch einmal anzufassen!« schrie sie ihn atemlos an. »Das gilt auch für deine Freunde, verstanden?« Sie deutete mit einer Kopfbewegung zum Eingang des Blockhauses, wo jetzt die anderen

Shawnee standen und dem Geschehen neugierig und erstaunt zusahen.

Clarissa wollte sich erheben, aber da stürzte sich der junge Krieger erneut auf sie. Dieses Mal hütete er sich vor ihren Zähnen. Sie versuchte vergeblich, ihn abzuwehren. Sie stieß ihm das Knie in die Magengrube, aber er ließ nicht mehr locker.

Nach kurzer Zeit erlahmte ihre Gegenwehr, und sie bäumte sich nur noch einmal unter ihm auf, als er rittlings über ihr kniete und sie an beiden Handgelenken festhielt.

Die prächtigen Farben, mit denen er sich bemalt hatte, waren jetzt über seinen ganzen Körper verschmiert. Schnee klebte in seinem Gesicht, und er hatte sich im Kampf die Unterlippe blutig gebissen.

Clarissa lag still unter ihm. Nur ihre Brust hob und senkte sich bei jedem Atemzug, mit dem sie keuchend Luft holte.

»Laß mich los«, bat sie schließlich. Aber der Druck seiner Oberschenkel an ihrer Taille wurde nicht schwächer. Mit seinem ganzen Gewicht drückte er sie tief in den Schnee, und in seinen dunklen Augen funkelte ein wildes Feuer.

Die anderen rückten jetzt heran und umringten sie. Nur der Anführer war nicht bei ihnen. Sie redeten auf den jungen Krieger ein, und einer von ihnen kauerte nieder und griff mit beiden Händen nach Clarissas Brust.

Da erst ließ der junge Krieger sie los und hieb dem anderen den Ellbogen ins Gesicht, bevor er aufsprang und ihn anbrüllte.

Sie wichen alle zurück. Der junge Shawnee half Clarissa auf die Beine und führte sie zur Hütte. Da ihr die

Decke vom Kopf gerutscht und dadurch ihr Gesicht frei-
geworden war, konnte sie nun bemalt werden. Der Anführer pinselte ihr mit grüner Farbe zwei Zickzackstriche
von den Schläfen über beide Wangen zum Kinn. Ihre
Stirn wurde mit roter Farbe bemalt, und von der Nasen-
wurzel aus führte ein dünner werdender Strich über den
Nasenrücken.

Der Krieger, dem Clarissa gehörte, mußte sich noch
einmal säubern und frisch bemalen. Die Shawnee kämm-
ten sich ihre Skalplocken und behängten sich mit
Schmuckstücken, die sie auf ihrem Streifzug erbeutet
hatten. Es mochte Mittag sein, als sie bereit waren, die
Lichtung am Flußufer zu verlassen.

Sie verteilten sich auf die fünf Kanus, die sie vorsichtig
zum Eisrand schoben und dort zu Wasser ließen. Clarissa
nahm im Kanu des jungen Kriegers am Bug Platz. Zwischen ihnen türmte sich die Ladung von Beutegut und
Pferdefleisch, das inzwischen steifgefroren war.

Hintereinander glitten die Kanus durch die Rinne im
Eis. Am Spätnachmittag, als die Dämmerung durch die
Uferwälder kroch und sich in grauen Schleiern über den
Fluß legte, wurde Clarissa von Rufen hochgeschreckt.

Am rechten Ufer des Flusses liefen Menschen aus dem
Wald auf das Eis hinaus. Hunde hechelten hinter den
Kanus her. Zwischen den Bäumen hing bläulich der
Rauch von Feuern. Dunkle Hütten unter runden Schnee-
kappen wurden sichtbar. Immer mehr Menschen eilten
auf das Eis hinaus und riefen den Kanus Worte zu, die für
Clarissa unverständlich waren.

Dann hörte sie die Stimme des Anführers.

»Duquesne!« rief er dem Krieger zu, der das nächste
Kanu steuerte.

»*Duquesne!*« rief dieser.

Clarissa wandte sich um. Vor den Kanus, auf der rechten Flußseite, konnte sie über der erhöhten Uferbank die Palisaden und das Bollwerk einer Festung aufragen sehen. Im Dämmerlicht des Tages erspähte sie eine Fahne im Wind. Es war nicht der Union Jack, der dort an einem hohen Ast hing. Es war die Fahne Frankreichs.

Trotzdem spürte Clarissa ein starkes Gefühl in sich aufsteigen, ein Gefühl, daß sie endlich gerettet war.

13. Kapitel **Eine neue Heimat**

Die Offiziere von Fort Duquesne – Ein Pferd für Clarissa – Adieu, Major Lacour – Chillicothe – Ich bin Shawnee – Blackfish und seine Familie – Begegnung am Feuer – Bluebird's Name – Es wird geschehen – Die Berührung

Die Ankunft der Shawnee allein hätte wahrscheinlich kaum einen der über vierhundert Soldaten aus ihren warmen Unterkünften ins Freie gelockt. Die Kunde jedoch, daß die Indianer nicht nur eine Anzahl von Skalps, sondern einen Gefangenen des weiblichen Geschlechts dabei hatten, brachte selbst diejenigen dazu, auf den vom Schnee geräumten Paradeplatz hinauszutreten, die sich aus reiner Langeweile bereits zu Bett begeben hatten.

Pechfackeln wurden angezündet, damit die Gefangene besser in Augenschein genommen werden konnte. Und die Soldaten bildeten ein Spalier vom Tor bis zum Blockhaus des Hauptquartiers, in dem der Kommandant von Fort Duquesne, der Marquis de Lignerie, mit seinem Offiziersstab die Shawnee erwartete.

Hände griffen begierig nach Clarissa, der die Shawnee

die Decken abgenommen hatten, zerrten an ihrem schmutzigen Kleid und berührten ihr Haar, das ihr in langen, ungekämmten Strähnen über die Schultern herunterhing.

Die Shawnee schoben und zogen sie voran, während Hunde kläffend an ihr hochsprangen und die Soldaten auf die Shawnee einlärmten, ohne daß Clarissa ein Wort verstehen konnte.

Nur einmal vernahm sie ein englisches Wort – eine Unverschämtheit, die ihr die Schamröte ins Gesicht trieb. Sie wehrte die Hände ab, die nach ihr griffen, und sie sah auch, wie der junge Krieger, der sie an der Leine führte, mit einem Arm die Soldaten zur Seite stieß, die ihnen in den Weg gerieten.

Schließlich erreichten sie das große, schwarz aussehende Blockhaus, hinter dem ein mächtiger Palisadenzaun aufragte.

Die Shawnee stießen Clarissa an dachhohen Schneehaufen vorbei durch eine Türöffnung in einen Raum, der von Kerzenlampen erleuchtet war. In der Mitte des Raumes stand ein Tisch mit mehreren Stühlen. Die anwesenden Offiziere, zur Ehre der Besucher alle in ihren besten Uniformen und mit weingefüllten Gläsern in den Händen, hatten sich hinter dem Tisch aufgereiht.

Der Anführer der Shawnee begrüßte die Offiziere in militärischer Form, indem er die Hand zackig zur Stirn führte, und der Kommandant des Forts, der einen scharlachroten, goldbesetzten Uniformrock trug, mit weißen Hosen und weißen, bis zu den Knien reichenden Gamaschen, erwiderte den Gruß.

»Was hast du uns mitgebracht, mein Freund?« fragte er den Shawnee.

Der Anführer gab einem Krieger einen Wink, und dieser schüttete den Inhalt eines Beutesacks auf den Tisch. Clarissa starrte mit Grausen auf einen Haufen von Skalps – Büschel von blonden, braunen und schwarzen Haaren, die von schrumpeligen, blutverkrusteten Hautstücken herunterhingen.

Der Anführer breitete die Skalps auf dem Tisch aus, trat dann zurück und zeigte anhand seiner Finger an, daß die gräßliche Beute aus dem Tal des Shenandoah aus achtundzwanzig Skalps bestand.

Der älteste Offizier, ein magerer, grau aussehender Mann mit einer Hakennase und Augen, die Clarissa an diejenigen eines Habichts erinnerten, trat um den Tisch herum auf sie zu und verbeugte sich.

»Gestatte mir, *ma petite,* dir meinen Arm anzubieten.« Er hielt ihr den angewinkelten Arm hin, und als sie keine Anstalten erkennen ließ, ihn zu nehmen, lachte er und ergriff väterlich ihre Hand. »Du brauchst dich nicht zu schämen, *ma petite,* beim Anblick solcher Kriegsbeute kann es selbst einem abgebrühten Haudegen schlecht werden.«

»Sie – Sie sprechen englisch?« Clarissa konnte es kaum glauben, nach all den Wochen, in denen sie nur die fremdartigen Laute der Shawnee vernommen hatte, plötzlich vertraute Worte zu hören, wenn diese auch mit starkem französischem Akzent ausgesprochen wurden.

Der Offizier stellte sich ihr als Major Pierre Maurice Lacour vor, und er befahl dem jungen Shawnee sogleich, Clarissa die Schlinge vom Hals zu nehmen. Der junge Krieger befolgte diese Aufforderung, ohne zu zögern, aber der Anführer der Shawnee wandte sich an den Major, packte Clarissa mit einer Hand beim Haar und zog ihren

Kopf hart zurück, so daß das Kerzenlicht in ihr bemaltes Gesicht fiel.

Er sagte etwas zu Major Lacour, der noch immer Clarissas Hand hielt. Der Major begegnete dem Anführer mit einer scharfen Antwort, worauf die Hand des Shawnee zum Gürtel fuhr, in dem sein Tomahawk steckte.

Der Offizier im roten Rock trat schnell zwischen die beiden Männer.

»Pierre, das Mädchen ist eine Gefangene der Shawnee«, sagte er auf französisch zu dem Major, der jetzt Clarissas Hand losließ. »Wenn Sie das Mädchen haben wollen, machen Sie Blackfish ein Angebot!«

Major Lacour wandte sich dem Anführer der Shawnee zu. »Was, *mon bon ami* Blackfish, soll dieses gutgewachsene Mädel wert sein, unter Freunden, versteht sich?«

»Sie gehört nicht mir«, erwiderte der Shawnee, dessen Namen Clarissa nun zum erstenmal vernommen hatte.

»Wem gehört sie, wenn sie nicht dir gehört?«

»Sie gehört meinem Sohn, Tanoka«, erklärte der Shawnee stolz.

»Und was will dein Sohn für sie haben?«

»Frag ihn selbst, Major. Vielleicht ist er bereit, um sie zu feilschen.«

Der Major wandte sich an Tanoka. Obwohl er seine Worte an Clarissa richtete, sah er sie nicht an.

»Du gehörst dem jungen Shawnee«, sagte er. »Er ist der Sohn von Blackfish. Ich werde ihn jetzt fragen, was er für dich haben will.«

»Ihr – Ihr wollt mich freikaufen, Sir?« fragte Clarissa mit vor Aufregung zitternder Stimme.

»Das hängt von dem Preis ab, den diese habgierige Kanaille verlangt. Ich gebe ihm mein altes Fernglas, wenn er es haben will oder, wenn ihm das nicht genug ist, meine Muskete, aber ich vermute, daß er ein Pferd von mir haben will, und ich weiß nicht, ob du ein gutes Reitpferd wert bist, *ma petite.* Du siehst ziemlich mager aus und blaß um dein hübsches Näschen. Vielleicht hast du auch immer kalte Füße. Ich mag es nicht, wenn ein Mädchen kalte Füße hat. Das tötet die Liebe, wenn du verstehst, was ich meine.«

»Sir, ich – ich...« Sie wollte ihm sagen, daß sie nicht oft kalte Füße kriegte, aber im selben Moment begriff sie, was er ihr eigentlich gesagt hatte: Der Major hatte keineswegs die Absicht, sie freizukaufen, um ihr die Gefangenschaft bei den Shawnee zu ersparen!

Er wollte sie für sich besitzen, damit sie ihm während der kalten Winternächte Gesellschaft leistete – im Bett!

Der Gedanke, daß Tanoka sie tatsächlich für ein Feldglas an den Major verkaufen könnte, ließ ihr Herz schneller schlagen. Voller Bangen sah sie zu, wie der Major dem jungen Shawnee ein ausziehbares Feldglas demonstrierte, aber Tanoka war nicht sehr daran interessiert. Er warf Clarissa einen Blick zu, und als er in ihren Augen das stumme Flehen bemerkte, schüttelte er den Kopf und vollführte mit der rechten Hand eine ruckartige Bewegung vor seiner Brust, als wollte er einen unsichtbaren Gegenstand von sich fernhalten.

Da ließ der Major von einem Adjutanten eine Muskete holen, und dieses Mal gelang es ihm, das Interesse Tanokas zu wecken. Die Waffe war keine der gewöhnlichen Handelsmusketen, mit denen die Indianer von den Franzosen oder Engländern ausgerüstet wurden, sondern ein hervorragend gearbeitetes Gewehr aus der Schmiede eines spanischen Meisters.

Clarissa bemerkte, wie die Augen Tanokas aufleuchteten, als ihm der Major die Muskete entgegenhielt. Die anderen Shawnee ließen Laute der Bewunderung vernehmen, und auch der Anführer, der selbst stolzer Besitzer eines besonderen Gewehrs war, nickte zufrieden, nachdem er die Muskete prüfend in den Händen gehalten und an seiner Schulter angelegt hatte.

»Dieses Gewehr ist ein kleines Vermögen wert«, sagte der Major zu Clarissa. »Du wirst dich sehr bemühen müssen, dir den Preis abzuverdienen.«

Clarissa schwieg. Die Kehle war ihr wie zugeschnürt. Sie versuchte, den Blick Tanokas auf sich zu lenken, indem sie sich bewegte, aber die anderen Shawnee hatten ihn umringt, und alle wollten das Gewehr einmal in die Hände nehmen.

Blackfish, der Anführer, legte seinem Sohn die Hand auf die Schulter und redete leise auf ihn ein. Major Lacour lächelte die ganze Zeit so siegesgewiß, als wäre der Handel bereits besiegelt, aber Tanoka streckte ihm das Gewehr plötzlich entgegen und schüttelte erneut den Kopf.

»*Non*«, sagte er. »Ich will kein Gewehr für dieses Mädchen.«

Die Enttäuschung wischte das Lächeln im hageren Gesicht des Majors aus. Seine Augen blitzten auf.

»Was willst du dann?« stieß er heiser hervor. »Dieses Mädchen ist kein gutes Pferd wert.«

»*Un cheval?*« sagte Tanoka. »Hast du ein Pferd?«

»Nein.«

»Dann erhältst du dieses Mädchen nicht.« Tanoka wollte sich abwenden, aber der Major packte ihn beim Arm und zog ihn zurück.

»Ich bin mit dem Kanu hergelangt, nicht zu Pferd. Wenn du mir dieses Mädchen gibst, werde ich dir ein Pferd besorgen.«

»*Non*«, sagte der Junge und entriß dem Major seinen Arm. »Bring mir erst das Pferd.«

Der Major blickte sich zu den anderen Offizieren um.

»Verdammt, ich brauche ein Pferd«, schimpfte er und ging mit erhobenen Händen auf sie zu. »Ein Pferd, Jean? Ich bringe dir meines aus Fort Lacour. Es ist ein hervorragendes Pferd von bester Züchtung.«

»Pierre, mein Pferd ist mein Pferd«, sagte der angesprochene Offizier lachend.

»Und du, Bernard? Was ist mit deinem Pferd?«

»Mein Gaul ist dämpfig. Ich glaube nicht, daß sich dieser geschäftstüchtige Bursche für ein solches Mädchen ein dämpfiges Pferd andrehen läßt.«

»Kein Geschäft«, sagte da der Anführer. »Wir fahren morgen früh weiter.«

Noch einmal versuchte der Major, den jungen Shawnee dazu zu bringen, ihm Clarissa zu verkaufen. Er bot ihm französische Goldmünzen an und seinen Ringkragen, aber Tanoka lehnte seine Angebote ab. Am Ende mußte der Major einsehen, daß er im Moment nicht in der Lage war, Clarissa freizukaufen.

»Entschuldige, *ma petite*«, sagte er zu Clarissa, »aber diese Kanaille gibt dich nicht frei, und dabei habe ich ihm mehr für dich angeboten, als ich je zuvor für ein Weibsstück bezahlt habe.«

Er betrachtete Clarissa noch einmal von Kopf bis Fuß und seufzte ergeben. »Ich hätte dich den Winter über gern zu mir nach Fort Lacour mitgenommen, wo ich dich reich beschenken könnte. Du bist schön und jung, und vielleicht werde ich mein Pferd holen und diese Shawnee aufsuchen, bevor es Frühling wird.«

Tanoka nahm Clarissa beim Arm und führte sie zur Tür. Draußen standen immer noch einige Soldaten im Fackellicht. Irgendwo wieherte ein Pferd. Der Kommandant gab einem Adjutanten den Befehl, die Shawnee zu einer Blockhütte zu bringen, die extra zur Unterbringung indianischer Gäste gebaut worden war.

Sobald sie die Hütte betreten hatte, verkroch sich Clarissa mit ihren Decken in einem dunklen Winkel, wo sie ihren Tränen ungesehen freien Lauf lassen konnte.

Blackfish, der Anführer der Shawnee, kam erst lange nach Mitternacht ins Blockhaus. Er war furchtbar betrunken und kroch auf allen vieren in der Dunkelheit herum, bis er den Platz fand, wo Clarissa zusammengerollt in ihren Decken lag und sich nicht zu rühren wagte.

Er kroch wie ein großer Käfer auf Clarissa und versuchte, sie zu umarmen. Als sie sich unter ihm bewegte, fiel er herunter und schlug mit dem kahlgeschorenen Kopf hart auf dem Boden auf. Er fluchte auf französisch, rollte sich wie ein Hund zusammen und begann Sekunden später zu schnarchen.

Am nächsten Morgen verließen die Shawnee Fort Duquesne. Für ihre Skalps waren sie von den Franzosen mit Pulver und Blei belohnt worden. Die Skalps durften sie jedoch als persönliche Trophäen behalten. Trotzdem schien es, als hätten sie sich vom Besuch im Fort mehr versprochen.

Besonders Blackfish, der natürlich vom übermäßigen Genuß des Rotweins einen Brummschädel hatte, schimpfte während der Weiterfahrt auf die geizigen Franzosen, die ihnen auch Gewehre, Tomahawks und Messer

versprochen hatten, als sie im Sommer auf den Kriegspfad geschickt worden waren.

Clarissa fiel es leicht und schwer zugleich, Fort Duquesne zu verlassen. Mehrere Male blickte sie zurück,
während sich Tanokas Kanu immer weiter von der Anhöhe entfernte, auf der die Franzosen die Festung gebaut
hatten. Es schien ihr, als wäre das letzte Bindeglied zwischen ihrer Vergangenheit und ihrer ungewissen Zukunft
dabei, zu zerreißen.

Sie dachte an den Major und daran, daß sie sich ihre
Freiheit hätte erkaufen können, als sie sich jedoch umwandte und Tanoka im Heck des Kanus sah, war sie froh,
daß sie in seinem kleinen schmalen Boot saß, das er
sicher durch die Wasserrinne des Ohio steuerte.

Er lächelte sie an.

»Ma petite«, sagte er. »Ma petite cheval.«

Sie wußte nicht, was seine Worte bedeuteten, aber im
sanften Klang seiner Stimme fühlte sie sich plötzlich
geborgen.

»Adieu!« rief sie und winkte zum Fort zurück. »Adieu,
Major Lacour!«

Und auch Tanoka hob die Hand und winkte.

»Adieu, Duquesne!« rief er, und Clarissa hörte ihn zum
erstenmal lachen.

∗

Kurz nachdem Fort Duquesne im Winternebel für immer
verschwunden war, nahm Clarissa das blaue Band mit
den Knoten unter der Decke hervor und warf es in das
schwarze Wasser des Ohio. Von nun an gab sie sich keine
Mühe mehr, die Tage zu zählen, denn sie wußte, daß es
für sie kein Zurück mehr geben würde.

Nachdem sie sich einmal mit dieser Tatsache abgefunden hatte, fiel es ihr leichter, dem Ende ihrer Reise entgegenzusehen, ohne auch nur einmal mit ihrem Schicksal zu hadern.

Manchmal wünschte sie, daß hinter der nächsten Flußkrümmung das Shawnee-Dorf auftauchte, von dem sie in Fort Duquesne erfahren hatte, daß es Chillicothe hieß. Aber die Flußfahrt schien kein Ende zu nehmen.

Einige Male glitten sie mit ihren Kanus an Indianerdörfern vorbei und erwiderten die Zurufe der Leute, die beim Anblick der Boote aufs Eis hinausliefen.

Ein anderes Mal jedoch fuhren die Kanus im Schneegestöber unbemerkt an einem stillen Dorf vorbei.

Schließlich, Clarissa wußte nicht, wie viele Tage vergangen waren, seit sie Fort Duquesne verlassen hatten, erreichten die Shawnee einen Seitenfluß, der von Norden her in den Ohio River mündete.

Dieser Fluß, obwohl er breiter war als die anderen, die sie bisher passiert hatten, war völlig zugefroren, so daß an ein Weiterkommen zu Wasser nicht zu denken war. Die Shawnee zogen ihre Kanus im Tiefschnee über das Eis und erreichten noch am selben Tag ein kleines Indianerdorf, wo sie mit lautem Geschrei empfangen wurden.

Von diesem Dorf aus wurden sie von mehr als zwanzig Männern begleitet, die sich alle einen Anteil der Beute auf den Rücken luden. Kinder und Hunde liefen ein Stück weit mit dieser Schar, aber als der Tag zu Ende ging, eilten sie zurück zu ihrem Dorf.

Die Shawnee beachteten Clarissa kaum noch. Sie trug ihr eigenes Bündel, und jeden Abend sammelte sie unaufgefordert so viel Holz, daß das Feuer die ganze Nacht hindurch brennen konnte.

Die Shawnee folgten diesem Fluß talaufwärts. Manchmal schneite es, aber die meiste Zeit war es nur grau und kalt. Der Wald, der sich zu beiden Seiten des Flusses ausbreitete, schien endlos zu sein.

Tag für Tag marschierten die Shawnee, so sicher, als folgten sie unsichtbaren Wegweisern, über einen Pfad, der vom Schnee zugedeckt war. Nachdem sie mehrere Tage lang in nördlicher Richtung gegangen waren, vermutete Clarissa, daß sie sich bereits in Kanada befanden, einem Land, das den Franzosen gehörte.

Sie versuchte nicht mehr, sich vorzustellen, wie weit sie nun schon von Caldwell's Meadow entfernt war und wie viele Meilen sie während der letzten Wochen zurückgelegt hatte. Nicht mal ein Vogel, so glaubte sie, konnte so weit fliegen, ohne sich einmal auszuruhen.

Eines Tages roch sie den Rauch von Feuern. Sie merkte, daß die Shawnee unruhig wurden. Noch einmal hielten sie an und bemalten ihre Gesichter und ihre nackten Körper. Nur die Träger aus dem anderen Dorf am Unterlauf des Flusses gaben sich keine Mühe, sich besonders herauszuputzen.

Aber Clarissa war klar, daß sie noch an diesem Tag das Dorf erreichen würden, und tatsächlich vernahm sie auf dem Weitermarsch alsbald das Gebell von Hunden.

Die Shawnee verließen den Wald und folgten dem Fluß. Clarissa entdeckte die ersten Spuren im Schnee, Fährten von Menschen und Tieren, die kreuz und quer verliefen, und an mehreren Stellen den Fluß kreuzten. Dann tauchten die ersten Hunde auf, und bald entdeckte Clarissa auf einer Anhöhe jenseits der nächsten Flußbiegung eine Ansammlung von Hütten, die eng zusammen unter einem dichten Rauchschleier standen.

»Chillicothe!« rief ihr Tanoka zu, der sich inmitten seiner Gefährten aufhielt.

Aus dem Dorf liefen ihnen jetzt Leute entgegen. Die meisten waren Frauen und Kinder, und als sie unter den Kriegern Clarissa entdeckten, begannen sie schrille, abgehackte Schreie auszustoßen. Einige der Frauen bückten sich und griffen tief in den Schnee, um Steine vom Flußufer aufzuheben.

Clarissa tat erst, als ginge sie die ganze Sache gar nichts an. Sie folgte, gebeugt unter ihrer Last, den anderen Trägern. Aber da wurde sie von einem Stein am Arm getroffen. Sie biß die Zähne zusammen und stapfte weiter. Die Frauen folgten ihr.

Erneut traf sie ein Stein. Dieses Mal am Bein. Sie knickte ein, konnte aber das Gleichgewicht halten. Jemand schlug mit einem Stock nach ihr. Sie stürzte, und als sie im Schnee lag, wurde sie von einem Stein am Kopf getroffen. Plötzlich hatte sie den Geschmack von Blut im Mund.

Irgendwie gelang es ihr, sich zu erheben und weiterzutaumeln. Das Blut lief ihr von einer Platzwunde am rechten Auge über das Gesicht. Magere Hunde sprangen kläffend an ihr hoch. Kinder rannten schreiend um sie herum, und die Schmerzen trieben ihr Tränen in die Augen.

Aber sie gab nicht auf.

Erst als sie die ersten Hütten des Dorfes erreichte, brach sie zusammen.

✳

Das erste, was Clarissa wahrnahm, als sie wieder zu sich kam, waren die dunklen Gestalten, die um sie herumsaßen wie große Krähen. Clarissa lag in einer Hütte, in der ein Feuer brannte. Schatten tanzten lautlos im flackernden Lichtschein.

Clarissa hatte noch immer den Geschmack von Blut im Mund, der jetzt jedoch ausgetrocknet und voller Erde war. Sie verspürte einen quälenden Durst. Langsam hob sie den schmerzenden Kopf. Dabei merkte sie, daß sie nur noch aus einem Auge sehen konnte, denn das andere war völlig zugeschwollen.

Die Gestalten um sie herum waren Frauen. Einige trugen ihre Decken so, daß ihre Gesichter im tiefen Schatten nicht zu sehen waren. Andere hatten ihre Decken auf die Schulter zurückgeschlagen.

Sie saßen dicht beisammen und flüsterten miteinander, und als Clarissa den Kopf hob, hielten sie inne. Es wurde so still in der Hütte, daß der Knall, mit dem in der Hitze des Feuers ein Harzknoten barst, wie ein Gewehrschuß klang.

»Wasser«, würgte Clarissa hervor.

Obwohl ihre Stimme kaum mehr als ein Röcheln war, vernahmen auch jene Frauen, die hinten im Dunkeln saßen, dieses eine Wort. Die meisten von ihnen rührten sich nicht, aber plötzlich erhob sich eine und verließ die Hütte. Kurze Zeit später kehrte sie mit einer Holzschale zurück, die bis zum Rand mit Wasser gefüllt war.

Die Frau kauerte bei Clarissa nieder und half ihr, sich aufzurichten. Das Licht des Feuers fiel ihr von der Seite ins Gesicht, und Clarissa blickte verblüfft in die blauen Augen einer Frau, die auf der Stirn und auf beiden Wangen tätowiert war.

Die Frau bewegte die Lippen, als wollte sie mit ihnen ein Wort formen, das nicht leicht auszusprechen war.

Sekundenlang starrte Clarissa die Frau mit angehaltenem Atem an, dann hörte sie sich selbst leise ihren Namen sagen.

»Clarissa.« Der Name wehte wie ein Hauch über ihre Lippen. »Das ist mein Name. Clarissa Caldwell.«

Die Frau nickte, als hätte sie verstanden. Dann kam endlich das Wort aus ihrem Mund, mit dem sie sich abgemüht hatte.

»Trink«, forderte sie Clarissa auf englisch auf und hielt ihr die Schale an den Mund. Clarissa trank die Hälfte der Schale leer, um ihren Durst zu löschen.

»Danke«, keuchte sie außer Atem. »Danke. Ich bin fast verdurstet.«

Die Frau setzte sich zu den anderen und sagte etwas zu ihnen, während Clarissa mit den Fingern vorsichtig ihr verschwollenes Gesicht abtastete. Die anderen Frauen schwiegen, aber eine von ihnen stieß diejenige, die Clarissa das Wasser gebracht hatte, mit der Hand auffordernd an.

»Mein Name ist Clarissa Caldwell«, wiederholte Clarissa ihren Namen etwas deutlicher. Sie blickte dabei die Frau mit den blauen Augen an. »Wer bist du? Ich erkenne an deinen Augen, daß du keine Shawnee bist.«

Die Frau war jung. Vielleicht nicht mehr als drei, vier Jahre älter als Clarissa. Ihr Haar war in der Mitte gescheitelt und hing ihr über die Schultern herunter. Sie trug ein Kleid aus dunkelblauem Stoff und eine rote Handelsdecke. Clarissa sah ihr an, daß sie sich in der Situation, in der sie sich befand, nicht wohl fühlte.

»Du bist eine Engländerin, nicht wahr? sagte Clarissa. »Wie heißt du?«

Die Frau streckte ihre Hand aus. Vielleicht wollte sie

Clarissa ihren Namen sagen, aber sie hatte ihn entweder vergessen, oder sie war nicht in der Lage, ihn auszusprechen. Clarissa sah ihrem Gesicht an, wie sehr sie sich anstrengte, Worte zu finden, die längst aus ihrer Erinnerung verschwunden waren. Sie ging gebückt zum Hütteneingang. Dort blieb sie stehen und drehte den Kopf.

»Warte«, sagte sie, dem Klang des Wortes unsicher nachhörend, und verließ die Hütte.

Clarissa saß da, belauert von den anderen Frauen. Sie lächelte. Keine der Frauen lächelte zurück. Sie starrten sie nur an, mißtrauisch und neugierig zugleich.

Dann kehrte die Frau mit den blauen Augen zurück. Zu Clarissas Überraschung hatte sie ein Kind dabei, einen Säugling, der in eine Decke eingewickelt war. Sie setzte sich bei den anderen Frauen auf den Platz, wo sie schon vorher gesessen hatte, und gab dem Kind die Brust. Dabei blickte sie Clarissa die ganze Zeit an.

»Ich«, sagte sie schließlich, »ich, Shawnee.«

Clarissa schaffte es, ihre Tränen zurückzuhalten.

»Sag mir deinen Namen«, preßte sie leise hervor. »Du kannst dich doch noch an deinen Namen erinnern. Bitte!«

»Shatomwac«, sagte sie. Dann überlegte sie und deutete schließlich mit den Fingern ihrer rechten Hand auf ihre Augen. *»Blue-eyed bird«,* sagte sie unsicher, hörte ihrer Stimme nach und schüttelte schließlich den Kopf. »Bluebird«, sagte sie nun bestimmt. »Mein Name ist Bluebird.«

»Bluebird«, sprach Clarissa den Namen leise aus. »Man hat dir diesen Namen wegen deiner blauen Augen gegeben. Aber deinen richtigen Namen, weißt du den nicht mehr?«

Bluebird schüttelte den Kopf. Eine der Frauen sagte etwas zu ihr, und alle brachen in lautes Gelächter aus. Dann fiel der Name des jungen Kriegers, der Clarissa gefangen hatte. Sie konnte ihn deutlich aus den anderen Worten heraushören. Bluebird hob eine Hand, zum Zeichen, daß die anderen mit ihrem Gerede aufhören sollten. Jetzt zeigte sie auf Clarissa.

»Tanoka«, sagte sie.

»Tanoka? Was ist mit ihm?«

»Er – Mann«, sagte Bluebird. Die anderen Frauen kicherten sich gegenseitig in die Wolldecken. »Du – Frau.« Sie nahm den Säugling von ihrer Brust und hielt ihn Clarissa entgegen. »Mann, Frau«, sagte sie.

»Kind«, sagte Clarissa. Sie nahm das Baby aus den Händen seiner Mutter und begann es in ihren Armen zu wiegen.

∗

Clarissa gehörte zu der Familie von Blackfish, dem Dorfhäuptling von Chillicothe. Blackfish hatte drei Frauen und acht Kinder, von denen Tanoka der älteste Sohn war. Am Tag nach der Ankunft feierten die Shawnee trotz des kalten Wetters die Heimkehr des Kriegstrupps unter Blackfish. Die Beute wurde unter den Dorfbewohnern verteilt.

Tanoka führte Clarissa an der Leine im Kreis herum, als wäre sie ein Pferd, das er gestohlen hatte.

Eine der Frauen, die Clarissa am Tag zuvor mit Steinen beworfen hatten, wollte auch dieses Mal über sie herfallen, aber Bluebird und ihre Freundinnen packten sie und hielten sie fest, bis Tanoka Clarissa zu der Hütte zurückgebracht hatte, in der sie gefangengehalten wurde.

Vier Tage und vier Nächte verbrachte Clarissa allein in dieser Hütte, die abwechselnd von mehreren Frauen bewacht wurde. Manchmal kam Bluebird zu ihr in die Hütte, und wenn sie auch anfangs kaum ein englisches Wort über die Lippen gebracht hatte, erinnerte sie sich von Tag zu Tag besser an die Sprache, die sie als Kind gelernt und dann bei den Shawnee wieder vergessen hatte.

Für Clarissa war die neue Freundin ein Wesen, das ihr der liebe Gott geschickt hatte. Durch sie erfuhr sie in wenigen Tagen, was sie hier in Chillicothe erwartete.

Bluebird erzählte ihr, daß die Shawnee von Häuptling Blackfish erst im letzten Sommer beschlossen hatten, hier, in der Biegung des Flusses, ein Dorf zu errichten. Es war ein geschützter Platz, der den Shawnees bisher nur als Winterlager gedient hatte, aber künftig wollte Blackfish mit mehr als vierhundert Leuten hier wohnen.

In der großen Ratshütte, die noch nicht fertig gebaut war, palaverten die Männer derzeit über Clarissas Schicksal. Es gab Leute im Dorf, die dafür eintraten, sie der Frau zu übergeben, von der sie bei ihrer Ankunft mit Steinen beworfen und niedergeschlagen worden war. Der älteste Sohn dieser Frau war nämlich nicht mehr vom Kriegspfad zurückgekehrt, weil ihn die Engländer getötet hatten.

»Ihr Mann ist letztes Jahr getötet worden. Nun ist sie allein mit ihren kleinen Kindern«, erklärte Bluebird, als die beiden Frauen einmal in der kleinen Hütte am Feuer saßen, während draußen der Sturmwind heulte. »Sie hat niemanden, der ihr bei der Arbeit hilft. Ich glaube, daß die Männer entscheiden werden, dich dieser Frau zu geben.«

»Was wird aber Tanoka dazu sagen?« Clarissa schüttelte den Kopf. »Lieber werde ich seine Frau und die Mutter seiner Kinder als die Sklavin dieser Hexe.«

»Sie ist keine Hexe. Sie ist nur verzweifelt und traurig.«

»Sie würde mich jeden Tag mit dem Stock verprügeln wie einen Hund.«

»Ja, am Anfang würde sie das wahrscheinlich tun. Aber wenn du tüchtig bist, wird sie bald aufhören, dich zu schlagen.«

Nachdem vier Tage vorüber waren, wurde Clarissa aus der Hütte geholt. Zu ihrer Überraschung brachte man sie nicht zur Hütte der Frau, sondern zu der von Blackfish und seiner Familie. Es war eine große runde Hütte, die aus Pfählen und Astwerk gebaut und mit Rindenstücken bedeckt war. Die Hütte war so groß, daß im Winter sogar Blackfishs drei Pferde darin Platz fanden und so vor den eisigen Stürmen geschützt waren.

Clarissa erhielt ein Lager in der Nähe der Pferde. Ihrem Lager schräg gegenüber befand sich Tanokas Schlafplatz. Manchmal, wenn sie dalag, spürte sie, daß er sie im Licht des Feuers betrachtete. Dieses Anstarren ließ ihr Herz pochen, auch wenn sie sich anstrengte, ruhig zu bleiben. Während der ersten Nächte in Blackfishs Hütte schlief sie kaum.

Es war ihre Aufgabe, dafür zu sorgen, daß das Feuer brannte und es in der Hütte warm blieb. Aus Furcht, einzuschlafen und nicht rechtzeitig aufzuwachen, zwang sie sich, wach zu bleiben.

Dann geschah es trotzdem. Die Müdigkeit bezwang ihren Willen. Sie schlief, und die Flammen des Feuers wurden kleiner und kleiner, bis schließlich nur noch Glut in der Feuermulde lag.

Es wurde schnell kalt in der Hütte, und eine der drei Frauen von Blackfish, es war Mokeshta, die älteste, erwachte mitten in der Nacht. Sie scheuchte Clarissa mit einem Fußtritt hoch und keifte sie so laut an, daß sogar die Kinder erwachten.

Clarissa beeilte sich, das Feuer wieder in Gang zu bringen, und als alle sich wieder beruhigt hatten und schliefen, lag sie wach unter ihren Decken und kämpfte gegen die Müdigkeit.

Es war nicht das einzige Mal, daß sie einschlief. Einmal schrak sie aus dem Schlaf, obwohl sie niemand geweckt hatte. In der Hütte war es nahezu dunkel. Nur hin und wieder züngelten in der Feuermulde kleine Flammen hoch. Clarissa kroch sofort zum Holzstapel. Eins der Pferde schnaubte, aber niemand erwachte.

Schnell nahm Clarissa ein paar Äste, um sie in die Glut zu legen, aber da bemerkte sie die Silhouette einer Gestalt, die bei der Feuermulde kauerte. Es war Tanoka, der dabei war, in die Glut zu blasen. Er hatte bereits einige Äste in die Feuermulde gelegt, an denen nun die ersten Flammen hochleckten.

In ihrem Licht sah Clarissa, daß Tanoka nur mit seinem Lendenschurz bekleidet war. Feuerschatten jagten über seinen schlanken, geschmeidigen Körper. Er blickte auf und lächelte ihr zu. Sie merkte, wie ihr Herz schneller zu schlagen begann. Obwohl es kalt in der Hütte war, wurde ihr warm.

Tanoka bedeutete ihr, das Holz zur Feuermulde zu bringen. Sie kroch zu ihm und kniete vor ihm nieder. Er hob die Hände und berührte mit seinen Fingern sachte ihr Gesicht. Sie wollte zurückweichen, aber sie war wie gelähmt. Die Blicke aus seinen dunklen Augen drangen tief in sie hinein.

Seine Finger berührten ihre Lippen und glitten über ihr

Kinn hinunter und den Hals entlang. Clarissa merkte, wie sie am ganzen Leib zu zittern begann, und ohne daß sie es wollte, begann sie zu weinen.

»Clarissa«, flüsterte er. »*Pour-quoi tu pleure?*«

Sie verstand die Worte nicht, aber sie sah seinen Augen an, daß er nicht verstand, warum ihr Tränen über das Gesicht liefen. Sie wandte sich um und kroch zu ihrem Lager zurück.

Sie war innerlich so aufgewühlt, daß sie bis zum Morgen wach blieb. Als sie einmal Holz ins Feuer legte, blickte sie verstohlen zu Tanoka hinüber. Er lag regungslos unter seinen Decken, und seine dunklen Augen waren wie die eines lauernden Tiers.

✳

Clarissas erfuhr Bluebirds Namen erst nach einigen Tagen, als sie sich zufällig am Wasserloch trafen, das die Shawnee in das Eis des Flusses geschlagen hatten.

»Ich habe nachgedacht, und ich weiß jetzt meinen Namen wieder«, sagte Bluebird zu ihr.

Ihr Name war Audrey Ashburn gewesen, bevor sie von den Shawnee verschleppt worden war. Wie lange das her war, wußte sie nicht mehr, aber sie schätzte, daß der Überfall auf die Farm der Ashburns vor mehr als fünfzehn Jahren geschehen war, als sie ungefähr drei Jahre alt war.

Sie konnte sich noch erinnern, daß sie zusammen mit ihrer Mutter gefangengenommen wurde, aber ihre Mutter war später auf einem mühevollen Marsch, der länger als ein Jahr dauerte, gestorben. Einfach so. Niemand hatte sie getötet.

Sie war plötzlich krank geworden, mit heftigen

Schmerzen im Unterleib, und eines Morgens lag sie tot da, und alles, was Bluebird von ihr geblieben war, war eine goldene Brosche mit einem dunkelroten Stein.

Bluebird und Clarissa trafen sich hin und wieder, aber die meiste Zeit war Clarissa mit Arbeiten beschäftigt, die ihr von Blackfishs Frauen aufgetragen wurden. Sie mußte sich um die Kinder kümmern, die Hütte sauberhalten, den Frauen beim Kochen helfen, Wasser vom Fluß herauftragen und dafür sorgen, daß immer ein großer Vorrat an Feuerholz vorhanden war.

Häufig war sie mit den Frauen allein, denn die Männer zogen in Gruppen zur Jagd aus. Meistens kehrten sie mit leeren Händen zurück, aber einmal gelang es ihnen, einen Hirsch zu erlegen, und ein anderes Mal brachte Tanoka zwei Rebhühner nach Hause.

Eine der Frauen zeigte Clarissa, wie das Häutemesser benutzt wurde, und gemeinsam zogen sie dem Hirsch das Fell ab. Danach war Clarissa den ganzen Tag damit beschäftigt, mit einem Knochenschaber Fleischreste und Fett von der Innenseite der Hirschhaut zu schaben und sie mit dem Hirn des Hirsches einzureiben, damit sie gegerbt werden konnte. Da gaben die Rebhühner Tanokas viel weniger Arbeit. Sie brauchten nur gerupft und ausgenommen zu werden, bevor sie in einem Kessel im siedenden Wasser gekocht wurden.

Allmählich wurde das Shawnee-Dorf für Clarissa zu einem neuen Zuhause. Das Mißtrauen, mit dem ihr die Dorfbewohner zu Anfang begegnet waren, ließ mehr und mehr nach. Nur die Frau, die erst ihren Mann und dann ihren Sohn verloren hatte, drohte Clarissa noch lange mit Schimpfworten und mit Fäusten, wenn sie sich begegneten. Clarissa ging ihr deshalb aus dem Weg.

Die Hunde und die Kinder waren die ersten, die Clarissa akzeptierten. Manchmal, wenn sie in den Wald zum Holzsammeln ging, wurde sie von einem ganzen Rudel schreiender Kinder und kläffender Hunde begleitet.

Von Bluebird, die sich in der Folgezeit immer besser in der englischen Spracche zurechtfand, erfuhr sie alles, was sie über das Dorf und seine Bewohner wissen wollte. Bluebird erklärte ihr, daß es in der Umgebung noch mehrere andere Shawnee-Dörfer gab und daß die Shawnee aus dem Süden in dieses Land gezogen waren.

Sie brachte ihr auch einige Worte in ihrer Sprache bei und erzählte ihr oft von ihrer eigenen Familie, von ihrem Mann, dem Sohn eines Kriegers, der beim Überfall auf die Ashburn-Farm getötet worden war, und von ihren drei Kindern, von denen sie das älteste, einen Knaben, schon vor sechs Wintern geboren hatte.

»Du wirst auch bald einen Sohn oder eine Tochter haben«, sagte sie eines Tages, als sie sich am Flußufer trafen. Es schneite leicht, und sie setzten sich in den Schutz einer ausladenden Tanne, unter der kein Schnee auf dem Waldboden lag.

»Ich glaube nicht, daß ich bald einen Sohn oder eine Tochter haben werde, weil ich nämlich keinen Mann habe«, gab Clarissa lachend zurück.

»Dein Mann ist Tanoka, der Sohn des Häuptlings. Alle Frauen im Dorf wissen es schon.«

»Alle Frauen, nur eine nicht.«

»Und wer ist diese eine? Etwa du?« Bluebirds Stimme war voller Spott. »Bist du blind, Clarissa? Siehst du nicht, wie er dich anstarrt. Er ist ganz krank, der arme Junge, weil er sich nicht getraut, dir seine Liebe zu gestehen.«

»Was weißt du schon, Bluebird? Und was wissen die

Frauen?« Clarissa schüttelte den Kopf. »Nein, ich bin die Sklavin seiner Familie. Mehr ist da nicht.«

»Und ich sage dir, daß er bald so weit ist, daß er nicht mehr anders kann, als dir sein Geheimnis zu verraten. Er wird dich zu seiner Frau machen und zur Mutter seiner Kinder.«

»Und wenn ich nicht will?«

»Es ist seine Entscheidung. Fragen wird er dich nicht. Eines Nachts kriecht er zu dir unter deine Decken und dann...« Bluebird kicherte, ohne den Satz zu Ende zu sprechen.

»Ich werde aufpassen, daß dies nicht geschieht.«

»Paß nur schön auf, Clarissa.« Bluebird lachte. »Aber so sehr du auch aufpassen wirst, diese Sache wird genauso geschehen, wie das Eis auf diesem Fluß wegschmilzt, wenn der Winter vorbei ist. Es ist etwas, was du nicht aufhalten kannst und auch sonst niemand. Es ist mir und den anderen Frauen auch geschehen, und deshalb wissen wir alle, daß es auch dir so geschehen wird.« Bluebird legte einen Arm um Clarissas Schultern. »Laß mich dir von meinem Mann erzählen. Ich kenne ihn schon so lange, wie ich mich als Shawnee zurückerinnern kann. Er war ein Junge damals, als die Shawnee unsere Farm überfielen. Sie kamen von Süden her, von einem Land, das Wasser und Land zugleich ist, und sie suchten nach einem Platz für ein Dorf, und so zogen sie durch unser Tal.«

Bluebird erzählte ihr, wie man sie der Familie jenes Kriegers übergeben hatte, der beim Überfall getötet worden war, und wie man sie am Anfang geprügelt hatte wie einen Hund.

Ihr Mann, der mehr als zehn Jahre älter war als Bluebird, hieß Thundercloud. Unter den Shawnee galt er als furchtloser Krieger, der schon mehr als ein Dutzend Skalps erbeutet hatte, und als ein erfolgreicher Jäger.

Einmal hatte er mit dem Messer gegen einen Bären gekämpft, aber es war ihm nicht gelungen, den Bären zu töten. Manchmal zeigte er seinen Söhnen die Narben von diesem großen Kampf, dem er nur deshalb mit dem Leben entronnen war, weil ihn der Bär für tot hatte liegenlassen.

Clarissa hörte ihrer neuen Freundin gebannt zu. Die Geschichten Bluebirds gewährten ihr so etwas wie einen Blick in ihre eigene Zukunft. Und wenn sie dieser am Anfang auch mit Bangen entgegengesehen hatte, so verlor sie nun mehr und mehr die Furcht vor den Entscheidungen, die Tanoka für sie treffen würde.

Sie begriff plötzlich, daß ihr Weg unter den Shawnee vorgezeichnet war und alle zukünftigen Ereignisse zu einem natürlichen Kreislauf gehörten, dem sie auf Gedeih und Verderb ausgeliefert war.

Je mehr ihr Bluebird von ihrem Leben erzählte, desto deutlicher verspürte sie, wie ein neues Gefühl von ihr Besitz ergriff, ein Gefühl, das ihr noch mehr Mut gab. Und in den Wochen danach lernte sie, daß es ein Gefühl des Glücks war, das ihr Wesen nach und nach veränderte.

Aus Clarissa Caldwell wurde immer mehr ein Mädchen der Shawnee, eine junge Frau, die von einem jungen Krieger ausgesucht worden war, seine Frau zu werden.

Es geschah ganz natürlich. Es geschah leise und sanft, und nicht eine Sekunde lang fürchtete sie sich, als er zu ihr kam und sie berührte.

Es war eine Nacht im Mond des Falken, den die Weißen Februar nannten. Clarissa war erwacht, um für das Feuer zu sorgen. Sobald es richtig brannte, schlief sie wieder ein. Sie hatte sich inzwischen daran gewöhnt, zu gewissen Zeiten aufzuwachen und nach dem Feuer zu sehen. Sie wußte selbst nicht, warum sie aufwachte, ob es eine Veränderung der Temperatur war oder ein neues Zeitgefühl, das sich nach dem Feuer richtete.

Sie schlief, als sie merkte, wie sie von einer Hand berührt wurde. Sie öffnete die Augen, und da sah sie ihn im Feuerschein knien, und in seinen Augen war ein Ausdruck, wie sie ihn bisher bei ihm noch nie gesehen hatte.

Er sagte kein Wort, aber sie öffnete ihre Decken und rutschte etwas zur Seite, damit er sich neben sie legen konnte.

Sein Körper war kalt. Er mußte schon eine Weile bei ihr gekniet haben.

Sie legte ihre Arme um ihn und drückte ihr Gesicht gegen seine Brust. So verharrten sie, bis sich ihre Wärme auf seinen Körper übertragen hatte.

Sie hob den Kopf, und sein Mund berührte ihre Lippen, während seine Hände über ihren Rücken hinunterglitten.

Niemand hörte etwas. Niemand sah etwas.

Aber am Morgen, als alle wach waren und Clarissa hinausgehen wollte, um Wasser zu holen, griff die jüngste von Blackfishs Frauen nach ihrer Hand und hielt sie zurück.

Das Lächeln in ihrem Gesicht verriet Clarissa, daß sie wußte, was geschehen war.

14. Kapitel **Warten auf den Frühling**

Der Beobachter – Durch hundert Täler – Warten auf den Frühling – Indianer sind schlechte Sklaven – Im Schatten des Geiers – Fracht aus Philadelphia – Jagdfieber – Lagebesprechung – Clarissa lebt – Schnaps muß dabei sein – Ein Wolf an der Kette

Mataquas Augen hatten genug gesehen. Bis nach Chillicothe war er den Shawnee gefolgt. Wochenlang streifte er wie ein einsamer Wolf durch die Wälder, umschlich Blackfishs Dorf und paßte dabei auf, nirgendwo Spuren zu hinterlassen.

Ohne daß seine Wachsamkeit einmal nachgelassen hätte, jagte er Kleinwild, tötete es mit einem lautlosen Pfeil oder mit seinem großen Jagdmesser. Er schlief im undurchdringbaren Dickicht, kroch in hohle Baumstämme oder legte sich in die verlassene Höhle eines Bären.

Er beobachtete das Dorf, ohne daß ihn jemand sah. Er beobachtete die Frauen, wenn sie Wasser holten, und die Jäger, die gemeinsam in die Wälder zogen, um Wildbret einzubringen. Er beobachtete die Kinder beim Spielen,

und er sah die Gäste aus anderen Winterlagern der Shawnee, die Chillicothe besuchten.

Und er versuchte, an das weiße Mädchen heranzuschleichen, um es mit sich zu nehmen, zurück in das Tal
des Shenandoah, das Mataqua verlassen hatte, ohne daß
jemand von seinem Vorhaben wußte.

Der Lieutenant, sein Herr und Meister, glaubte, daß der
Mohawk nach Norden zu seinen Leuten heimgekehrt sei.
Erst irgendwann im Mond, den die Weißen April nannten, sollte Mataqua nach Winchester zurückkehren, aber
nun war Mataqua bereit, das Land der Shawnee zu verlassen.

Ohne das Mädchen, denn das Mädchen war eine Frau
geworden.

Das Mädchen war jetzt die Frau eines Shawnee-Kriegers, und wenn er das Mädchen beobachtete – beim Was-
serholen, am Kochfeuer vor der Hütte, zusammen mit
den anderen Frauen des Dorfes –, mußte er einsehen, daß
er den langen Weg hierher vergeblich unternommen
hatte.

Dieses Mädchen würde nicht mehr mit ihm zurückkehren wollen. Es hatte seinen Platz in der Gemeinschaft der
Shawnee gefunden. Es trug das Kind eines jungen Mannes. Nichts würde dieses Mädchen unglücklicher werden lassen als die Trennung von seinem Mann, dem Vater
des ungeborenen Kindes.

Es war im späten Mond, den die Weißen Februar nannten, als Mataqua beschloß, den Rückweg anzutreten. Er
hatte kein Pferd, und sein Bündel war klein. An den
Füßen trug er Schneeschuhe, und er war ein gewandter
und ausdauernder Läufer. Statt dem Ohio flußaufwärts
zu folgen, durchquerte er die menschenleere Wildnis von

Kentucky, dieses riesige Jagdgebiet, das im Herbst von den Jägern vieler Stämme durchstreift wurde.

Die Stämme hatten darauf verzichtet, in diesem Gebiet Dörfer zu bauen und sich niederzulassen, denn es war als freies Jagdrevier bestimmt, als Niemandsland, das jedermann zugänglich war, der es nach der Jagd wieder verließ.

Ohne es zu wissen, folgte Mataqua dem Warrior's-Pfad durch hundert Täler und über hundert zugefrorene Bäche und Flüsse, bis er schließlich während eines heftigen Schneesturmes die Cumberland Gap passierte. Er passierte Caldwell's Meadow, ohne anzuhalten, folgte der im Schnee unsichtbaren Straße nach Norden und erreichte im März die Umgebung von Winchester.

Er wußte nicht, wo sich der Lieutenant befand. Er hätte ihm gern das Mädchen zurückgebracht, aber nun würde er ihm nicht sagen, wo er gewesen war und was er gesehen hatte.

Mataqua wagte nicht, Winchester zu betreten. Er umrundete die Stadt und die Garnison. Während eines furchtbaren Schneesturmes, der mehrere Tage und Nächte dauerte, fand er Schutz in einer verlassenen Waldhütte am Rande einer weiten Ebene.

Hier blieb er und wartete das Ende des Sturmes ab. Er schlief die meiste Zeit. Solange der Sturm dauerte, drohte ihm hier keine Gefahr.

*

Auch Nathaniel Axton hatte keine Ahnung, wo sich Mataqua befand. Er nahm an, daß der Indianer den Winter in den Dörfern der Mohawks verbrachte und schickte diesbezüglich einen Brief nach Fort Oswego am Lake Ontario, in der Hoffnung, daß man dort über den Verbleib Mataquas Bescheid wußte. Wochen später erhielt er allerdings eine verneinende Antwort. Auch die Mohawks wußten nicht, wo sich Mataqua herumtrieb, oder ob er überhaupt noch lebte.

Nathaniel Axton hatte Mount Vernon und seinen kranken Freund George Washington Ende Januar verlassen und war nach Winchester zurückgekehrt, um die ersten Vorbereitungen für die Expedition zur Zerstörung von Fort Lacour zu treffen. Er mußte dabei vorsichtig zu Werke gehen, denn nicht einmal Captain Calhoun, der Kommandant der Garnison, durfte etwas von den Plänen erfahren.

Washington und Nathaniel Axton hatten beschlossen, alle Vorbereitungen so zu treffen, als handele es sich bei dem Unternehmen um nichts weiter als um eine Erkundigungsreise in die Allegheny Mountains, um herauszufinden, ob die Braddock Road für eine Armee von über siebentausend Mann noch passierbar war, oder ob der geplante Marsch zum Ohio und der ganze Feldzug gegen Fort Duquesne durch Straßenbauarbeiten verzögert würde.

Dazu sollte Lieutenant Sweet einen möglichst kleinen Trupp zusammenstellen, der aus nicht mehr als drei Soldaten bestand. Gleichzeitig sollte der Trupp die Seneca-Dörfer jenseits der Berge mit Geschenken versorgen, da inzwischen bekannt geworden war, daß die Franzosen Schwierigkeiten hatten, ihre verbündeten Indianer mit Handelsgütern zufriedenzustellen.

Auf diese Art, so ließ Nathaniel Axton den Kommandanten der Garnison verstehen, könnte es vielleicht gelingen, die Loyalität der Seneca gegenüber den Franzosen so weit zu erschüttern, daß diese dann im Sommer davon

Abstand nahmen, gegen die englischen Truppen und das Virginia-Regiment zu kämpfen.

Captain Squire Calhoun leuchtete dieser Plan ein, und er versprach Nathaniel Axton, selbst alles zu tun, damit der Trupp Winchester verlassen konnte, sobald die letzten Winterstürme vorbei waren.

Nathaniel Axton blieb nun nichts anderes mehr zu tun übrig als den einäugigen Seelentreiber, Rope McGrath, davon zu überzeugen, daß er sich mit seinem Einsatz für die Zukunft eine günstige Ausgangsposition im Indianerhandel schaffen konnte, bei der mehr Geld zu verdienen war wie als Zwischenhändler von minderwertigen Sklaven aus Afrika und aufmüpfigen Verdingknechten aus Europa.

Sobald das Ohio-Tal England und seiner Kolonie Virginia angegliedert worden war, würden die Franzosen auch ihren Anteil am Indianerhandel verlieren und das Feld jenen überlassen, die sich im richtigen Moment am richtigen Ort befanden.

Nathaniel Axton mietete sich in Winchester im Haus von Molly Keithan ein kleines Zimmer. Dort traf er sich im Januar mit Rope McGrath zu einem Gespräch, das nicht mal zwanzig Minuten dauerte. Nathaniel erklärte dem Einäugigen, daß allein der Ohio Company – einer Vereinigung von reichen Händlern aus London und erfolgreichen Plantagenbesitzern aus Virginia – von der königlichen Regierung eine Landschenkung von fünfhunderttausend Acres ins Haus stand, sobald das Tal des Ohio erobert war.

»Fünfhunderttausend Acres?« staunte der alte Seelentreiber. »Bleibt da überhaupt noch was für jemand anders übrig?«

»Es ist genug Land für alle da«, versprach Nathaniel und schenkte dem Einäugigen einen Whiskey ein, den sich dieser sogleich und ohne das Glas einmal abzusetzen, hinter die schmutzige Binde goß.

»Und die Rothäute? Ich meine, ich könnte mir vorstellen, daß man kräftige Rothäute auf dem Sklavenmarkt besser verkaufen kann als ausgehungerte und verseuchte Nigger.«

»Bei den Indianern handelt es sich um Delawaren, Ottawa, Shawnee, Seneca, Cherokee und Miami. Das sind stolze Leute, die sich selbst nicht so leicht aufgeben. Viele von ihnen würden lieber bis zum letzten Blutstropfen kämpfen, als sich versklaven zu lassen. Deshalb denke ich, daß für einen geschäftstüchtigen Mann wie Sie der Handel mit Pelzen am einträglichsten sein wird.«

»Pelze? Ich bin kein Pelzhändler. Ich bin ein Seelentreiber, Axton.«

McGrath liebäugelte mit dem Schnapskrug, den Nathaniel mit einer Hand auf dem Tisch festhielt. »Wenn ich mit Ihnen gehe, dann tu ich es, weil eine Rothaut keinen Pfifferling kostet, während ein Nigger schon ein Preisschild um den Hals hängen hat, bevor er vom Schiff steigt. Das gleiche gilt für die Leute aus Europa. Ich stelle mir vor, daß man einmal im Jahr mit dem Wagen zum Ohio fährt und diese dort mit Rothäuten vollstopft. Oder man könnte sie alle aneinanderketten und zum Potomac marschieren lassen, von wo sie dann mit Frachtschiffen weitertransportiert werden. Also, Axton, ich glaube, ich habe mich entschieden, und wenn Sie mir jetzt noch einen einschenken, dann kann überhaupt nichts mehr schiefgehen.«

Damit hatte es sich. Nathaniel Axton goß ihm den

Becher noch einmal randvoll. Später, als der Einäugige fort war, fragte er sich allerdings, ob auf ihn tatsächlich Verlaß war. Der Winter war lang, und für einen Mann wie Rope McGrath gab es in Winchester kaum etwas anderes zu tun, als sich tagtäglich mit Schnaps abzufüllen.

In der Folgezeit sah Nathaniel den Einäugigen hin und wieder mit finsteren Typen in finsteren Winkeln der Kneipen zusammensitzen, ohne daß er jemals zu erkennen gab, daß er Nathaniel kannte. Nathaniel betrachtete dies als ein Zeichen seiner Verläßlichkeit, denn er hatte McGrath aufgetragen, niemanden auch nur ein Wort über ihr Gespräch zu verraten.

Ende Februar erhielt er die Nachricht von Lieutenant Sweet, daß er sich auf dem Rückweg nach Winchester befände. Noch immer kein Lebenszeichen von Mataqua. In der Garnison wurden die Rekruten trotz Schnee und Kälte gedrillt, um keine Langeweile entstehen zu lassen.

Trotzdem wurde die Moral der Truppen infolge des langen Winters immer mehr strapaziert. Niemand wußte, wann der Feldzug gegen Fort Duquesne beginnen sollte. Zuerst hieß es, im Frühling. Dann im Sommer. Von George Washington erfuhr man, daß er immer noch unter seiner Krankheit litt.

Englische Truppen hatten unterdessen Amerika erreicht. Ein General namens Forbes sollte sie gegen die Franzosen ins Feld führen. Der Feldzug sollte jedoch nicht in Winchester beginnen, sondern irgendwo in Pennsylvania. Dort wurden die königlichen Regimenter zusammengezogen.

Nathaniel Axton wußte, daß George Washington alles daransetzen würde, Winchester zum Ausgangspunkt des Feldzuges zu machen, und wenn es das letzte war, was er in seinem Leben tat. Daß ihm dies allerdings gelingen würde, daran zweifelte Nathaniel.

Ihm selbst erschien es jedoch unwichtig, von welchem Ort die Truppen schließlich gegen Fort Duquesne zogen und wer sie anführte. Und wer sich schließlich das Land unter den Nagel riß, das war ihm auch egal. Die Geier hockten in London und in Williamsburg, in Richmond und Alexandria. Er war keiner von ihnen – nie einer gewesen.

Er hatte gesehen, was die Geier den Powhatan weggenommen hatten. Nicht nur Land. Nicht nur die Wälder, die Flüsse und die grasbewachsenen Niederungen, wo die Powhatan Tabak, Mais und Kürbis angepflanzt hatten, auch an ihrer Seele fraßen sich dicke Geier satt.

Jenseits der Allegheny Mountains, im Tal des Ohio und aller seiner Zuflüsse, würde bald das gleiche geschehen wie zuvor im Land der Powhatan. Über den Shawnee, über den Ottawa und Delawaren, den Miami und Seneca und über allen anderen Stämmen schwebten bereits die Geier. Nur weil im Winter die Sonne nicht schien, konnten sie die dunklen Schatten noch nicht sehen.

*

Für mehrere Tage im März war Winchester von der Außenwelt abgeschnitten. Ein Wagenzug aus Philadelphia blieb, etwa acht Meilen von der kleinen Stadt entfernt, während eines Schneesturms stecken. Von den Ochsentreibern, die zu Fuß Hilfe holen wollten, kamen nur zwei durch. Mitten in der Nacht schlugen sie mit ihren Fäusten gegen die Tür des Old Hickory Saloons, einer kleinen Soldatentaverne am Anfang der Mainstreet, dort, wo der Karrenweg zur Garnison abzweigte.

Am nächsten Tag wurde ein Rettungstrupp ausgeschickt, um nach den beim Wagenzug verbliebenen Fah-
rern zu sehen, aber die Männer aus Winchester mußten
nach wenigen Meilen einsehen, daß ihre Hilfsaktion aus-
sichtslos war. Es gelang ihnen nur, einen Toten zu bergen, der auf halbem Weg in die Stadt zusammengebrochen und erfroren war.

Den ganzen Tag hindurch wütete der Sturm mit der
Gewalt eines entfesselten Ungeheuers. In Winchester
wagte sich niemand mehr auf die Straße. Die Geschäfte
blieben geschlossen, und die einzigen Leute, denen es
gelang, ihre Häuser richtig warm zu halten, waren diejeni-
nigen, die einen dieser neuen Öfen von Benjamin Frank-
lin besaßen.

Es schneite auch in der Nacht weiter und den ganzen
nächsten Tag und die Nacht und den Tag darauf. Von
einigen Häusern ragten bald nur noch die Dächer aus den
vom Wind hochgetürmten Schneewehen. Die Stadt
drohte langsam zu versinken.

Die Leute fürchteten das Ende der Welt. Ein langsamer
und lautloser Tod würde Einzug halten, in dem jeder
Atemhauch zu Eis gefror. Niemand wußte, wie lange der
Sturm anhalten und ob einmal die Sonne wieder schei-
nen würde.

Und dann geschah es.

Eines Morgens hörte es auf zu schneien. Zuerst glaubten es die Leute nicht, und sie starrten durch die vereisten
Butzenscheiben hinaus in das blendende Weiß, das ihre
kleine Stadt und das Land umhüllte wie eine samtweiche
Decke.

Reiterhoch lag der Schnee auf der Hauptstraße, auf den
Dächern, ja selbst auf den Kaminen, aus denen der Rauch

stieg und sich über der Stadt mit dem Grau des Himmels vermischte. Die Leute trauten der Stille nicht. Sie verharrten in ihren Häusern, aber es kam kein neuer Wind auf, der Schnee von den Dächern blies, und der Himmel verdunkelte sich nicht mehr, er wurde sogar heller und heller.

Am Nachmittag begann Tom Henderson, der Schmied, zusammen mit seinen Söhnen einen Gang durch den Schnee zu schaufeln, von der Hintertür seines Hauses hinüber zum Schuppen, wo die Pferde, das Heu und Futter untergebracht waren, und von dort zum Schrägdach, unter dem sich der Holzstoß befand. Da wagten auch andere Leute, ihre Häuser zu verlassen.

Sie begannen Gänge zu schaufeln, von einem Haus zum andern, quer über die Straße, und so entstand in Winchester ein Labyrinth von Wegen, in denen bald die Kinder spielten und sich die Nachbarn die Hände reichten.

Jubel erklang, als die Sonne durch die Wolken brach, blaß und kalt, aber die Häuser warfen jetzt Schatten in das Weiß, und im Grau gab es bläuliche Flecken, und die Wolken hatten plötzlich Ränder.

Der Schmied erinnerte die Leute an den Frachtwagenzug aus Philadelphia, der irgendwo steckengeblieben war, und man beschloß, am nächsten Tag bei Sonnenaufgang zu versuchen, mit Pferden und Schlitten zu den Wagen zu gelangen, wenn auch alle die Hoffnung längst aufgegeben hatten, daß dort noch jemand am Leben war.

Die Leute irrten sich.

Die zurückgebliebenen Ochsentreiber hatten eine Sturmpause dazu benutzt, unter einem mächtigen Frachtwagen eine Schneehöhle auszuheben. Einen anderen Wagen hatten sie mit Äxten, die für die Pioniere der Garnison bestimmt waren, zu Brennholz geschlagen, und an den erfrorenen Ochsen hätten sie sich noch wochenlang sattessen können.

Bei den Ochsentreibern in der Schneehöhle hielt sich auch Lieutenant Andrew Warren Sweet auf. Er hatte die zwei vergangenen Monate auf der elterlichen Plantage verbracht und befand sich nun auf dem Rückweg nach Winchester, wo er sich mit Nathaniel Axton und auch mit Mataqua treffen sollte. Andrew Warren Sweet wußte, daß ihn in der Garnison in Winchester eine besondere Aufgabe erwartete.

Nicht wie vorgesehen, würde er eine der unerfahrenen Rekrutenkompanien übernehmen, um sie auf dem Exerzierplatz zu schleifen, nein, seine Pflicht war es, in einer geheimen Operation Fort Lacour zu vernichten. Niemandem, nicht mal seiner Mutter, hatte er ein Sterbenswörtchen über seinen Auftrag verraten.

Er ließ seine Eltern im Glauben, daß er an der Spitze des Virginia-Regimentes und an der Seite von George Washington zum Ohio reiten würde, zusammen mit dem königlichen Gardegeneral Forbes, der die englischen Regimenter kommandieren würde.

Die anfängliche Enttäuschung war längst einer eisigen Wut gewichen, die sich vor allem gegen Nathaniel Axton richtete. Für eine Strafexpedition hielt er diesen gefährlichen Auftrag, und er wußte, daß er ihn seinem Jugendfreund zu verdanken hatte. Seine Karriere war gefährdet. Der eigentliche Feldzug gegen die Franzosen würde ohne ihn stattfinden.

Allein dieser Gedanke genügte, ihn Tag für Tag aufs neue in Wut zu versetzen und auf Rache zu sinnen. Irgendwann, hoffte er, würde sich für ihn oder Mataqua die Gelegenheit ergeben, Nathaniel Axton und George Washington heimzuzahlen, was sie ihm angetan hatten. Irgendwann würde er ihnen einen Strich durch die Rechnung ziehen, und insgeheim war Andrew Warren Sweet bereit, dazu sogar mit dem Teufel einen Pakt zu schließen.

Jetzt, am Morgen, als die Sonne aufging, stieg der Lieutenant auf einen Schneehügel, unter dem ein paar tote Ochsen im Joch lagen, und spähte durch das Feldglas das umliegende Gebiet nach einer Rettungspatrouille aus der Garnison ab. Nichts als schmerzendes Weiß fing sein Feldglas ein, kaum eine erkennbare Kontur oder ein Schatten bis hin zum Horizont, wo das leere Blau des Himmels begann.

Trotz Sonnenschein war es so kalt, daß die anderen alle in ihrer Höhle unter dem Wagen blieben, in der das Feuer brannte. Der Rauch zog durch ein Schneeloch ab und wurde vom Wind über die Ebene getragen.

Der Lieutenant wollte das Feldglas schon absetzen, als sein Auge eine Bewegung wahrnahm – nicht mehr als ein dünner Schattenfleck, der plötzlich von seinem Feldglas eingefangen und sogleich wieder verloren wurde. Mit angehaltenem Atem suchte Lieutenant Sweet danach, aber es verging fast eine Minute, bis er den Schatten, oder was es auch sein mochte, erneut im Glas hatte.

Jetzt wartete er gespannt, das Feldglas mit beiden Händen festhaltend, und allmählich nahm dieser konturlose Fleck, dieser vage Schatten, die Form eines Menschen oder eines großen Tieres an, das sich dort durch den Schnee bewegte und dabei eine lange dünne Spur nach sich zog.

Noch befand sich die Kreatur mehr als zwei Meilen von dem eingeschneiten Wagenzug entfernt, aber bald konnte Lieutenant Sweet erkennen, daß es sich bei der Gestalt um einen Menschen handelte, der mit Pelzen behangen war und auf Schneeschuhen ging. Und zweifellos handelte es sich bei dem Menschen nicht um einen Weißen, sondern um einen Indianer, dessen Kopf kahlgeschoren war und der ein Gewehr in einer Hülle bei sich trug.

Der Lieutenant wartete nicht länger.

»Rothäute im Anmarsch!« rief er durch die dicke Schneedecke in die Höhle hinunter. Nacheinander erschienen die Ochsentreiber und starrten in die von Lieutenant Sweet angegebene Richtung. Einer von ihnen hatte ein langläufiges Jagdgewehr dabei. Er kniete damit auf dem Schneehügel nieder, spannte den Hahn und legte an.

»Es ist nur einer«, sagte Lieutenant Sweet, der mit seinem Feldglas den Horizont absuchte. »Könnte sein, daß es sich um einen Kundschafter der Garnison...«

Die Worte des Lieutenants gingen im berstenden Krachen des Gewehrs unter, mit dem der Ochsentreiber auf den Indianer schoß, der mit bloßem Auge nur als Punkt zu erkennen war. Sekunden nach der Detonation, als auch der Widerhall in der Weite der Ebene verklungen war, verschwand der Punkt im Weiß und tauchte nicht wieder auf.

»Du hast die Rothaut getroffen, Pete!« rief einer der Ochsentreiber und hieb dem Schützen die Pranke auf die Schulter. »Jetzt holen wir uns seinen Skalp!«

»Leute, das sind fast zwei Meilen bis dorthin, wo die Rothaut liegt«, gab der Lieutenant den Ochsentreibern zu bedenken, ohne daß es ihm jedoch gelang, das auflodernde Jagdfieber zu dämpfen. Die Ochsentreiber ließen sich auch von der Warnung nicht aufhalten, daß der Indianer vielleicht überhaupt nicht getroffen war. Unverzüglich zogen sie auf ihren Schneeschuhen durch den Tiefschnee los, um dem Indianer das Fell über die Ohren zu ziehen.

Lieutenant Sweet beobachtete die Ochsentreiber, die sich dicht beisammen der Stelle näherten, wo der Indianer verschwunden war. Sie brauchten fast eine halbe Stunde dazu, etwas mehr als eine Meile zurückzulegen. Der mit dem Gewehr ging den anderen voran.

Sie waren nur noch etwa zweihundert Schritte von der Stelle entfernt, als sich dort eine Gestalt aus dem Weiß aufrichtete. Der Ochsentreiber hob sein Jagdgewehr an die Schulter, aber bevor er den Hahn spannen und abdrücken konnte, verschwand die Gestalt des Indianers hinter einer mächtigen Rauchwolke.

Eine Feuerlanze stach aus dem Rauch, und der Ochsentreiber mit dem Gewehr wurde wie von einem Hufschlag getroffen zurückgestoßen. Er fiel auf den Rücken und versank im Tiefschnee.

Die anderen ergriffen die Flucht und hasteten mit ihren Schneeschuhen auf ihrer eigenen Fährte zurück zu den Wagen.

Der Lieutenant hatte den Indianer im Feldglas. Dieser ging zur Stelle, wo Pete, der Ochsentreiber, im Schnee lag, ohne daß der Lieutenant ihn sehen konnte. Der Indianer bückte sich, als wollte er den Ochsentreiber skalpieren, aber als er sich aufrichtete, hatte er nur Petes Schlapphut in der Hand.

Er hob ihn hoch über seinen Kopf und schwenkte ihn

triumphierend, und erst in diesem Augenblick, als das Licht der Sonne das Gesicht des Indianers voll traf, erkannte ihn der Lieutenant.

Es war kein anderer als sein Läufer Mataqua, der dort mit gespreizten Beinen im Schnee stand und den fliehenden Ochsentreibern seinen Kriegsschrei nachbrüllte.

»Mataqua, mein Freund!« rief Andrew Warren Sweet von seinem Hügel auf die Ebene hinaus, und er zog seinen leuchtenden Uniformrock aus und schwenkte ihn wie eine rote Fahne.

Mataqua warf den Hut achtlos weg und begann sein Gewehr zu laden. Der Lieutenant beobachtete den Mohawk voller Bewunderung durch das Feldglas.

Seit sie sich im November getrennt hatten, war Mataqua wie vom Erdboden verschwunden gewesen. Der Lieutenant hatte ebenfalls angenommen, daß er zu seinen Leuten im Norden zurückgekehrt war, um den Winter mit ihnen zu verbringen. Vor Ende April hatte er ihn nicht zurückerwartet, und jetzt war noch nicht mal der Februar vorbei.

*

Die Leute aus Winchester erreichten den Wagenzug am Nachmittag. Sie begannen sofort damit, die Wagen, die toten Zugochsen und Lieutenant Sweets Pferde freizuschaufeln. Pete, der Ochsentreiber, wurde geborgen. Er war tot. Das schwere Bleigeschoß aus dem Gewehr Mataquas hatte ihn mitten ins Herz getroffen.

Da aber der Sachverhalt eindeutig war und der Mohawk sozusagen unter dem persönlichen Schutz des Lieutenants stand, erhoben weder die Ochsentreiber noch die Bürger von Winchester einen Vorwurf gegen ihn. Pete hatte eben zu voreilig gehandelt, und dem Indianer war nichts anderes übriggeblieben, als sein Leben zu verteidigen.

Trotzdem war Lieutenant Sweet erleichtert, als am Horizont schließlich eine Patrouille aus der Garnison auftauchte, die mehrere Ersatzpferde mitführte. Am Abend, als die Sonne blaß über dem Horizont im Dunst verschwand, kehrte die Patrouille mit Lieutenant Sweet und Mataqua in die Garnison zurück.

*

Nathaniel traf sich mit den Männern, die ihn auf der Expedition zum Ohio River begleiten sollten, in der Garnison. Captain Calhoun hatte ihnen einen Raum im Blockhaus der Kommandantur zur Verfügung gestellt. An der Wand hing eine Landkarte, auf der die Franzosenforts mit kleinen blauen Fähnchen markiert waren.

Das nördlichste Fort war Fort Presque Isle am Südufer des Erie-Sees. Dann folgten Fort Le Bœuf am Beef Creek, Fort Machault am French Creek und Fort Duquesne in der Gabelung des Ohio River. Diese vier Befestigungen waren auf einer Nord-Süd-Achse angelegt und zu Land mit einer Wagenstraße, zu Wasser durch den Allegheny River miteinander verbunden.

Außer Nathaniel Axton war keiner der Anwesenden jemals jenseits der Allegheny Mountains gewesen, und so starrten sie alle mit Neugier, aber auch mit gemischten Gefühlen auf die Landkarte mit all ihren geheimnisvollen leeren Flecken, während ihnen Nathaniel ihre Aufgabe erläuterte und für Fort Lacour ein rotes Fähnchen in die Karte steckte.

»Das Ziel dieser Operation ist es, Fort Lacour zu vernichten und dadurch alle möglichen Pläne der Franzosen zu durchkreuzen«, erklärte Nathaniel Jason Caldwell und Zebulon Peck, die an diesem Tag zum erstenmal hörten, daß sie für einen Geheimauftrag vorgesehen waren.

Beide trugen die neue Uniform des Virginia-Regiments mit den Korporalswinkeln am Ärmel. Beide hatten sich während der Monate, in denen Nathaniel sie nicht gesehen hatte, verändert. Zeb hatte sich einen Schnurrbart wachsen lassen, und Jason trug sein Haar lang und im Nacken zu einem Knoten gebunden.

Beide sahen männlicher aus, mit härteren Zügen im Gesicht und Augen, aus denen die Unschuld ihrer Jugend verschwunden war. Sie waren Soldaten geworden, geschult und gedrillt, bereit, ihren Offizieren in die Schlacht zu folgen und ihre Gruppen selbst anzuführen.

Der Gedanke, daß sie nicht in der Uniform und zusammen mit ihren Kameraden in den Krieg ziehen würden, sondern sich mit einem gewissenlosen Sklaventreiber, einem selbstgefälligen Lieutenant, seinem heimtückischen Töter sowie einem möglichen Landesverräter auf Schleichwegen zum Ohio River begeben sollten, paßte ihnen nicht. Nathaniel sah es ihren Gesichtern an. Sie wollten mit dieser Sache nichts zu tun haben, und Zeb war es, der seine Einwände zuerst vorbrachte.

»Ich glaube nicht, daß ich für diese Aufgabe der richtige Mann bin«, sagte er. »Als ich Caldwell's Meadow verließ und mich dem Trupp von Lieutenant Sweet anschloß, tat ich es, um Soldat zu werden. Jetzt soll ich diese Uniform hier abgeben und meine Kameraden zurücklassen. Nein, das werde ich nicht tun.«

»Das, was Zeb gesagt hat, gilt auch für mich«, pflichtete

Jason Caldwell seinem Freund bei. »Mein Trupp braucht mich, wenn's losgeht. Ich ziehe gegen die Franzosen als Soldat in den Krieg!«

Bis jetzt hatte Nathaniel noch mit keinem Wort erwähnt, daß die Vernichtung von Fort Lacour nur eines seiner Ziele war. Jetzt jedoch ließ er die Katze aus dem Sack, indem er ihnen erklärte, daß er vorhätte, nicht nur Fort Lacour zu vernichten, sondern Clarissa aus der Gewalt der Shawnee zu befreien.

»Clarissa befreien?« stieß Jason ungläubig hervor. »Wir wissen nicht mal, wohin sie verschleppt worden ist.«

»Sie wird sich in einem der Shawnee-Dörfer befinden«, erwiderte Nathaniel Axton ruhig.

»In welchem denn?« fragte der Lieutenant verächtlich.

»Das weiß ich nicht«, gab Nathaniel zu. »Aber ich werde es in Erfahrungen bringen, Andrew.«

»Weißt du überhaupt, wo sich die Dörfer der Shawnee befinden?«

Nathaniel zeigte auf ein weißes Gebiet der Landkarte, wo mehrere Flußläufe eingezeichnet waren. »Hier«, sagte er und bedeckte die Fläche mit der flachen Hand. »Hier sind die Shawnee zu Hause. Dieser Fluß hier heißt Miami River. An seinen Ufern gibt es mehrere Dörfer.«

»Ziemlich weit entfernt vom roten Fähnchen«, stellte McGrath sachlich fest. »Ich will nicht sagen, daß es unmöglich ist, ein weißes Mädchen unter einigen tausend stinkigen Rothäuten aufzuspüren, aber ich weiß nicht, ob ich dafür meinen Kopf riskieren soll, Axton!«

»McGrath hat recht, Nate«, stimmte der Lieutenant dem einäugigen Seelentreiber zu. »Es gibt Hunderte von

272

weißen Frauen und Kindern dort draußen, die von irgendwelchen Wilden verschleppt wurden. Es ist Sache der Regierung, sich um diese unglücklichen Geschöpfe zu kümmern. Deshalb denke ich, daß es absolut töricht wäre, diese Expedition in Gefahr zu bringen, indem...«

»Lieutenant, es geht hier nicht um irgendeine Gefangene«, wurde Sweet von Jason Caldwell heftig unterbrochen. »Natürlich können wir uns nicht um alle kümmern, aber wenn wir wüßten, wo Clarissa gefangengehalten wird, könnten wir sie auch befreien.«

»Dies ist eine reine Zeitfrage«, wandte Andrew Sweet ein. »Keiner von uns kann sagen, wie lange es dauern wird, bis wir erfahren, wo Ihre Schwester gefangengehalten wird, Korporal Caldwell. Wir werden jedoch ausgeschickt, um eine geheime Befestigungsanlage der Franzosen zu zerstören, damit unser Feldzug gegen Fort Duquesne planmäßig durchgeführt werden kann. Dies – und nur dies – ist unsere vorrangige Aufgabe.«

»Der Feldzug beginnt nicht vor dem Spätsommer, Andrew«, sagte Nathaniel Axton. »Wir werden die Garnison hier jedoch verlassen, sobald der Winter vorbei ist. Das kann in einer Woche geschehen oder in zwei oder drei. Es bleibt uns also genug Zeit, nach Clarissa zu suchen und sie zu befreien.«

Jason Caldwells Augen leuchteten jetzt.

»Wie erfahren wir überhaupt, wo sie gefangengehalten wird?« fragte er eifrig.

»Wir werden in anderen Indianerdörfern nach ihr fragen. Bei den Seneca, zum Beispiel. Und in den Dörfern entlang des Ohio.«

Mataqua, der bisher geschwiegen hatte, trat näher an die Landkarte heran. Er betrachtete sie einige Sekunden, als wollte er sich orientieren, dann deutete er mit dem Zeigefinger auf den weißen Fleck, über den Nathaniel zuvor die Hand gehalten hatte.

»Chillicothe«, sagte er kehlig und ohne jemanden dabei anzusehen.

»Chilli... was?« schnappte Zebulon Peck.

»Chillicothe«, wiederholte Mataqua den Namen des Dorfes, in dem sich Clarissa befand.

»Chillicothe ist ein neues Shawnee-Dorf, am Mad River«, erklärte Nathaniel Axton. Er blickte den Mohawk an. »Wieso weißt du, daß Clarissa dort gefangengehalten wird, Mataqua?«

Mataqua hob den Kopf und schüttelte ihn.

»Nicht gefangen«, sagte er.

»Nicht gefangen?« Jason ging um den Tisch herum auf den Mohawk zu. Mataquas Gesicht verfinsterte sich sofort. Er trat einen Schritt zurück, und seine rechte Hand legte sich um den Griff seines Tomahawks.

»Was willst du damit sagen, Roter?« stieß Jason scharf hervor. »Was weißt du überhaupt? Los, erzähl uns, was du weißt, aber wähle deine Worte vorsichtig aus, Rothaut. Wer meine Schwester verunglimpfen will, nur weil sie den heidnischen Teufeln in die Hände gefallen ist, kriegt es mit mir zu tun!«

»Deine Schwester ist die Frau eines Shawnee-Kriegers«, sagte Mataqua kalt. »Deine Schwester wird ein Kind von ihm kriegen und...«

»Verdammte Rothaut!«

Mit dieser Verwünschung sprang Jason Caldwell vor, um den Mohawk anzufallen. Blitzschnell jedoch, daß kaum jemand die Bewegung wahrnehmen konnte, zog Mataqua den Tomahawk aus dem Gürtel. Bevor Jason ihm die Finger um den Hals legen konnte, wurde er von der Breitseite des Stahlblattes hart an der Schläfe getroffen und sackte zu Boden. Dort blieb er vorerst regungslos liegen, während der Mohawk Zeb mit einem Blick streifte.

»Verdammte Scheiße!« stieß Zeb hervor. »Wenn du ihn in die ewigen Jagdgründe befördert hast, ergeht es dir dreckig, Rothaut.«

Er kauerte bei seinem Freund nieder und stellte erleichtert fest, daß dieser noch atmete. Mataqua steckte den Tomahawk in den Gürtel zurück.

»Wo warst du?« fragte ihn der Lieutenant argwöhnisch. »Ich dachte, du hättest den Winter bei deinen Leuten verbracht.«

»Ich war dort«, sagte Mataqua und deutete mit einer Kopfbewegung auf die Landkarte.

»Bei den Shawnee?«

»Ja.«

»Und dort hast du das Mädchen gesehen?«

»Ja.«

»Erzähle!«

Mataqua faßte sich kurz. Er berichtete ihnen, was er beobachtet hatte, und als er mit seinen Ausführungen fertig war, lag Jason immer noch bewußtlos am Boden.

»Wenn das so ist, dann brauchen wir uns wohl um dieses holde Geschöpf nicht mehr zu kümmern«, sagte Rope McGrath.

Zeb fuhr herum. »So, wie du es sagst, stinkt es, McGrath. Und der Gestank steigt aus deinem Gedärm auf, verdammt!«

»Aber es stimmt, was ich sage, Junge. Das Mädchen hat sich entschieden, eine Shawnee zu werden. Stell dir vor, was geschähe, wenn wir unwissend dort aufkreuzten. Die Kleine würde uns auslachen, und die Shawnee würden wie die Wölfe über uns herfallen und uns bei lebendigem Leib rösten.«

Jason rührte sich stöhnend. Zeb half ihm, sich aufzusetzen.

»Junge, deine Schwester ist die Frau eines Shawnee-Kriegers geworden«, sagte McGrath kalt. »Ganz gleich, ob dir das gefällt oder nicht, du wirst dich mit diesem Gedanken abfinden müssen.«

»Das – das glaube ich nicht«, keuchte Jason. Benommen saß er am Boden und blickte zu Nathaniel Axton auf. »Wir gehen dorthin, nicht wahr, Axton? Ich will sie sehen. Ich will sehen, ob das stimmt, was der Mohawk gesagt hat. Ich will mit ihr reden und sie fragen, ob sie zurückkehren oder bei den verdammten Rothäuten bleiben will.«

»Sie ist eine Shawnee geworden«, sagte McGrath noch einmal.

Da taumelte Jason auf die Beine.

»Sie ist eine Weiße!« brüllte er McGrath an und wollte sich auf den Einäugigen stürzen, aber Nathaniel Axton hielt ihn am Arm zurück.

»Sachte, Korporal«, beruhigte er den wutentbrannten Soldaten, »wenn deine Schwester die Frau eines Shawnee geworden ist, dann gibt es dafür bestimmt gute Gründe. Über diese nachzudenken lohnt sich nicht. Deine Schwester lebt, und das allein zählt.«

»Soll das heißen, daß wir Clarissa ihrem Schicksal überlassen?« fuhr Jason auf.

»Deine Schwester ist vorläufig bei den Shawnee gut aufgehoben, Korporal.«

»Bestens aufgehoben mit einem jungen Bock, der ihr...«

»Das genügt jetzt, Mister McGrath!« fuhr Nathaniel den Einäugigen scharf an. »Und das gilt für alle! Clarissa wurde von den Shawnee gefangengenommen und verschleppt. Es gibt keinen Grund, über sie zu lästern.«

»Das klingt, als hätten Sie ein persönliches Interesse an diesem Mädchen, Axton«, spottete McGrath. »Ich dachte, diese Operation, die wir durchführen sollen, sei rein militärischer Art.«

»Das ist sie auch, Mister McGrath. Und deshalb würde ich an Ihrer Stelle nicht weiter über Clarissa Caldwell nachdenken. Wir verlassen die Garnison, sobald es das Wetter gestattet. Ich rechne damit, daß wir in vier Wochen Fort Lacour erreichen. Was dann geschieht, wird sich aus der jeweiligen Situation ergeben. Ich weiß nicht, was die Franzosen inzwischen mit diesem Fort getan haben. Es kann sein, daß dort in aller Heimlichkeit Truppen stationiert wurden. Es kann aber auch sein, daß es nur als Waffenlager oder als Basislager für den Nachschub dient.«

»Bist du denn überhaupt sicher, daß es existiert, Nate?« Andrew Warren Sweet lächelte, indem er einen Mundwinkel hochzog, was seinem Gesicht einen absolut heimtückischen Ausdruck gab. »Ich meine, gibt es dieses Fort überhaupt? Du bist der einzige, der davon weiß, der einzige, der es gesehen haben will.«

»Andrew, ich höre deine Stimme, aber ich weiß, daß es dein innerer Schweinehund ist, der zu mir spricht. Du hast die Wahl, und es ist die gleiche Wahl, die jeder von euch hat. Entweder bist du dabei, oder du bleibst in der Garnison zurück. Entscheide dich!«

Das Lächeln im Gesicht des Lieutenants war erstarrt. Er blickte McGrath an.

McGrath grinste. »Ich bin dabei«, sagte er rauh. »Für mich ist das ein Geschäft, an dem ich mir eine goldene Nase verdienen kann.«

»Ein goldenes Auge!« Zeb lachte. »Und ich bin dabei, weil Jason dabei ist. Wir gehören zusammen.«

»Nun, Andrew?« Nathaniel blickte dem Jugendfreund in die Augen. Für einen Moment senkte Sweet den Kopf. Als er ihn wieder hob, hatte er sich entschlossen.

»Ich bin dabei«, sagte er. »Auf nach Fort Lacour!«

»Gut«, sagte Nathaniel. »Von heute an müßt ihr euch bereithalten, die Garnison von einem Tag auf den anderen zu verlassen. Mister McGrath und ich werden alle Vorbereitungen treffen. Das heißt, daß wir einen Pferdekarren mit Plunder vollstopfen, den wir in den Dörfern der Seneca verschenken werden. Ob wir mit dem Karren durchkommen, wird sich zeigen, wenn wir die Allegheny Mountains hinter uns haben. Braddocks Road wurde etliche Jahre nicht mehr befahren. Deshalb nehmen wir Reit- und Packpferde mit. Wir werden uns einkleiden, wie es für Jäger, Fallensteller oder Händler üblich ist. Keine Uniform und auch sonst nichts, was uns mit dem Militär in Verbindung bringen könnte. Wir sind auf einer Erkundungsreise für eine private Handelskompanie, die wir Potomac Trading Company nennen werden. Ich habe entsprechende Schriftstücke anfertigen lassen, französisch und englisch. Je nachdem, welchen Indianern wir begegnen, sind wir entweder eine französische Kompanie oder eine englische. McGrath spricht französisch, nicht wahr? Auch Lieutenant Sweet beherrscht die Sprache.«

»*Mais oui, monsieur. Je parl' français très bien*«, McGrath grinste schief. »Und wenn ich besoffen bin, geht das noch besser, was wiederum ein Wink mit dem Zaunpfahl sein soll, Axton, damit wir nicht nur Krimskrams für die Rothäute mitbringen, sondern auch ein Fäßchen Schnaps, das unter meine Obhut gestellt wird.«

»Wir werden uns den Aufgaben entsprechend ausrüsten, Mister McGrath«, gab Nathaniel Axton dem Einäugigen zur Antwort. »Und damit ist für heute alles gesagt. Wir werden uns, bevor wir aufbrechen, noch einige Male hier treffen. Vorläufig will ich alle nur noch einmal ermahnen, Stillschweigen zu bewahren. Diese Operation kann nur mit Erfolg abgeschlossen werden, wenn sie geheim bleibt.«

Mit diesen Worten entließ Nathaniel Axton den Lieutenant und die beiden Korporale. Mataqua folgte ihnen wie ein Schatten. Nur McGrath blieb zurück.

»Den einzigen, den ich im Notfall an meiner Seite haben möchte, ist diese Rothaut«, sagte er.

»Ich auch«, pflichtete Nathaniel Axton dem Einäugigen bei.

»Warum nehmen wir dann die anderen mit?«

»Weil sechs Gewehre besser sind als zwei, McGrath.«

»Warum zwei? Mit der Rothaut wären wir drei.«

»Nein, der Mohawk gehört dem Lieutenant. Er läuft für ihn, und er tötet für ihn.«

»Sie haben doch gesagt, daß sich Rothäute nicht versklaven lassen, Axton.«

»Das stimmt. Mataqua ist kein Sklave.«

»Was ist er dann, wenn er kein Sklave ist?«

»Er ist ein Wolf an der Kette, McGrath. Eines Tages wird er sie zerreißen.«

15. Kapitel **Tod eines Jägers**

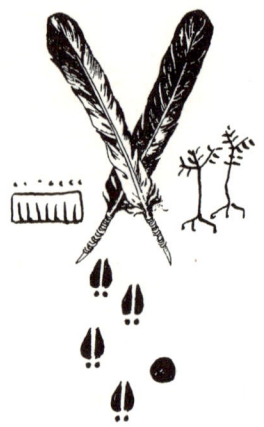

Hunger – Tanoka geht auf die Jagd – Das Geheimnis – Frühling am Mad River – Der Traum – Ein Jäger kehrt zurück – Neues Leben – Das Versprechen

Es war ein langer kalter Winter, der nicht aufhören wollte. In Chillicothe und auch in den anderen Winterlagern der Shawnee wurden die Vorräte knapp. Lang anhaltende Schneestürme hinderten die Jäger daran, die Dörfer zu verlassen und nach dem Wild zu suchen, das in den tiefsten Wäldern Schutz vor der Eiskälte fand.

Auch in der Hütte von Blackfish gab es immer weniger zu essen. Der Vorrat an Mais und Kürbis ging zur Neige. Eines Tages begann man damit, Hunde zu töten und ihr Fleisch zu essen.

Clarissa gelang es kaum, die Schale zu leeren, die ihr von der ältesten der Frauen Blackfishs gereicht wurde. Sie würgte die Fleischstücke hinunter und bemerkte dabei, wie sie von Tanoka beobachtet wurde. Sie wandte sich ab, so daß er ihr Gesicht nicht mehr sehen konnte.

Da erhob er sich abrupt, ging zu seinem Lager und zog seinen Jagdmantel an, der aus Wolfsfellen und Deckenstücken gefertigt war. Niemand fragte ihn, was er vorhatte. Draußen wütete der Sturm. Tanoka nahm sein Gewehr und hängte es sich über den Rücken. Er steckte den Tomahawk in seinen Gürtel und das große Jagdmesser in die mit Stachelschweinborsten verzierte Scheide.

Als er die Hütte verließ, wirbelte Schnee herein. Draußen schnallte sich Tanoka die Schneeschuhe über die Fellmokassins und stapfte gegen den Sturmwind aus dem Dorf.

Tanoka war ein Jäger und Krieger. Er wollte nicht länger mitansehen, wie seine junge Frau Hunger leiden mußte. Es war seine Pflicht, Wildbret heranzubringen. Nicht nur für sie, auch für die ganze Familie seines Vaters.

*

Ein Tag verging und eine Nacht, ohne daß Tanoka zurückkehrte. Der Schneesturm hielt an. Trotzdem sorgte sich Clarissa zunächst nicht um ihren Mann. Manchmal geschah es, daß Jäger mehrere Tage unterwegs waren, bis es ihnen gelang, ein Reh oder gar einen Wapitihirsch zu erlegen.

Auch Blackfish und seine Frauen schienen nicht beunruhigt, als Tanoka nach drei Tagen immer noch nicht zurück war. Bestimmt würde er inzwischen einen Hirsch erlegt haben, dessen Fleisch er nun allein ins Dorf zurückbringen mußte. Daran trug er selbst die Schuld, da er sich dazu hatte hinreißen lassen, allein auf die Jagd zu gehen und nicht, wie es sonst üblich war, mit einigen seiner Freunde.

Als zwei Wochen vergangen waren und Tanoka immer noch nicht zurückgekehrt war, begann Clarissa ein Gefühl der Angst wahrzunehmen, das mit jedem Gedanken an Tanoka stärker wurde. Besonders, wenn sie allein war und Muße hatte, gelang es ihr nicht mehr, sich diese Angst auszureden.

Nachts erwachte sie immer häufiger schweißgebadet aus Angstträumen, die mit ihr und Tanoka zu tun hatten, vor allem jedoch mit ihrer Schwangerschaft.

Clarissa war absolut sicher, daß sie Mutter wurde, obwohl es dafür kaum erkennbare Zeichen gab. Von dem Augenblick an, als er in jener Nacht zu ihr gekommen war, wußte sie, daß sie fortan – durch ein neues Leben – auf Gedeih und Verderben mit ihm verbunden war.

Es war ihr Geheimnis, das sie am Tag vor allen anderen zu verstecken wußte und nachts mit in ihre Träume nahm. Nicht einmal Bluebird hatte sie es anvertraut, und auch Tanoka wußte es nicht.

Offiziell, so wie es Sitte und Brauch der Shawnee vorschrieben, waren Tanoka und sie noch nicht Mann und Frau, und nun, während sie auf Tanokas Rückkehr wartete, wünschte sie, sie hätte ihre Angst und ihre Besorgnis mit jemandem teilen können. Sie spürte, wie sich in der Hütte von Blackfish eine besondere Stimmung ausbreitete. Obwohl niemand von Tanoka sprach, dachten alle von Tag zu Tag mehr an ihn.

Clarissa sah die Angst in den Augen seiner Mutter, wenn ihr Blick sie streifte. Sie spürte die Unruhe, die plötzlich von Blackfish selbst ausging, der die meiste Zeit mit den anderen Männern in der Ratshütte verbrachte. Clarissa wußte nicht, ob die Männer dort über den Verbleib Tanokas redeten, oder ob es sich unter ihnen auch nicht gebührte, seine eigenen Sorgen zu einer Bürde anderer werden zu lassen.

Drei Wochen vergingen.

Der Sturm war längst vorbei. Es schneite nur noch hin und wieder. Eine Gruppe von Tanokas Freunden zog in die Wälder. Clarissa wußte nicht, ob sie sich nur auf die Jagd begaben oder nach Tanoka suchten.

Sie traf Bluebird unten am Fluß, wo einige Frauen dabei waren, mit Äxten ein Loch in das dicke Eis zu schlagen. Kinder rutschten auf Rindenstücken im Schnee die steile Uferböschung hinunter, verfolgt von kläffenden Hunden.

Die Frauen blickten auf, als Clarissa den schmalen Trampelpfad zum Fluß hinunterging, und ihre Blicke verrieten ihr, daß sie ihr Geheimnis nicht länger vor ihnen zu verbergen brauchte. Auch wenn sie es nicht sicher wußten, so ahnten die Frauen doch, was zwischen Clarissa und Tanoka geschehen war.

Clarissa nahm eine der Äxte zur Hand und begann den Frauen wortlos bei ihrer Arbeit zu helfen.

»Einmal kehrte mein Mann ein ganzes Jahr nicht zurück, und wir glaubten alle, daß er von den Cherokees getötet worden sei«, sagte eine der Frauen plötzlich. »Ich dachte daran, mir einen anderen Mann zu nehmen, aber da stand er eines Tages auf dem Dorfplatz, und alle glaubten zuerst, es wäre nur sein Geist, und niemand wagte sich in seine Nähe, auch die Hunde nicht. ›Ich bin kein Geist!‹ rief er uns zu. ›Ich bin Red Hawk.‹ Das war sein Name, und er schnitt sich mit dem Messer in den Arm, und erst als wir das Blut sahen, das ihm über die Hand hinunterlief und auf den Platz tropfte, da wußten wir, daß es mein Mann war, der nach dieser langen Zeit, für uns alle überraschend, zurückgekehrt war, und nicht nur sein Geist.«

»Ich wußte gar nicht, daß dein Mann Red Hawk heißt«, sagte Bluebird, während sie auf das Eis einhackte, das an dieser Stelle besonders dick war.

»Mein Mann heißt nicht mehr Red Hawk. Er hat mich und die Kinder verlassen und ist zu seinen Verwandten gezogen. Er lebt in Logstown, in der Nähe des Franzosenforts. Ich hörte, daß er immer wieder weggeht und manchmal lange Zeit nicht zurückkehrt. Aber wenn er zurückkehrt, bringt er immer Geschenke mit.«

»Mein Mann blieb einmal drei Monate fort«, sagte eine andere Frau, ohne von der Arbeit aufzusehen. »Es war auch im Winter. Wir hatten wenig zu essen. Er ging mit zwei Freunden zusammen auf die Jagd. Als sie schließlich zurückkehrten, brachten sie drei kleine Kaninchen mit. Dabei hatte mein Bruder ganz in der Nähe unseres Dorfes einen Hirsch erlegt, und wir waren alle satt und hatten dicke Bäuche, während mein Mann und seine Freunde die ganze Zeit gehungert hatten.«

»Dann glauben wir alle, daß Tanoka bald zurückkehren wird«, sagte Bluebird.

»Er ist ein stolzer junger Mann, und deshalb wird er nicht eher zurückkehren, als bis er einen Hirsch erlegt hat.«

»Und wenn er zurück ist, werden wir uns mit dem Fest beeilen müssen.«

»Mit welchem Fest?«

»Bei dem Tanoka und Clarissa Mann und Frau werden, so daß es alle wissen.«

Jetzt hob Clarissa den Kopf. Die Frau, die es gesagt hatte, grinste. Bluebird lachte. Plötzlich hörten sie alle mit der Arbeit auf, und nur Clarissa hackte heftiger als zuvor auf das Eis ein. Die Frauen brachen in Gelächter aus, und sie begannen Clarissa mit den Äxten anzustoßen, bis Clarissa sich aufrichtete.

»Was soll dieses Gelächter?« fragte sie die Frauen. »Warum hört ihr auf zu arbeiten?«

»Weil wir es aus deinem Mund hören wollen«, sagte Bluebird lachend.

»Ich weiß nicht, wovon du redest«, entgegnete Clarissa. »Ich bin zum Fluß gegangen, um euch dabei zu helfen, dieses Wasserloch ins Eis zu schlagen. Aber jetzt wünschte ich, ich wäre in der Hütte geblieben.«

»Clarissa, uns kannst du dein Geheimnis anvertrauen. Wir sind deine Freundinnen.« Bluebird ging auf Clarissa zu, und da fielen sie sich in die Arme, und Clarissa konnte nicht verhindern, daß sie weinte.

»Er wird zurückkehren«, versuchten die Frauen sie zu trösten. »Bald ist der Winter vorbei, und dann wird dein Mann zurückkehren.«

Es tat gut, bei den Frauen Trost zu finden. In dieser Nacht schlief Clarissa gut und ohne einmal aufzuwachen. Am nächsten Tag schien die Sonne. Einige von Tanokas Freunden kehrten zurück. Sie hatten auf der anderen Seite des Flusses einen Hirsch erlegt.

Dann kamen Leute aus dem Shawnee-Dorf Piqua nach Chillicothe. Sie brachten einen jungen Shawnee nach Hause, den alle für tot gehalten hatten. Dieser junge Shawnee war der jüngere Bruder eines hochangesehenen Kriegers namens Taracah, der im Herbst nicht vom Kriegspfad zurückgekehrt war. Diesen Namen erfuhr Clarissa von Bluebird.

Er war mit mehreren jungen Kriegern ausgezogen, um

einen Mann zu töten, den die Ottawa gefangengenommen und an die Franzosen ausgeliefert hatten. Aber Taracah und seine jungen Gefährten kehrten nicht mehr zurück, und in Piqua und Chillicothe sowie in anderen Shawnee-Dörfern hatte man sich mit dem Gedanken abgefunden, daß keiner von ihnen mehr am Leben war.

Clarissa sah den jungen Krieger, als ihn die Piqua-Leute zur Ratshütte brachten, wo er von seinen Erlebnissen berichten sollte.

Obwohl sie ihn einmal gesehen hatte, erkannte sie ihn nicht wieder. Später erfuhr sie, daß sich der junge Krieger schwer verletzt bis zu einem kleinen Mingo-Dorf geschleppt hatte. Dort waren seine Wunden versorgt worden, und kurz vor dem ersten Schneefall hatte der junge Shawnee die Mingo verlassen, und nach einem wochenlangen Wintermarsch hatte er schließlich, am Ende seiner Kräfte, das Winterlager der Piqua-Leute erreicht. Der Name des Jungen war Micah. Die Shawnee feierten ihn wie einen Helden.

Die Piqua-Leute erzählten, daß sie unterwegs nach Chillicothe im Wald einem einzelnen Jäger begegnet waren, der keinen Proviant mehr hatte. Sie gaben ihm von ihrem Pemmikan, und am nächsten Morgen zog der Jäger weiter. Obwohl keiner den Namen des Jägers wußte, waren Bluebird und Clarissa sicher, daß es sich bei ihm um Tanoka gehandelt hatte.

*

Die erste Sonne war noch nicht warm genug, das Eis auf dem Fluß zu schmelzen. Aber der Schnee begann in Klumpen von den Bäumen zu fallen, und in allen Winterlagern der Shawnee brachten die Frauen die Felle und

Decken aus den Hütten, um sie zum Trocknen aufzuhängen. Es schien, als ob nun die lange Zeit des Winters endlich vorbei war und die meisten Shawnee ihre Winterlager bald verlassen konnten, um in ihre Dörfer zurückzukehren. Nur Blackfish und seine Leute wollten hier, in dieser Flußbiegung, bleiben und mit dem Bau des neuen Dorfes fortfahren.

Es war im März, als das Eis auf dem Fluß brach. Am Abend wurde dieser Tag besonders gefeiert. Bis tief in die Nacht hinein tanzten die Shawnee auf dem Platz vor der unvollendeten Ratshütte um ein großes Feuer herum. An anderen Feuern kochten die Frauen, was immer die Jäger in den letzten Tagen erlegt hatten.

Die letzten Maisvorräte wurden für dieses Festmahl aufgebraucht, denn bald würden die Shawnee in der sonnigen Flußniederung ihre neuen Mais- und Kürbisfelder anlegen können, während die Männer endlich ihre, über den Winder erbeuteten Felle mit Kanus zu den Handelsposten der Franzosen fahren konnten, um sie dort gegen Pulver und Blei, Gewehre, Äxte und Messer, Decken und Stoffe, Glasperlen und anderen Zierat einzutauschen.

Mit dem Frühling begann ein neuer Zeitabschnitt im Leben der Shawnee und für die Leute von Chillicothe ein neuer Anfang, den sie in dieser ersten Frühlingsnacht besonders fröhlich feierten.

Nur Clarissa fiel es schwer, an ihrer Freude teilzunehmen. Sie half den Frauen von Blackfish an ihrem Kochfeuer, aber mit ihren Gedanken war sie die ganze Zeit bei Tanoka. Sie stellte sich vor, daß er in dieser Nacht zurückkehren würde, ganz plötzlich aus der Nacht ins Licht des großen Tanzfeuers tretend.

Sie hob oft den Kopf und blickte zum Fenster hinüber,

aber sie konnte dort nur ein Getümmel ineinanderflie-
ßender Schatten erkennen, tanzende Männer, Frauen
und Kinder in einer Nacht, die erfüllt war von ihrem
Geschrei und den Schlägen der Trommeln.

Sie bemerkte den jungen Shawnee nicht, der sie die
ganze Zeit aus dem Schatten einer Hütte heraus verstohlen beobachtete.

Bluebird holte Clarissa zum Tanz, und während sie
sich unter die anderen Schatten mischten, dachte sie, daß
dort draußen Tanoka die Trommeln hören konnte und
daß sie ihm in der Dunkelheit den Weg zurück nach
Chillicothe wiesen. Aber gegen Morgen, als die Tänzer
erschöpft in ihre Hütten zurückkehrten und das Dorf zur
Ruhe gelangte, als das Tanzfeuer erlosch und Clarissa
wach auf ihrem Lager lag und sich nach Tanoka sehnte,
war der junge Jäger immer noch nicht zurück.

Er kam erst, als Clarissa schlief.

Er kam vom Fluß herauf, lautlos wie ein Schatten. Die
Frauen, die dort unten waren, sahen ihn nicht, obwohl er
an ihnen vorbei den schmalen Pfad hochging. Dann stand
er auf dem leeren Dorfplatz von Chillicothe, und Clarissa
hörte ihn rufen.

Sie erhob sich von ihrem Lager. War es wirklich seine
Stimme, die sie hörte, oder war es nur das vom Wind
verwehte Geheul eines einsamen Wolfes?

Sie schlich sich aus der Hütte, ohne jemanden aufzu-
wecken, und da sah sie ihn auf dem Dorfplatz stehen, und
über seinen Schultern lag ein Rehbock.

»Tanoka!« rief sie freudig seinen Namen. Sie wollte zu
ihm laufen, aber da eilten die Frauen vom Fluß herauf,
allen voran Bluebird, und sie versperrten Clarissa den
Weg und hielten sie an den Armen fest.

»Geh nicht zu ihm!« stieß Bluebird keuchend hervor. »Das ist nicht dein Mann, Clarissa. Das ist ein Geist, der dich verführen will.«

»Nein, nein! Seht ihr denn nicht, daß es mein Mann ist, der Vater meines Kindes?« Clarissa wollte sich losreißen, aber die Frauen hielten sie fest.

Und eine von ihnen ergriff die Axt, mit der sie zuvor auf das Eis eingehackt hatte. Schreiend rannte sie auf Tanoka zu, und als sie ihn erreichte, schlug sie mit dem Tomahawk nach ihm. Zischend fuhr das Blatt durch die Luft und durch Tanoka hindurch, und die Frau warf sich herum, und jetzt war sie keine Frau mehr. Jetzt war sie ein Mann, ein Offizier in einer weißen Uniform, der mit seinem blanken Säbel auf Clarissa zeigte.

»Du gehörst mir, *ma petite!*« sagte er, und als er auf Clarissa zuging, fiel sie auf die Knie, und sie wollte ihm sagen, daß sie Tanokas Frau war, die Mutter seines Kindes, aber so sehr sie sich auch anstrengte, es drang kein Laut über ihre Lippen.

Als Clarissa erwachte, war ihr ganzer Körper mit eiskaltem Schweiß bedeckt. Eine dunkle Gestalt beugte sich über sie und half ihr, sich aufzurichten. Es war Tanokas Mutter. Sie hielt ihr einen Becher mit Wasser an die Lippen, und als Clarissa getrunken hatte, legte sie einen Arm um sie und drückte sie fest an sich.

*

An einem sonnigen Tag entdeckten Jäger aus Chillicothe, bei denen sich der junge Krieger Micah befand, Tanoka in einem Erdloch, das durch einen vom Sturmwind entwurzelten Baum entstanden war. Als hätten ihn die ineinanderverschlungenen Arme des riesigen Wurzelstockes beschützen können, war er in das Erdloch gekrochen und hatte sich dort gekrümmt hingelegt.

In dieser Stellung, zusammengerollt wie ein kleiner Hund, fanden ihn die Jäger vor, halb vom Schnee zugedeckt, den der Wind gegen den Wurzelstock aufgeweht hatte. Nur wenige Schritte vom Erdloch entfernt, in dem Tanoka erfroren war, lag der Kadaver eines toten Hirsches.

Tanoka hatte ihn mit einem einzigen Schuß aus dem Gewehr getötet. Der Hirsch war ausgeweidet und an seinen Hinterläufen waren lange Zugstricke befestigt, an denen Tanoka den Kadaver durch den Schnee bis hierher geschleift hatte.

Tanokas Gewehr fanden die Jäger am Ufer des kleinen Baches. Dort hatte er wahrscheinlich den Hirsch erlegt. Es gab keine Spuren mehr. Nur noch im tiefen Schatten vereinzelter Bäume lag ein bißchen Altschnee.

Die Jäger umwickelten Tanoka mit einer Decke. Aus starken Ästen fertigten sie eine Tragschleppe an, auf der sie ihn ins Dorf zurückbrachten.

*

Tanoka wurde am nächsten Tag außerhalb des Dorfes auf einem Hügel begraben. Das ganze Dorf trauerte um ihn. Seine Mutter schnitt sich, zum Zeichen ihres Schmerzes, die Haare kurz und fügte sich an beiden Armen mit dem Messer mehrere Schnittwunden zu.

Von Clarissa erwartete niemand, daß sie ihren wahren Schmerz zeigte. Die Leute im Dorf hatten zwar erwartet, daß sie eines Tages die Frau von Tanoka werden würde, aber nur Bluebird und ein paar ihrer Freundinnen wußten von ihrer Liebe zu ihm. Die Frauen schwiegen, und

Clarissa war die ersten Tage nach der Beerdigung nicht in der Lage, bei irgend jemandem Trost zu suchen. Der Verlust war ein Schmerz, der sie innerlich aushöhlte.

Sie wollte nicht mehr leben und dachte daran, zum Fluß hinunterzugehen und sich in die eisigen Fluten zu stürzen. Sie lag nachts auf ihrem Lager und bat Gott, sie sterben zu lassen. Nichts wünschte sie mehr, als Tanoka dorthin zu folgen, wohin er gegangen war, ganz gleich, was sie dort erwartete.

Warum sie nicht starb, wußte sie nicht. Alles in ihr war tot. Alles um sie herum war tot. Sie war eine lebende Tote.

Aber da war das Kind, neues Leben, das sich in ihr rührte.

Sie spürte es. Zuerst war es nur eine Ahnung. Dann fühlte sie es. Es erwachte in ihr, und es wurde stärker und stärker. Sie lauschte seiner Stimme. Sie vernahm seine Kraft. Nein, Tanoka war nicht tot. Er lebte in ihr weiter. Er gab ihr Mut, die Verzweiflung zu besiegen. Er führte sie aus der Hütte ins Licht der Sonne. Er ließ sie zum erstenmal lachen, und er legte sich neben sie, wenn sie sich zur Ruhe begab.

Durch das Kind in ihr war er bei ihr.

»Du mußt es seiner Mutter sagen«, riet ihr Bluebird. »Die Männer werden bald im Rat über dein Schicksal befinden. Es kann sein, daß sie dich der Frau geben, die ihren Sohn verloren hat. Sag ihnen, daß du das Kind ihres Sohnes trägst, Clarissa.«

»Das kann ich nicht«, sagte Clarissa. »Seine Mutter glaubt, daß ich der Familie von Blackfish Unglück gebracht habe. Ich weiß, daß sie beschließen werden, mich einem anderen Mann zu geben, einem, der nicht von diesem Dorf ist.«

»Das ist es auch, was ich befürchte«, pflichtete ihr Bluebird bei. »Aber wenn du es ihr sagst, dann wirst du hierbleiben können.«

»Nein. Du weißt, daß wir gegen die Gesetze verstoßen haben, weil wir nicht Mann und Frau waren. Es könnte sein, daß sie mich einfach aus dem Dorf jagen.«

»Das kann dir später auch geschehen«, wandte Bluebird ein.

»Später bin ich vielleicht bereit, dieses Dorf zu verlassen, Bluebird«, sagte Clarissa. »Später habe ich vielleicht die Kraft dazu, wegzugehen und mein Kind dort draußen, in der Wildnis, zur Welt zu bringen.«

»Allein?« stieß Bluebird entsetzt hervor. »Unter all den wilden Tieren und den Feinden der Shawnee?«

»Wir werden sehen, was geschieht. Ich bitte dich, niemandem etwas zu sagen, auch wenn es dir einmal schwerfallen sollte, zu schweigen.«

Sie umarmten sich, und Bluebird versprach Clarissa, keinem Menschen etwas über das Kind zu sagen.

»Niemals«, beharrte Clarissa.

»Niemals«, preßte Bluebird unter Tränen hervor.

16. Kapitel **Der Major**

*Kein Zuhause – Die Franzosen
kommen – Weder Fisch noch
Vogel – Das Schlachtroß –
Nächtlicher Besuch – Morgen
des Abschieds – Logstown*

Die Zuneigung, die Tanokas Mutter Clarissa in der
Zeit vor dem Tod ihres Sohnes entgegengebracht
hatte, hatte sich in offene Ablehnung gewandelt. Clarissa
arbeitete zwar unverdrossen weiter, kochte mit den
Frauen, sorgte dafür, daß immer genug Feuerholz und
Wasser da war, hielt die Hütte sauber und beschäftigte
sich mit den kleinen Kindern, aber es gelang ihr nicht
mehr, Tanokas Mutter zufriedenzustellen.

Auch die beiden anderen Frauen von Blackfish ließen
sich von der ältesten gegen Clarissa aufwiegeln. Bei jeder
sich bietenden Gelegenheit ließen sie Clarissa spüren,
daß sie in der Hütte des Häuptlings nicht mehr willkom-
men war. Clarissa wurde von ihnen wie eine Sklavin
herumkommandiert, und allmählich verloren sogar die
Kinder den Respekt vor ihr.

Mehrere Tage, nachdem Tanoka beerdigt worden war, geschah das Mißgeschick mit einem der kleinen Mädchen, mit denen Clarissa hin und wieder vor Blackfishs Hütte auf dem Platz spielte. Das Mädchen, das jüngste Kind der ältesten von Blackfishs Frauen, wollte von Clarissa gefangen werden und rannte schreiend über den Platz.

Clarissa versuchte, ihm den Weg abzuschneiden, aber das kleine Mädchen wich geschickt aus und rannte in eine andere Richtung davon. Clarissa lief ihm nach. Da stolperte das Mädchen und stürzte. Als sie bei ihm anlangte, lag es schreiend am Boden.

Clarissa wollte ihm auf die Füße helfen, aber schon stürzte seine Mutter herbei und schlug mit einem Stock auf Clarissa ein. Clarissa versuchte, die Schläge abzuwehren, aber der Stock traf sie hart und ließ sie zurücktaumeln.

»Nichts als Unglück!« schrie die Frau, während sie auf Clarissa einschlug. »Geh weg von hier! Du bringst uns Unglück und Verderben!«

Der Stock traf Clarissa an der Stirn. Sie verlor fast die Besinnung. Mit blutüberströmten Gesicht rannte sie davon, und einige Kinder warfen mit Steinen nach ihr und verhöhnten sie.

Clarissa lief aus dem Dorf und in den Wald. Auf einer Lichtung sank sie nieder und weinte. Später hörte sie Bluebird leise ihren Namen rufen, aber Clarissa versteckte sich im Gestrüpp. Bluebird suchte überall nach ihr und ging so dicht an ihr vorbei, daß Clarissa sie mit der ausgestreckten Hand hätte berühren können.

Den ganzen Tag blieb sie in ihrem Versteck. Die Nacht brach an, und es wurde kalt. Im Dorf brannten Feuer.

Clarissa konnte den Rauch riechen, und manchmal, wenn der Wind die Büsche bewegte, sah sie den Flammenschein. Erst als es im Dorf still geworden war, kehrte sie zurück. Wie ein geprügelter Hund schlich sie zur Hütte von Blackfish, aber sie wagte nicht, hineinzugehen. So legte sie sich neben dem Eingang auf die nackte Erde, und die Hunde tappten heran und legten sich zu ihr.

Später fiel ein Schatten über sie. Es war Micah, der sich ihr lautlos genähert hatte. Er kauerte bei ihr nieder und streichelte einen der Hunde. Clarissa schlief fest. Sie merkte nicht, daß er da war und sie betrachtete.

*

Was immer die Männer in der Ratshütte beschließen mochten, nicht einmal Bluebird gelang es, ihren Mann zum Reden zu bringen.

»Kein Wort kriege ich aus ihm heraus«, schimpfte sie, als sie sich einmal im Wald beim Sammeln von Feuerholz trafen.

»Dabei tut er sonst immer so wichtig, wenn er von einer Ratsversammlung heimkehrt.«

»Man wird mich von hier fortschicken«, sagte Clarissa.

»Sie sollen sich hüten, eine solche Entscheidung zu treffen!« fuhr Bluebird auf. »Das habe ich ihm gesagt! Wenn sie dich von hier wegschicken, werde ich ihn persönlich dafür verantwortlich machen. Nicht umsonst hat er die ganze Zeit geprahlt, daß er von allen den klarsten Verstand habe. So wird er nun dafür sorgen müssen, daß du hierbleibst bei uns. Ich habe ihm sogar angeboten, daß er dich als zweite Frau nimmt, falls du damit einverstanden bist, aber davor fürchtet er sich, weil er schon mit mir nicht fertig wird.«

Clarissa mußte lachen.

»Ich glaube nicht, daß ich meinen Mann mit dir teilen möchte, auch wenn du meine beste Freundin bist, Bluebird. Nein, wenn sie beschließen, daß ich nach Piqua gehen soll, dann werde ich das tun.«

»Nein! Du sollst hierbleiben und dein Kind zur Welt bringen, wo sein Vater begraben liegt. Dies hier ist seine Heimat, Clarissa.«

»Vielleicht erlauben sie mir doch, hierzubleiben«, erwiderte Clarissa hoffnungsvoll. »Was habe ich ihnen denn getan? Daß Tanoka tot ist, das trifft mich doch selbst am meisten.«

»Ich werde meinen Mann heute nacht noch einmal daran erinnern, daß seine Frau mit dir befreundet ist«, versprach Bluebird.

Sie lud sich ein großes Bündel Äste auf den Rücken und schickte sich an, ins Dorf zurückzukehren, als vom Fluß her lautes Rufen durch den Wald schallte. Bluebird und Clarissa konnten nicht sehen, was am Fluß vor sich ging, aber dann vernahmen sie deutlich die Worte »*Soldiers françaises*« und »*Fort Duquesne*«.

»Es scheint, daß sich französische Soldaten auf dem Weg hierher befinden«, sagte Bluebird. »Komm, wir bringen das Holz ins Dorf zurück und gehen anschließend zum Fluß hinunter.«

Clarissa und Bluebird eilten durch den Wald zurück nach Chillicothe. Die meisten Leute waren schon zum Flußufer hinuntergelaufen, aber in Blackfishs Hütte war der Häuptling dabei, seine mit bunten Federn und Glasperlen und goldenen Litzen verzierte Samtmütze aufzusetzen, als Clarissa eintrat.

Er trug bereits einen königsblauen Umhang mit den

goldenen Schwalbennestern einer Franzosenuniform an den Schultern und einem breiten Samtkragen, von dem Stränge mit Muscheln, prächtige Hermelinschwänze und Perlenschnüre hinunterhingen. Über die Hüften hatte er sich, über einer scharlachroten Bundschärpe, einen Wampumgürtel geschlungen, und auf seiner Brust ruhte, an einer Lederschnur hängend, ein schweres goldenes Medaillon, das ihm von den Franzosen bei der letzten Friedensverhandlung geschenkt worden war.

Als Clarissa eintrat, stellte er sich vor ihr mit geschwellter Brust in Positur.

»Meine Frauen sind schon alle zum Fluß hinuntergerannt. Dies gibt mir die Gelegenheit, dir zu sagen, daß ich dich für den Tod meines Sohnes nicht verantwortlich mache.«

Seine Worte überraschten Clarissa. Bis jetzt hatte er sie, seit sie hier in Chillicothe waren, nicht ein einziges Mal direkt angesprochen, und nachdem die Jäger Tanoka tot aufgefunden hatten, hatte er sie nicht mal mehr angesehen. Jetzt stand er vor ihr, in seiner schillernden Tracht, einem Fabelwesen gleich, weder Fisch noch Vogel.

Sein Anblick belustigte Clarissa mehr, als daß er sie beeindruckte. Sie gab sich jedoch Mühe, ernst zu bleiben.

»Mein Sohn wollte dich zu seiner ersten Frau nehmen«, fuhr der Häuptling fort. »Er hat nie mit mir darüber gesprochen, aber ich weiß es.«

»Und seine Mutter, weiß sie es auch?«

»Meine Frauen haben sich gegen dich verbündet«, sagte Blackfish. »Sie halten dich für eine Hexe, die uns Unglück bringt. Deshalb wurde vom Rat beschlossen, dich nach Logstown zu bringen und dort zu verkaufen. Ich glaube jedoch, daß dies nun nicht mehr geschehen muß, denn die Franzosen sind da.«

Clarissa spürte, wie sich alles in ihr verkrampfte, während sie Blackfishs Worte vernahm. Nicht einen Moment hatte sie daran gedacht, daß der Besuch der Franzosen etwas mit ihr direkt zu tun haben könnte. Aber jetzt fiel ihr die kurze Begegnung mit dem habichtäugigen Major in Fort Duquesne ein, der Tanoka ein Pferd versprochen hatte, wenn er dafür Clarissa erhielt.

Nicht ein einziges Mal hatte sie in letzter Zeit an ihn gedacht, und selbst sein Name war ihr entfallen. Nur daran, daß er der Kommandant eines Forts war, von dem sie schon aus dem Mund von Nathaniel Axton erfahren hatte, erinnerte sie sich.

Fort Lacour hieß die Festung, die die Franzosen in aller Heimlichkeit in der Nähe von Fort Duquesne gebaut hatten.

Blackfish betrachtete sich in einem Handspiegel, rückte seine lächerlich aussehende Mütze zurecht und strich den Kragen seines Umhanges glatt.

»Wie ich schon sagte, ich hätte dich gern für mich behalten«, sagte er, während er nach seinem Pfeifentomahawk langte. »Aber meine Frauen würden mich töten. Deshalb werden wir dich den Franzosen verkaufen, wenn sie dich überhaupt haben wollen.«

Mit diesen Worten schritt er an ihr vorbei und verließ die Hütte. Clarissa stand wie erstarrt da. In ihrem Kopf wirbelten die schrecklichsten Gedanken durcheinander, als sie plötzlich Bluebird nach ihr rufen hörte. Sie gab sich einen Ruck und ging hinaus.

»Clarissa, die Franzosen sind da, und sie bringen uns

viele schöne Dinge!« rief Bluebird voller Freude. Sie nahm Clarissa bei der Hand, und zusammen liefen sie aus dem Dorf und über den schmalen Pfad zum Fluß hinunter.

Schon auf halbem Weg konnten sie die große Piroge sehen, die von mehreren kleinen Kanus begleitet wurde. Mit langen Stangen wurde das Boot flußaufwärts geschoben, während die leichten Rindenkanus von kräftigen Indianern gepaddelt wurden.

Die Männer auf der Piroge trugen alle, bis auf einen, blaue Uniformen und Mützen. Der eine war ein Offizier in einem weißleuchtenden Uniformrock, kniehohen Gamaschen mit goldenen Knöpfen und einem schwarzen Dreispitz auf dem Kopf. Er stand breitbeinig auf einer Plattform über dem Bug der Piroge, wo eine kleine Drehkanone montiert war.

Er feuerte diese Kanone ab, als die Boote dem Anlegeplatz von Chillicothe so nahe gelangt waren, daß Clarissa den Offizier an seinen scharfgeschnittenen Gesichtszügen erkennen konnte, bevor er hinter einer Wolke von Pulverrauch verschwand.

Sie sah auch das Pferd, das von zwei Männern gehalten werden mußte, damit es beim Abfeuern der Kanone nicht über Bord sprang. Es war ein Apfelschimmel mit dunkler, zottiger Mähne und dunklem Schweif, ein klotzig aussehendes Schlachtroß mit kräftigen Beinen und einem ramsnasigen großen Kopf, das die beiden Männer nur mit Mühe am Steigen hindern konnten.

»Schau nur, dieses Pferd ist bestimmt ein Geschenk für unseren Häuptling!« rief Bluebird, während sie Clarissa mit sich zerrte.

Clarissa entzog ihr die Hand und blieb auf dem steilen

Weg stehen. Bluebird lief noch einige Schritte, bevor sie bemerkte, daß ihr ihre Freundin nicht mehr folgte. Sie hielt an und blickte sich zu Clarissa um.

»Los, los, Clarissa! Diese Franzmänner sind uns Frauen gegenüber besonders freigiebig, und wenn wir uns nicht beeilen, nehmen uns die anderen die schönsten Geschenke weg.«

»Geh nur, Bluebird«, sagte Clarissa. »Ich kann nicht so schnell laufen wie du.«

»Dann gib mir die Hand!«

»Nein, geh nur. Ich brauche keine Geschenke.«

Bluebird blickte Clarissa einige Sekunden lang verständnislos an, dann drehte sie sich um und lief den Pfad hinunter. Clarissa sah, wie sie sich einen Weg durch das Gedränge bahnte, um zu den anderen Frauen zu gelangen, von denen schon einige ins Wasser hinauswateten und den Franzosen die Hände entgegenstreckten.

Etwas abseits, auf einer kleinen Erhöhung, stand Häuptling Blackfish, umgeben von einigen Unterhäuptlingen. Seine Mütze und sein Umhang leuchteten in der Sonne. Den Pfeifentomahawk hielt er in der rechten Hand erhoben, als wäre er ein Zepter, mit dem er den Franzosenoffizier begrüßte.

Kinder jagten auf den Fluß hinaus und auf die Boote zu. Hunde rannten kläffend am Ufer auf und ab. Es herrschte ein fürchterliches Durcheinander dort unten, dem nur die ältesten der Alten ferngeblieben waren.

Clarissa blickte zu der Piroge hinunter, die sich langsam der Anlegstelle näherte. Der Offizier hatte seinen Säbel zur Hand genommen und hielt ihn hoch über den Kopf, so daß der blanke Stahl in der Sonne aufblitzte.

Clarissa wollte sich umdrehen und den Weg hochlaufen, als der Offizier sie erblickte. Die Hand mit dem Säbel senkte sich, so daß die Spitze auf Clarissa zeigte. Der Offizier rief ihr etwas zu, und obwohl seine Stimme im Lärm unterging, konnte ihm Clarissa die Worte von den Lippen ablesen.

»Du gehörst mir, *ma petite!*« rief er. »Jetzt gehörst du mir!«

Einige Sekunden lang vermochte sich Clarissa nicht zu rühren. Mit angehaltenem Atem blickte sie zu ihm hinunter, und sie spürte, wie sich die Blicke aus seinen Habichtaugen an ihr festkrallten wie spitze Klauen.

»Warte nur, *ma petite,* gleich bin ich bei dir!« rief er zu ihr hoch, und als die Piroge auf Grund lief, sprang er mit einem gewaltigen Satz über Bord und watete festen Schrittes an Land, wo ihn Blackfish und die anderen Häuptlinge erwarteten.

Für einen Augenblick entschwand er Clarissas Augen, und die Starre fiel jäh von ihr ab. Sie drehte sich um und hastete den Pfad hoch ins Dorf zurück, wo die Alten vor den Hütten in der Sonne saßen.

Sie lief in die Hütte von Blackfish, als wäre sie dort sicher, aber als sie sich auf ihrem Lager niederließ, wußte sie, daß sie ihrem Schicksal nicht entfliehen konnte und nirgendwo Schutz finden würde.

*

Wie das Fort, so hieß er. Clarissa fiel es wieder ein, als sich der Lärm dem Dorf näherte. Ein Major war er. Major Pierre Maurice Lacour. So hatte er sich ihr in Fort Duquesne vorgestellt.

Jetzt gingen die Shawnee mit den Franzosen und den anderen Indianern zum Dorf hoch. Blackfishs Frauen stürzten in die Hütte, behangen mit Ketten und bunten Glasperlen, die Röcke naß vom Wasser des Flusses, die Gesichter dunkel vor Aufregung.

»Sollen wir dich aus dieser Hütte zerren, oder gehst du freiwillig hinaus, Hexe!« zischte Tanokas Mutter und näherte sich Clarissas Lager mit funkelnden Augen.

Clarissa richtete sich auf.

»Ich gehe«, sagte sie nur, erhob sich und ging an den drei Frauen vorbei zum Ausgang.

Dort blieb sie noch einmal stehen und blickte sich in Blackfishs Hütte um, die ihr während des langen Winters zu einem Heim geworden war. Nie hätte sie geglaubt, daß es ihr einmal schwerfallen würde, von hier wegzugehen und diese Leute, in deren Gefangenschaft sie geraten war, zurückzulassen. Aber sie wußte, daß sie diese Hütte nie wieder betreten würde, wenn sie einmal den nächsten Schritt getan hatte.

»Geh!« fauchte eine der drei Frauen sie an. Und Tanokas Mutter ergriff einen Stock und drang damit drohend auf Clarissa ein. Clarissa wich ihr aus, bückte sich schnell und trat ins Freie.

Die Nachmittagssonne blendete sie. Auf dem Platz hatte sich das ganze Dorf versammelt. Der Plunder, den die Franzosen mitgebracht hatten, lag auf einem Haufen vor der großen Ratshütte.

Clarissa sah, wie zwei Soldaten ein Fäßchen über den Platz trugen und damit in der Ratshütte verschwanden. Vergeblich hielt sie nach dem Franzosenoffizier und nach Blackfish Ausschau. Der Häuptling und sein Gast saßen wahrscheinlich in der Ratshütte am Feuer und rauchten das Kalumet.

Die beiden Soldaten, die sich schon auf der Piroge um

das Pferd bemüht hatten, führten es jetzt auf dem Platz im Kreis herum. Sein Fell war naß, Schaumflocken flogen von seinem Maul. Immer wieder warf es schnaubend den Kopf hoch und versuchte sich zu befreien, aber die beiden Soldaten waren kräftige Kerle, die es zu beiden Seiten am Kopfzeug festhielten.

Blackfishs Frauen stießen Clarissa vor sich her über den Platz auf die kleine Hütte zu, in der sie bei ihrer Ankunft gefangengehalten worden war. Die anderen Shawnee, Frauen, Männer und Kinder, gaben ihnen den Weg frei. Als Tanokas Mutter mit dem Stock ausholte, um Clarissa zu schlagen, sprang Bluebird aus dem Gedränge dazwischen.

»Schlag sie, und du wirst auch mich schlagen müssen!« rief sie zornig aus, und Tanokas Mutter ließ den Stock sinken.

Bluebird begleitete Clarissa in die kleine Hütte. Dort ließen sich die beiden Frauen nieder. Der Lärm draußen wurde noch lauter. Clarissa und Bluebird saßen dicht zusammen und hielten sich bei den Händen. Sie wußten beide, daß die Stunde der Trennung nahte.

*

Der Major war so betrunken, daß er im Eingang das Gleichgewicht verlor und in der Hütte stürzte, in der sich Clarissa und Bluebird bis in den hintersten Winkel zurückgezogen hatten. Grunzend richtete er sich auf und begann im Halbdunkel nach der Zinnflasche zu suchen, die ihm beim Sturz entfallen war.

Auf allen vieren begann er in der Hütte herumzukriechen, dabei fortwährend vor sich hinlallend. Schließlich, als er die Flasche fand, lachte er auf. Am Boden kniend, trank er, und während er trank, fiel ihm wohl ein, warum er in diese kleine Hütte gekommen war, während draußen ein fröhliches Fest gefeiert wurde.

»Uh, mein kleines hübsches Kind, man hat mir gesagt, daß du hier drin bist«, stieß er mit schwerer Zunge hervor, während er sich in der Hütte umblickte.

Clarissa und Bluebird kauerten regungslos in der dunkelsten Ecke und hielten sich aneinander fest.

»Hier, ich habe dir etwas zu trinken mitgebracht, *ma petite!*« rief der Major und streckte die Hand mit der Zinnflasche aus. »Es ist nicht dieser billige englische Fusel, von dem du nichts als einen dicken Kopf kriegst, sondern ausgezeichneter Brandy aus Montreal.«

Er streckte die Flasche zuerst in diese Richtung und dann in eine andere. Dann begann er zu kichern. »Wo bist du, mein kleines Luder? Ich weiß, daß du da bist. Ich kann dich riechen.« Er schnüffelte in die Richtung, in der Clarissa und Bluebird hockten. »Vor mir verstecken willst du dich? Na, wenn das ein Spiel sein soll, dann bin ich der richtige Mann dazu.« Er stieß den Holzpfropfen in die Flasche und steckte sie in den Ausschnitt seines Uniformrocks, der über seiner Brust weit geöffnet war.

»Paß auf, *ma petite fille,* ich komme jetzt zu dir.« Er kroch in die falsche Richtung, und erst, als er mit dem Kopf gegen die Wand stieß, hielt er inne und fluchte lästerlich auf französisch. Für eine Weile saß er auf der anderen Seite der Hütte am Boden. Da es draußen nun fast dunkel war, drang kaum noch Licht in die Hütte.

Clarissa und Bluebird konnten nur noch die Umrisse des Majors erkennen, seinen schwankenden Oberkörper und seinen Kopf, den er nach hinten legte, als er die

Flasche zum Mund führte und trank, bis er keine Luft mehr kriegte.

Er setzte die Flasche ab. Sie hörten ihn rülpsen, und dann begann er ein französisches Soldatenlied zu grölen. Nach kurzer Zeit verstummte er. Erneut schnüffelte er wie ein Hund, ehe er begann, in der Hütte herumzukriechen. Dabei näherte er sich Clarissa und Bluebird, die sich nicht vom Fleck zu rühren wagten. Er rückte ihnen so nahe, daß Clarissa seinen fauligen Atem riechen konnte.

»Wo bist du, kleines Luder?« fragte er leise in die Dunkelheit hinein.

Da rührte sich Bluebird.

»Hier«, sagte sie, und im nächsten Moment trat sie dem Major mit dem Fuß so heftig gegen die Brust, daß dieser, wie von einem Hufschlag getroffen, nach hinten kippte. Mit einem Stöhnen streckte er sich am Boden aus, und da lag er nun, ohne auch nur einen kleinen Finger zu rühren.

»Hast du ihn umgebracht?« stieß Clarissa leise hervor.

»Nein. Aber vielleicht sollte ich es tun«, erwiderte Bluebird grimmig. »Dieser Mistkerl ist so besoffen, daß er vor dem Morgen nicht wieder aufwacht.«

Vor der Hütte erklangen Schritte. Flammenschein drang durch den Eingang. Eine von Bluebirds Freundinnen kauerte in der Öffnung und leuchtete mit einem brennenden Ast in die Hütte.

»Was habt ihr mit ihm angestellt?« fragte sie, als der Lichtschein die lang ausgestreckte Gestalt des Majors traf. »Habt ihr ihn etwa umgebracht?«

»Er ist betrunken und schläft«, sagte Bluebird.

Die Frau lachte. »Dein Mann sucht nach dir, Bluebird.

Er glaubt, du seist mit einem der Männer aus Logstown in den Wald gegangen.«

Bluebird drückte kurz Clarissas Hände.

»Ich lasse dich eine Weile allein«, sagte sie. »Dieser da wird dich so bald nicht mehr belästigen.« Sie kniff dem schnarchenden Soldaten in die Nase, aber er wachte nicht auf.

Kichernd verließen die beiden Frauen die Hütte, und Clarissa blieb allein zurück. Die ganze Nacht wartete sie auf die Rückkehr von Bluebird, aber als der Tag graute, war sie immer noch mit dem Major allein in der Hütte.

Plötzlich fiel ihr auf, daß der Major nicht mehr schnarchte. Sie spähte ihm im Zwielicht von der Seite ins Gesicht und fuhr erschrocken zurück, als sie sah, daß er eines seiner beiden Habichtaugen weit geöffnet hatte und sie anstarrte.

Sie atmete nicht mehr. Das Herz wollte ihr zerspringen. Sie preßte beide Hände gegen ihre Brust.

Still lag er da, die eine Seite seines hageren Gesichtes am Boden, so daß seine Hakennase schiefgedrückt war. Das Auge fixierte sie, ohne daß es sich rührte.

Irgendwo im Dorf sangen betrunkene Franzosen und Indianer ein Lied. Ein kleiner Hund bellte zaghaft. Graues Licht sickerte durch die Ritzen zwischen den Rindenstücken, mit denen die Hütte abgedeckt war.

Er hob den Kopf. Clarissa zuckte zusammen. Langsam stemmte er sich auf. Sein Uniformrock, die Hosen und die Gamaschen waren verdreckt und voller Brandlöcher. Er mußte in ein Feuer gefallen sein, bevor er in die Hütte eingedrungen war. Auch sein Gesicht und die Hände waren rußverschmiert.

Er erhob sich umständlich, und da er ein großer hagerer

Mann war, konnte er in der niederen Hütte nicht aufrecht stehen. Langsam begann er, seinen Uniformrock zuzuknöpfen, einen Knopf nach dem anderen. Dabei starrte er Clarissa fortwährend an, ohne ein Wort zu sagen. Sie wich seinem Blick nicht aus, obwohl ihr dies schwerfiel.

Schließlich war sein Uniformrock bis unter das Kinn zugeknöpft. Er strich ihn mit einer fahrigen Handbewegung glatt und richtete sich dabei so weit auf, wie es die Hütte zuließ.

»Entschuldige mein Benehmen«, murmelte er plötzlich in die Stille hinein. »Ich hatte gestern zuviel getrunken.«

Sie senkte nur die Lider, denn ihre Kehle war wie zugeschnürt. Als sie wieder zu ihm aufblickte, drehte er sich um und verließ die Hütte. Clarissa lauschte seinen Schritten, bis sie verstummt waren.

*

Als er später zurückkehrte, hatte er sich rasiert und sein Haar sorgfältig gekämmt. Außerdem hatte jemand versucht, seine weiße Uniform zu säubern. Er trug jetzt eine königsblaue Bundschärpe und weiße Halbgamaschen. An seinem breiten Koppelband war sein Säbel befestigt, am Kragen hing ein blitzender Orden.

»Wir werden dieses Dorf noch heute verlassen«, sagte er, nachdem er eingetreten war. »Die Reise nach Fort Lacour wird fünf Tage dauern. Du befindest dich fortan unter meiner Obhut. Somit hat dein Leiden ein Ende gefunden, solange du mir gefällig bist.«

Gefällig!

Clarissa kannte zwar die Bedeutung des Wortes nicht

genau, aber sie konnte sich gut vorstellen, was der Major damit meinte. Regungslos saß sie am Boden und starrte zu ihm hoch.

Er holte tief Luft und zwang ein Lächeln auf sein Gesicht. »Was ist mit dir, Mädchen? Haben dir die Wilden etwa die Zunge herausgeschnitten?« Er trat auf sie zu und blieb breitbeinig über ihr stehen. »Vor mir brauchst du dich nicht zu fürchten. Ich tue dir keinen Zwang an, das verspreche ich dir.« Er kauerte vor ihr nieder und blickte ihr in die Augen. »Warum lächelst du nicht? Ich bin hergereist, um dich freizukaufen. Das hat mich mein bestes Pferd gekostet.«

»Ich bin Ihnen, Sir, sehr verbunden«, sagte Clarissa leise.

Er lachte auf. »Lächeln sollst du, Clarissa. Ihr Engländer seid merkwürdige Geschöpfe. Statt das Leben zu genießen, bereitet ihr euch ständig über irgend etwas Sorgen. Du solltest mir eigentlich vor Freude um den Hals fallen, aber ich sehe, daß du dich davor fürchtest, mir deine Dankbarkeit zu zeigen.«

»Ich fürchte mich nicht«, antwortete Clarissa.

»Was ist es sonst, was dich bedrückt? Was heute nacht vorgefallen ist, wird nicht wieder passieren. Ich betrinke mich nicht oft. Wäre ich ein Trinker, hätte man mich nicht mit der Aufgabe betraut Fort Lacour aufzubauen. Ich bin ein guter Offizier!« Major Lacour berührte mit einer Hand den Orden an seiner Brust. »Das ist der Stern des französischen Ordens von Saint Louis, eine ganz besondere Auszeichnung, die nur wenige Offiziere erhalten. Wenn wir die Engländer und ihre Verbündeten besiegt haben, werde ich nach Frankreich zurückkehren, und vielleicht, wenn ich sehe, daß du mir willig bist, werde ich dich mitnehmen, und du wirst auf meinem Schloß leben wie eine Prinzessin.«

Er nahm ihre Hand in seine Hände. »Du bist sehr schön«, sagte er sanft. »Ich kann es nicht erwarten, dich in Fort Lacour zu mir zu nehmen. Ich werde mich jetzt von unserem Gastgeber, diesem prahlerischen Häuptling Blackfish, verabschieden. Ich traue ihm genausowenig wie den anderen Häuptlingen der Shawnee. Einmal sind sie auf der Seite der Engländer, dann wieder auf unserer Seite. Wir werden sehen, ob wir uns im Ernstfall wirklich auf sie verlassen können.«

Major Lacour half Clarissa auf die Beine. Mit einer kleinen Verbeugung ließ er sie zuerst hinausgehen. Es war noch früh am Morgen. Überall lagen Shawnee herum. Männer und Frauen, die bis in die frühen Morgenstunden getrunken und getanzt hatten. Einige Feuer brannten noch.

Der Major gebot Clarissa, vor der kleinen Hütte auf ihn zu warten. Sie sah ihn im Dorf herumgehen und seine Soldaten mit Fußtritten aufwecken. Dann hörte sie ihn nach Blackfish rufen. Er ging über den Platz zur Ratshütte und verschwand darin. Kaum eine halbe Minute später erschien er wieder. Er eilte zu ihr und packte sie am Arm.

»Unser Gastgeber ist nicht in der Lage, sich aufzurappeln«, sagte er spöttisch. »Wir wollen uns nicht länger hier aufhalten lassen.«

Er führte sie an der Hand über den Platz. Ein Korporal hatte unterdessen die Soldaten versammelt. Einige der Indianer, die den Major in ihren Kanus begleitet hatten, trotteten hinter den Soldaten her zum Fluß hinunter.

Clarissa blickte sich nach Bluebird um, konnte sie aber nirgendwo entdecken. Erst als sie den halben Weg hinunter zum Flußufer zurückgelegt hatte, hörte sie Bluebirds Stimme. Sie blieb stehen und entzog dem Major ihre Hand.

Oben am Hang tauchte jetzt ihre Freundin auf und lief ein Stück weit den Pfad hinunter. Aber als der Major Clarissa beim Oberarm packte und sie daran hinderte, Bluebird entgegenzugehen, blieb sie stehen.

»Wer ist diese Squaw?« fragte der Major. »Will sie etwa mit uns kommen?«

Clarissa schüttelte den Kopf.

»Nein, ich glaube nicht«, erwiderte sie.

»Dann wollen wir uns nicht von ihr aufhalten lassen«, sagte der Major und zog Clarissa schnell mit sich den Pfad hinunter zum Ufer, wo die Piroge vertäut war.

Kurz nachdem die Piroge abgelegt hatte und hinter einer Biegung des Flusses verschwunden war, verließ Micah unbemerkt Chillicothe. Er hatte einen Bogen und einen Köcher voll Pfeile bei sich sowie einen kleinen Vorrat an Pemmikan. Er holte eines der Kanus aus dem Ufergestrüpp und stieß es in die Strömung hinaus.

*

Fünf Tage waren sie unterwegs. Zuerst den Mad River flußabwärts und dann am Ohio-Ufer entlang, in der Gegenströmung flußaufwärts vorbei an den Indianerdörfern, an denen Clarissa im Winter als Gefangene von Tanoka vorbeigezogen war.

Die meiste Zeit stießen die Soldaten die Piroge mit ihren langen Stangen den Fluß hoch, aber an einigen Stellen, wo es auch dicht am Ufer eine Gegenströmung gab, mußten sie das Boot an Seilen ziehen.

In Logstown, einem alten Indianerdorf, wo die Franzosen einen Handelsposten errichtet hatten, verbrachten sie eine Nacht. Es war die erste Gelegenheit, die der Major seit dem Verlassen von Chillicothe hatte, um sich zu betrinken. Clarissa hoffte vergeblich, daß er sein Versprechen halten und dem Brandyfäßchen fernbleiben würde, aber die Händler überredeten ihn, mitzutrinken.

So geschah es, daß er irgendwann nach Mitternacht über den Platz taumelte und dabei wild mit seiner Pistole herumfuchtelte, während er Clarissas Namen rief. Einer der Hunde trottete hinter ihm her, und der Major versuchte, ihn mit Fußtritten von sich fernzuhalten. Jedesmal, wenn er nach dem Hund trat, fiel er beinahe um.

»Hau ab, du verdammter Köter!« hörte ihn Clarissa fluchen. »Glaubst du etwa, ich will deine Flöhe in meinem Hemd haben? Verschwinde, sonst schieß ich dich über den Haufen!«

Der Hund wich den Fußtritten geschickt aus, ließ sich aber nicht davonjagen. Einer der Händler, ein dicker Mann mit einem schmierigen Gesicht, voll mit grauen Bartstoppeln, torkelte über den Platz auf den Major zu.

»Wen suchst du, Major?« lallte er. »Dein Mädchen ist dir bestimmt schon davongelaufen.«

Der Major blieb abrupt stehen.

»Sag das nicht noch einmal, du Dreckskerl!« stieß er mühsam hervor, während er sich nach allen Richtungen verbog, um nicht das Gleichgewicht zu verlieren.

Clarissa hörte den Händler lachen.

»Ein gutes Pferd hast du für ein englisches Mädchen gegeben, Major. Wenn du mich fragst, dann ist das kein Geschäft, auf das du stolz sein kannst. Laß dir das von einem gesagt sein, der etwas von solchen Dingen versteht. Von den Rothäuten habe ich nämlich erfahren, daß dieses Mädchen in anderen Umständen ist, wenn du weißt, was ich damit meine.«

»Schwa-schwanger?« keuchte der Major.

»So nennt man es auch. Sie hat mit den jungen Bökken herumgehurt, sagt man, vor allem mit dem Sohn des Häuptlings, der sie gefangen hat.« Der Händler taumelte, und wenn er sich nicht im letzten Moment an dem schwankenden Major festgehalten hätte, wäre er umgekippt. »Wie gefällt dir das, Major?« lallte er weiter. »Ein gutes Pferd für ein schwangeres Mädchen. Das ist doch...«

»Du sollst das Maul halten, sag' ich!« fuhr der Major den betrunkenen Händler an und stieß ihn so heftig von sich, daß der Händler zu Boden stürzte. Ohne sich um ihn zu kümmern, ging der Major weiter. Der Hund folgte ihm.

»Clarissa, ich muß mit dir reden!« rief der Major.

Der Händler lachte hinter ihm her.

Da drehte sich der Major um, hob die Hand mit der Pistole, zielte in die Richtung, in der sich der Händler befand, und drückte ab.

Der Knall des Schusses weckte das ganze Dorf. Hunde begannen wild zu bellen. Dunkle Gestalten stürzten aus den Hütten, einige mit Gewehren und Pistolen, andere mit Tomahawks und Lanzen. Die französischen Soldaten, die ihr Lager am Flußufer aufgeschlagen hatten, packten ihre Waffen und sprangen auf.

Der Händler saß am Boden und schüttelte sich vor Lachen, denn die Kugel des Majors war weit von ihm entfernt in den Boden gefahren.

Der Major taumelte auf dem Platz herum.

»Verschwindet, ihr Hundesöhne!« rief er den Leuten

zu. »Es ist nichts. Ich habe nur ein bißchen mit meiner Pistole geübt!«

Der Händler rappelte sich auf. »Üben sollst du, Major, sonst sehe ich schwarz für uns, wenn die verdammten Engländer erscheinen.«

»Die sollen nur endlich kommen, diese Scheißengländer!« brüllte der Major.

Und dann begann er ein französisches Marschlied zu singen, während er im Paradeschritt auf dem Platz herumstolzierte. Der Händler schloß sich ihm an, und die Indianer schauten den beiden eine Weile entgeistert zu, bevor sie sich nach und nach wieder in ihre Hütten begaben.

Plötzlich hörte der Major auf zu singen. Einige Sekunden war es still im Dorf. Dann brüllte er ihren Namen.

»Clarissa!«

Clarissa zuckte zusammen und rührte sich nicht mehr, während ihr Name in der Stille der Nacht verklang.

»Dort drüben liegt sie«, hörte sie den Händler sagen. »Siehst du sie nicht?«

Er ging direkt auf sie zu, und der Major folgte ihm dichtauf.

»*Voilà*, da ist die kleine Wildkatze!« Der Händler lachte, als er vor Clarissa stand. Ächzend ließ er sich vor ihr auf die Knie nieder und packte sie bei den Handgelenken. »Komm, mein kleines Kätzchen, ich...«

»Deine dreckigen Finger sollst du von ihr lassen!« wurde er von Pierre Lacour unterbrochen. Und ehe sich's der Händler versah, wurde er vom Pistolenlauf des Majors am Hinterkopf getroffen. Mit einem Seufzer sackte er über Clarissa zusammen.

»Er ist betrunken, dieser Dreckskerl!« erklärte der Major. Er steckte die Pistole ein, packte den Händler und schleifte ihn ein Stück weit über den Platz, bevor er ihn liegenließ. Dann kehrte er zurück und blieb über Clarissa stehen.

»Stimmt es, was er gesagt hat, *ma petite?*« fragte er sie mit schwerer Stimme. »Stimmt es, daß du schwanger bist?«

»Ja«, sagte sie mit fester Stimme und ohne seinem Blick auszuweichen. »Es stimmt.«

Er starrte auf sie nieder und schwieg. Eine Minute verstrich, vielleicht zwei. Dann lachte er plötzlich auf.

»Ich glaube, ich werde dich an einen der einsamen Händler verkaufen müssen, die hin und wieder den Fluß hinunterfahren, aber ein gutes Pferd werde ich für dich bestimmt nicht erhalten. Vielleicht verkaufe ich dich auch einer Rothaut, oder ich bringe dich auf den Markt nach Montreal, wo es nie genug starke junge Mägde zu kaufen gibt.«

Der Major versetzte ihr einen Fußtritt, drehte sich um und ging mit steifen Schritten davon. Clarissa wußte, daß er in dieser Nacht nicht mehr zurückkehren würde, aber die Furcht vor ihm ließ sie trotzdem lange nicht einschlafen.

17. Kapitel **Fort Lacour**

*Flußüberwachung – Den
Monongahela hinauf – Das
versteckte Fort – Ein Gefangener – Das Kleid eines Engels –
Flucht in den Tod – Mutlos*

A m Mittag erreichten sie Fort Duquesne, über dessen
Bollwerk die französische Fahne im Sonnenlicht
flatterte. Es war eine kalte Winternacht gewesen, als Clarissa das letzte Mal hier vorbeigezogen war. Sie hatte vom
Fort nicht mehr erkennen können als die dunklen Umrisse des Palisadenzauns und der Wachtürme.

Jetzt sah sie, daß es sich bei dem Fort um eine wuchtige
Festung handelte, mit Erdwällen und Ecktürmen, von
denen aus die beiden hier sich vereinigenden Flüsse
überwacht werden konnten. Niemand, nicht mal das
kleinste Indianerboot, wäre an diesem Fort vorbeige-
langt, ohne daß es von den Wachposten auf den Türmen
erspäht worden und notfalls unter Beschuß genommen
worden wäre.

Obwohl Clarissa bei den Kriegsgeschichten, die in

Caldwell's Meadow erzählt worden waren, nie genauu
aufgepaßt hatte, erinnerte sie sich, gehört zu haben, daß
das gesamte Tal des Ohio nur unter englische Kontrolle
gebracht werden konnte, wenn es gelang, Fort Duquesne
zu erobern.

Während sie nun zum Fort hochblickte, wünschte sie
sich nichts mehr, als daß in diesem Moment ein Horn
zum Angriff geblasen würde und im Uferwald die roten
und blauen Röcke der Engländer und des Virginia-Regiments aufgetaucht wären.

Sie spähte den Fluß hoch, den Monongahela, der von
Osten heranfloß, aber sie entdeckte nur Indianerkinder,
die auf den Sandbänken spielten oder sich in ihren Booten von der Strömung flußabwärts treiben ließen. Genau
in der Beuge, wo sich der Monongahela und der Allegheny River vereinten, befand sich das Fort, mit einer
Anlegestelle auf der Nordseite.

Major Lacour und seine Ordonnanz verließen die Piroge, während Clarissa in der Obhut eines Korporals und
seiner Soldaten auf dem Boot zurückblieb. Der Major
hatte Anweisung gegeben, Clarissa nicht von Bord gehen
zu lassen. Außerdem war ihr nicht gestattet, sich mit den
Indianern zu unterhalten, die von ihrer Neugier zum
Anlegeplatz gelockt wurden.

Nach fast zwei Stunden kehrte Major Lacour zurück.
Seinem finsteren Gesichtsausdruck nach zu schließen,
waren es keine guten Nachrichten, die er vom Fortkom-
mandanten erhalten hatte. Sofort gab er den Befehl, abzu-
legen und weiterzufahren.

Die Soldaten stießen die Piroge jetzt dicht an seinem
Ostufer den Allegheny River flußaufwärts. Sie fuhren an
einigen kleinen Indianerdörfern vorbei, von denen einige

verlassen schienen. Beide Ufer des Flusses waren über weite Strecken so dicht mit Bäumen und Büschen bewachsen, daß es kaum eine Stelle gab, wo die Piroge hätte anlegen können.

Die meisten Büsche trugen frisches Grün. Trompetenschwäne, auf dem Weg nach Norden zu ihren Brutplätzen, trieben in der sanften Gegenströmung und flogen erst auf, als sich die Piroge mitten unter ihnen befand. Ihre hupenden Schreie ausstoßend, formierten sie sich über dem Fluß zu einem langgezogenen Schwarm und waren schon bald nicht mehr zu sehen.

Die ganze Zeit saß Major Lacour auf seinem Stuhl, der in der Mitte einer erhöhten Plattform befestigt war. Clarissa wagte kaum, ihn anzusehen. Nie zuvor hatte ihr ein Mensch ohne besonderen Grund mehr Furcht eingejagt als dieser hagere Mann mit den Habichtaugen, vor dessen Blicken sie nicht einmal ihr tiefstes Inneres verbergen konnte.

Im Laufe des Nachmittags erhob er sich immer öfter von seinem Stuhl. Er schien ungeduldig zu werden und begann die Soldaten anzutreiben, als wären sie seine Galeerensklaven.

»Vorwärts, ihr faulen Hunde!« schrie er sie auf französisch an.

Clarissa vermutete, daß sie sich nun Fort Lacour, dem Ende ihrer Flußfahrt, näherten. Sie hielt nach dem Fort Ausschau, aber das Westufer des Flusses lag still im tiefen Nachmittagsschatten, und die Sicht am Ostufer war ihr von einer hohen Wand durcheinanderwachsender Büsche und Bäume verstellt.

Es mochte etwa fünf Uhr am Nachmittag sein, und die Sonne stand schon tief über den Wipfeln und Kronen der

Bäume, als Major Pierre Maurice Lacour auf Clarissa zutrat und ihr die Hand anbot.

»Steh auf«, befahl er barsch. »wir sind zu Hause.«

Clarissa wollte aufstehen, ohne seine Hand zu nehmen, aber da packte er sie beim Handgelenk und zog sie mit einem Ruck hoch. Dicht bei sich, so daß sie seinen Atem im Nacken spürte, hielt er sie fest.

»Sag mir, was du siehst!« verlangte er.

Sie folgte mit ihren Blicken dem Ufer, konnte aber nichts Außergewöhnliches entdecken. Das Pflanzengewirr versperrte ihrem Blick den Weg zum eigentlichen Ufer. Mächtige Bäume, die vom Sturm gefällt worden waren, ragten aus dem Unterholz tief in das dunkle Wasser. Auf einem der blanken Stämme stand ein Kranich und äugte neugierig herüber.

Der Griff an Clarissas Handgelenk wurde fester.

»Was siehst du?« fragte er sie noch einmal.

»Ich sehe den Himmel«, sagte Clarissa. »Ich sehe den Fluß und das Ufer.«

»Und sonst?«

»Sie tun mir weh!«

Der Griff lockerte sich nicht.

»Was siehst du sonst?«

»Nichts.«

Er lachte auf. »C'est bien«, sagte er auf französisch. »C'est très bien.«

Die Piroge näherte sich dem Ufer. Der Major zog Clarissa mit sich über die Plattform und gebot ihr, sich hinter dem Bug im Rumpf der Piroge hinzuhocken. Er kauerte selbst bei ihr nieder, und da hier kein Platz war, legte er einen Arm um sie und zog sie an sich.

»Wir werden unsere Ankunft feiern, ma petite«, flüsterte er ihr ins Ohr. »Es wird dir sicher guttun, von meinem Brandy zu trinken.«

»Ich mag keinen Brandy!« stieß Clarissa hervor.

»Du wirst lernen, ihn zu mögen. Und noch vieles andere wirst du lernen, glaube mir.«

Er zeigte mit einer Hand über den Bootsrand hinweg zu einer dunklen Stelle im Ufergestrüpp. Dort lagen mehrere Baumriesen im Wasser, die auf den ersten Blick eine für Boote unpassierbare Barriere bildeten. Erst als sie sich näherten, konnte Clarissa erkennen, daß man sogar ein großes Flachboot, wie es die Piroge war, im Zickzack zwischen den Bäumen hindurchsteuern konnte, wenn man den richtigen Weg wußte.

Die Bäume bildeten nämlich die Begrenzung zu einer Schleuse, die zu einer Lücke im Uferdickicht führte. Diese Lücke war mehr ein Tunnel, in dem es sogar an diesem Spätnachmittag mit einer tief über dem anderen Ufer stehenden Sonne so dunkel war, daß man plötzlich nichts mehr erkennen konnte.

Zweige strichen an Clarissa vorbei, kratzten quietschend am Rumpf der Piroge, auf der sich nun auch die Männer mit den Stangen geduckt hatten. Langsam, wie von einer leichten Strömung gezogen, bewegte sich die Piroge durch den Tunnel. Eine Ewigkeit schien es zu dauern, bis Clarissa einen Lichtschimmer wahrnahm, der durch dichtes Astgewirr drang.

»Öffne die Augen, mein Täubchen«, flüsterte der Major dicht an ihrem Ohr, und er drückte sie so fest an sich, daß sie kaum mehr atmen konnte.

Die Piroge glitt aus dem Tunnel in eine stille Bucht, die von dichten Uferwäldern umsäumt war. Auf der glatten Wasseroberfläche spiegelten sich jedoch nicht nur die

Uferböschungen und die hohen dunklen Bäume, sondern auch die Palisaden und der Wachturm eines kleinen Forts, das sich am oberen Rand einer steil abfallenden Uferböschung erhob.

Der Major ließ Clarissa los und breitete theatralisch die Arme aus.

»*Voilà, ça c'est mon château*«, prahlte er. »Das ist mein kleines Schloß Fort Lacour. Wie gefällt es dir, *ma petite*. Ist diese Bucht nicht ein romantischer kleiner Schlupf-winkel?«

Er kauerte bei der Drehkanone im Bug nieder, machte sie schußfertig und feuerte sie ab. Der Knall schreckte einen Schwarm von Krähen aus den Kronen mächtiger alter Ahornbäume. Auf dem Wachturm erschien eine Gestalt.

Der Major erhob sich und sprang auf die kleine Platt-form, während seine Soldaten die Piroge über die kleine Bucht auf eine Landnase zusteuerten, hinter der sich ein natürlicher Anlegeplatz befand. Dort waren mehrere Transportboote vertäut.

Clarissa hatte sich jetzt auch erhoben und rückte ihr Kleid zurecht. Mit Bangen blickte sie zu dem kleinen Fort hoch, von dessen Existenz sie durch Nathaniel Axton erfahren hatte. Er hatte also doch nicht gelogen, um sei-nen Kopf zu retten. Es gab dieses Fort wirklich.

»Es ist ein geheimes Fort!« rief ihr Major Lacour zu, als hätte er ihre Gedanken erraten. »Kein Engländer weiß, daß es existiert, und wenn sie Fort Duquesne angreifen, werden wir ihnen von hier aus in den Rücken fallen. Diese armen dummen Engländer! Sie werden erst mer-ken, daß sie in eine Falle geraten sind, wenn es zu spät ist.«

Der Major war so stolz auf sein Fort, und seine Worte klangen so überheblich, daß ihm Clarissa am liebsten von Nathaniel Axton erzählt hatte. Sie schwieg jedoch wohlweislich, denn sie war sicher, daß der Tag nicht mehr fern war, an dem die französische Fahne, die heute an einem langen weißen Mast über dem Fort flatterte, durch den Union Jack ersetzt werden würde.

*

Die kleine Palisadenfestung war kein Fort, das zur Überwachung des Flusses errichtet worden war, denn nicht einmal von seinem Wachturm aus konnte man den Allegheny River sehen, der in einer Entfernung von einer halben Meile und jenseits eines schmalen und dichtbewaldeten Uferstreifens nach Süden hin vorbeifloß.

Sogar ein großes Boot konnte deshalb ohne besondere Vorsichtsmaßnahmen ungesehen an Fort Lacour vorbeigesteuert werden. Nur die kleine Bucht lag im offenen Blickfeld der Wachposten, die auf dem Turm ihren Dienst taten, und dieser Turm war vierundzwanzig Stunden am Tag besetzt.

Rund um das Fort herum war der Wald abgeholzt, da die Bäume zum Bau der Blockhäuser und des viereckigen Palisadenzaunes gebraucht worden waren. Der Eingang zum Fort, ein Tor im Palisadenzaun, befand sich auf der Ostseite.

Ein Weg gabelte sich weniger als fünfzig Yards vom Tor entfernt. Ein mit bloßem Auge kaum erkennbarer Trail verlief ostwärts zum Rand der Lichtung und verschwand dort im Wald, und ein tiefausgefahrener Karrenweg führte schräg an der steilen Uferböschung zum Anlegeplatz hinunter, wo Major Lacours Soldaten die Piroge zwischen mehreren Frachtbooten vertäuten, während Clarissa dem Major den steilen Weg hoch folgte.

Die Radfurchen waren an mehreren Stellen so tief, daß sie nur von schwerbeladenen Wagen stammen konnten, die zu einer Zeit zum Fort hinaufgebracht worden waren, als der Boden vom Regen aufgeweicht gewesen war. Es schien, als wären die Wagen an mehreren der besonders steilen Stellen steckengeblieben und sogar rückwärts den Hang hinuntergerutscht.

Der Boden war von den Hufen der Zugtiere tief durchgeackert, und an den Stämmen einiger Bäume, die am oberen Rand des Hanges standen, bemerkte Clarissa die tiefen Scharten, dort, wo Ketten und Seile die Rinde durchgescheuert und weggerissen hatten.

Obwohl Clarissa im Moment nicht wußte, wozu ihre Beobachtungen einmal gut sein sollten, versuchte sie, sich jede Kleinigkeit einzuprägen. Oben auf der Ebene, inmitten der kleinen Lichtung, blieb sie stehen und blickte den Pfad entlang, der zum Waldrand führte. Der Major merkte, daß sie ihm nicht mehr folgte. Er drehte sich zu ihr um und lächelte.

»Du fragst dich vielleicht, wohin dieser Pfad führt, *ma petite?*« Er ging zu ihr zurück und nahm sie beim Arm. »Du fragst dich vielleicht, ob du mir davonlaufen könntest und was sich dort draußen im Wald befindet? Bevor du auf törichte Gedanken verfällst, will ich es dir sagen. Dieser Pfad führt von hier aus direkt in die Hölle, denn zwischen hier und der nächsten englischen Ansiedlung liegen mehr als zweihundert Meilen einer Wildnis voller blutrünstiger Rothäute und gefräßiger Tiere. *Mon dieu,* wenn du davonlaufen willst, lauf! Ich glaube nicht, daß ich mir die Mühe geben würde, dich zurückzuholen!«

Und so, als wollte er ihr zeigen, wie ernst ihm diese Drohung war, stieß er sie in die Richtung des Waldrandes von sich.

»Lauf, *ma petite!*« rief er ihr spöttisch zu. »Lauf in die Hölle!«

Clarissa ging mit gesenktem Kopf zu ihm zurück. Er lachte höhnisch und marschierte, ohne sich weiter um sie zu kümmern, auf das Tor zu, das jetzt von einigen Soldaten geöffnet wurde. Die Öffnung gab Clarissa einen Blick auf den Innenhof frei, und als sie hinter dem Major durch das Tor trat, wußte sie sofort, daß es nicht nur Wagen gewesen waren, die vom Anlegeplatz zum Fort heraufgezogen worden waren, denn mitten auf dem Platz standen sechs riesige Kanonen auf Lafetten nebeneinander.

Niemals zuvor hatte Clarissa größere Kanonen als diese Monster gesehen, die ihr mit ihren schwarzen Rohrmündungen drohend entgegenstarrten.

Aber nicht der bedrohliche Anblick dieser Kanonen war es, der Clarissa im Schritt verharren ließ, sondern der eines Mannes, der halbnackt und blutüberströmt an einem Lafettenrad festgebunden war.

Obwohl der Kopf des Mannes mit dem Kinn auf der nackten Brust ruhte, erkannte ihn Clarissa sofort an seiner Haartracht und der Skalplocke, die ihm über die Schulter hinunterhing.

Ihre Lippen formten den Namen Mataquas, aber kein Laut drang aus ihrem Mund.

Der Major hingegen ging mit forschem Schritt auf den Gefangenen zu und blieb dicht vor ihm stehen. Mit einem Ruck zog er seinen Säbel und berührte die blutverkrustete Brust des Indianers mit der Spitze.

Mataqua hob den Kopf. Er sah den Major, und er sah Clarissa, aber sein Gesicht verriet keine Regung, keinen Schmerz, keine Furcht, nicht das geringste Zeichen, daß er Clarissa erkannt hatte.

Ohne die Spitze des Säbels zurückzuziehen, drehte der Major sich halb um und rief den Torwächter heran.

»Was, zum Teufel, tut dieser Wilde hier in unserem Fort?« fuhr er den Mann an.

»Lieutenant Larpendeur hat ihn erwischt, *Monsieur le Commandant*«, meldete der Torposten. »Er ist schon seit drei Tagen an diesem Lafettenrad festgebunden. Tag und Nacht und ohne zu essen und zu trinken, aber er will nicht verraten, wer er ist oder wie er hierhergelangt ist.«

»Er ist kein Shawnee und auch kein Ottawa«, stellte der Major fest, nachdem er den Gefangenen noch einmal kurz in Augenschein genommen hatte. »Er könnte ein Irokese sein. Oder einer von den abtrünnigen Mingos vielleicht.«

Der Major drückte Mataqua seinen Säbel fester gegen den Hals, so daß die Klingenspitze die Haut unter dem Kinn durchstach. Ein dünnes Rinnsal von Blut begann langsam an Mataquas Hals hinunterzusickern. Mataqua zuckte mit keiner Wimper.

»Bist du ein Mingo?« fragte ihn der Major auf französisch. Dann wiederholte er die Frage auf englisch, aber Mataquas Gesicht blieb auch jetzt ohne Ausdruck.

»Verfluchter Heide, ich bin der Kommandant dieses königlichen Forts, und wenn ich dir eine Frage stelle, tust du besser daran, sie zu beantworten!« brüllte der Major den Indianer wütend an.

Mataqua reagierte nicht. Da zog der Major den Säbel zurück und holte zu einem Hieb aus. Clarissa fiel ihm schnell in den Arm und hinderte ihn daran, den Streich auszuführen.

»Er ist ein Mohawk!« rief sie, als der Major sie von sich stoßen wollte.

Die Augen des Majors weiteten sich jäh. »Wie willst du das wissen, daß er ein Mohawk ist und kein Mingo?«

»Ich – ich habe diese Skalplocke schon einige Male bei Mohawk-Indianern gesehen«, erklärte Clarissa stockend. Fast hätte sie im Eifer Mataquas Identität verraten, aber der Major schien mit ihrer Erklärung zufrieden zu sein.

Er rief nach Lieutenant Larpendeur. Ein junger Offizier, der mit einer Kniebundhose und einem Hemd bekleidet war, trat aus einer der Blockhütten. Sein Haar war zerzaust. Er schien geschlafen zu haben. Der Major fragte ihn, wo er den Indianer gefangengenommen hätte.

»Sie wissen doch, Lieutenant, daß es sich bei diesem Wilden um einen Mohawk handelt, nicht wahr?«

»Das, muß ich gestehen, habe ich nicht in Erfahrung bringen können«, erwiderte der Lieutenant kleinlaut. »So, ein Mohawk ist er also, ein verdammter Hund der Engländer. Dann schlage ich vor, daß wir ihn sogleich erschießen, *Monsieur le Commandant,* denn es könnte sich bei ihm zweifellos um einen Spion handeln.«

»Wahrscheinlich ist er das auch, mein Lieber, und deshalb werden wir ihn zuerst zum Reden bringen müssen, bevor wir ihn erschießen.«

»Er schweigt eisern.«

»Er wird reden, Lieutenant, verlassen Sie sich drauf. Wo haben Sie ihn erwischt?«

»Dort drüben«, sagte der Lieutenant und zeigte zum geschlossenen Tor des Forts. »Am Rand der Lichtung. Es war mitten in der Nacht. Ich glaube, er versuchte, sich an das Tor heranzuschleichen. Ich dachte, es sei mein Wolf, der dort plötzlich im Mondlicht auftauchte.«

»Ihr Wolf, Lieutenant?«

»Es ist ein Wolf in der Nähe. Ein großer schwarzer Rüde, der sich von einem Rudel getrennt haben muß. Ich habe ihn mehrere Male auf der Jagd gesehen. In der Nacht, als ich diesen Wilden erwischte, hatte ich einen Köder auf die Lichtung gelegt, ein kleines Reh, das ich am Tag zuvor erlegte. Ich lag dort drüben, wo sich die Felsen befinden, auf der Lauer. Und da sah ich ihn, und ich dachte, es sei der Wolf. Ich schoß und traf ihn. Er wollte davonlaufen, aber er gelangte nicht weit. Wir holten ihn bald ein, und er kämpfte ein bißchen, bevor wir ihn überwältigten.«

Der Major nickte zufrieden. »Bestimmt haben Sie es nicht unterlassen, den Wald nach Spuren absuchen zu lassen, Lieutenant.«

»Es gab nur eine Fährte. Wir sind am nächsten Tag zurückgegangen. Sie führte in die Sümpfe. Dort haben wir sie verloren.«

»Dann war er allein?«

»Ja. Ich habe jeden Tag eine Patrouille ausgeschickt, aber es ist niemand mehr dort draußen. Dieser Mohawk ist ganz allein hierhergekommen, *Monsieur le Commandant.*«

Der Major stieß seinen Säbel in die Scheide.

»Sorgen Sie dafür, daß er zu trinken erhält«, befahl er dem Lieutenant. »Ich werde ihm später ein paar Fragen stellen.« Er nahm Clarissa beim Arm. »Lieutenant Larpendeur, darf ich Ihnen meine neue Braut vorstellen, Miß Clarissa Caldwell.«

Der Lieutenant blickte Clarissa kurz an.

»Es freut mich, Sie kennenzulernen«, murmelte er verlegen.

Der Major lachte und nahm Clarissa beim Arm.

»Komm jetzt, Mädchen, es wird Zeit, daß wir dich in ein zivilisiertes Wesen verwandeln. Was, denkst du, würde deine Mutter sagen, wenn sie dich in diesen schmutzigen Indianerklamotten sehen würde?«

Er zog sie mit sich, blieb aber noch einmal stehen und streichelte mit einer Hand beinahe liebevoll das Rohr einer mächtigen Kanone. »Damit, *ma petite,* werden wir das englische Heer zerschlagen. Es sind die größten Kanonen, die es gibt. Lange standen sie in Fort Duquesne, und dort werden sie von den Engländern noch immer vermutet. Aber jetzt sind sie hier in meinem schönen kleinen Château, und außer uns weiß niemand etwas davon.«

Mit diesen Worten zog er Clarissa mit sich über den Platz auf ein kleines Blockhaus zu, das gegen den Palisadenzaun gebaut war und ein Dach aus Lehmerde hatte.

Clarissa blickte sich noch einmal verstohlen zu Mataqua um. Der Torposten war eben dabei, ihm Wasser einzuflößen.

*

Er warf ihr ein Kleid vor die Füße.

»Zieh das an!« befahl er ihr.

Clarissa rührte sich nicht. Sie stand mit dem Rücken zur Wand des Blockhauses in einem Raum, in dem es nur ein schmales Bett gab, einen Tisch unter dem kleinen Fenster und einen Stuhl, über dessen Lehne der Major seinen schmutzigen Uniformrock gehängt hatte.

Hager, mit schmalen Hängeschultern stand er vor ihr,

das weiße Leinenhemd über der Brust geöffnet. Schweiß glitzerte auf seiner Stirn, und in seinen Augen war ein Ausdruck, der Clarissa Angst einjagte.

»Verdammt, hast du nicht gehört, was ich dir befohlen habe?« Die Stimme des Majors klang merkwürdig rauh. »Ich will nicht alles zweimal sagen müssen, verstanden?«

»Wem – wem gehört dieses Kleid!« würgte Clarissa mit erstickter Stimme hervor.

Er runzelte die Stirn. »Dieses Kleid? Ach so, du hast vielleicht eine Abscheu davor, dieses Kleid zu tragen, weil du nicht weißt, wem es gehört.«

Er lachte und trank einen Schluck Brandy aus einem großen Krug, den er mit angewinkeltem Arm zum Mund führte. Als er ihn wieder absetzte, lief ihm der Brandy über das kantige Kinn auf die Brust nieder.

»Ich will dir sagen, wem dieses Kleid gehört hat, *ma petite,* obwohl es mir schwerfallen wird, an diese Frau zu denken. Eine Bande von Ottawa-Indianern nahm sie gefangen. Sie hieß Martha Fergusson, und sie war ein bißchen älter als du. Zweiundzwanzig Jahre zählte sie, und sie war hübsch wie ein Engel. Sie war billiger als du, denn ich gewann sie beim Würfelspiel. Drei Sechsen beim entscheidenden Wurf! Ich brachte sie her und tat alles für sie, damit sie sich hier in meinem kleinen Schloß wohl fühlte. Aber sie war nicht glücklich. Sie versuchte zweimal zu fliehen. Einmal ertrank sie fast im Fluß. Ich mußte sie einsperren wie einen Hund, der nicht aufhören will, über den Zaun zu springen. Als sie das dritte Mal floh, ließ ich sie laufen. Sie geriet direkt in die Sümpfe. Einige Jäger fanden sie nach zwei oder drei Tagen.« Major Lacour holte tief Luft und seufzte. »Ich hatte sie gewarnt.

Mehr als einmal. Ich hatte ihr gesagt, daß es zu gefährlich sei, von hier wegzulaufen. Aber sie wollte nicht hören.«

»Was – was ist geschehen?«

»Sie wurde von einer Sumpfschlange gebissen und starb.« Der Major näherte sich Clarissa. »Sie trug dieses Kleid, als sie floh. Ich habe es waschen und herrichten lassen. Zieh es an, ich glaube, es wird dir wie angegossen passen.«

Er bückte sich vor ihr und hob das Kleid vom Boden auf. Mit einem kalten Lächeln streckte er es ihr entgegen.

»Zieh es an!« befahl er noch einmal.

Clarissa wollte von ihm zurückweichen, aber da spürte sie die Blockhüttenwand im Rücken.

»Du solltest nicht den gleichen Fehler begehen wie Martha Fergusson«, sagte der Major. »Du wirst sehen, es wird dir bald bei mir gefallen.«

»Niemals!« stieß Clarissa hervor.

Sie riß ihm das Kleid aus der Hand und schleuderte es von sich.

Der Ausdruck in seinem Gesicht änderte sich jäh. Blitzschnell holte er aus und hieb ihr den Handrücken ins Gesicht. Der Schlag traf Clarissa so hart, daß sie benommen an der Wand zusammensackte.

Er trat einen Schritt zurück und trank einen Schluck aus dem Brandykrug, während Clarissa an der Wand am Boden hockte. Blut lief ihr aus einer Platzwunde unter dem rechten Auge.

»Ich gehe jetzt hinaus. Wenn ich zurückkehre, trägst du dieses schöne Kleid, oder ich lege dich in Ketten wie meine kleine Martha Fergusson.«

Mit diesen Worten drehte er sich um und stampfte aus dem Blockhaus. Die Tür fiel hinter ihm zu, aber Clarissa wußte, daß sie von außen nicht verriegelt werden konnte. Sie blieb regungslos am Boden sitzen. Draußen brüllte der Major herum. Martha Fergussons Kleid lag einige Schritte von ihr entfernt.

Sie starrte es lange an, und schreckliche Gedanken ließen in ihrem Kopf Bilder entstehen, die ihr noch mehr Angst einjagten.

Sie sah Martha Fergusson in ihrem grünen Kleid durch den Sumpf laufen, in dem es von schwarzen Schlangen wimmelte. Sie spürte, wie ihr der Angstschweiß ausbrach. Schließlich verlor sie den Mut, und ihr Wille, sich Major Lacour zu widersetzen, brach. Sie erhob sich vom Boden und nahm das Kleid auf.

18. Kapitel **Zum Angriff bereit**

Die Späher – Warten auf Mataqua – Fort Kümmerlich – Der Schuß trifft – Ein halber Mensch – Kurz vor Mitternacht – Einer schläft bestimmt nicht

Sie kauerten am Rand der Lichtung im Unterholz. Die Sonne war längst untergegangen. Noch war es nicht ganz dunkel, aber über den Baumwipfeln wurde die blasse Scheibe des Mondes sichtbar. Vom Fluß herauf drangen die hupenden Schreie der Trompetenschwäne. Fledermäuse flogen blitzschnell aus den Baumschatten heraus, um Motten zu jagen, die über der Lichtung herumflatterten.

Irgendwo im Wald ertönten fröhliche Stimmen, und bald darauf tauchten Gestalten auf, die einem schmalen Wildpfad durch das Unterholz folgten, in dem sich die beiden Männer versteckt hatten.

Bei den Gestalten handelte es sich um Soldaten, die zwei Truthähne erlegt hatten. Sie unterhielten sich auf französisch. Der Pfad, dem sie folgten, führte dicht an der

Stelle vorbei, wo sich die beiden Männer befanden. Keiner der Soldaten bemerkte sie. Lachend gingen sie an ihnen vorbei und über die Lichtung auf das Tor des Forts zu, das ihnen von innen geöffnet wurde. Kaum waren sie drin, wurde das Tor wieder geschlossen und verriegelt.

Der ältere der beiden Männer rührte sich zuerst. Er gab dem jüngeren ein Zeichen, ihm zu folgen. Geduckt arbeiteten sie sich durch das Unterholz am Rand der Lichtung entlang, bis sie eine bewaldete Anhöhe erreichten, von der aus sie die versteckte Bucht des Allegheny River überblicken konnten. Von hier aus führte die Straße hinunter zum Anlegeplatz, wo die Pirogen vertäut waren. Oben, auf dem Wachturm, der von hier aus gut zu sehen war, stand ein Soldat in der blauen Uniform eines Grenadiers und spähte über die Bucht zum flachen Ufer hinüber, wo ein einzelner Wapitihirsch eine schmale Sandbank überquerte und im Wald verschwand.

»Dieses Fort ist so klein, daß man es mit einer Kompanie erobern könnte«, sagte der Jüngere der beiden im Flüsterton.

»Unsere Aufgabe ist es nicht, dieses Fort zu stürmen, Korporal«, entgegnete der Ältere ebenso leise, obwohl sich keine Menschenseele in ihrer Nähe befand und der Posten auf dem Turm Ohren wie ein Luchs hätte haben müssen, um sie zu hören.

»Wir können es in der Nacht an allen vier Ecken anzünden und total niederbrennen«, schlug der Korporal vor, bei dem es sich um Clarissas Bruder, Jason Caldwell, handelte.

»Das Holz der Palisaden ist zu frisch, als daß es leicht Feuer fangen könnte«, erwiderte Nathaniel Axton seinem jungen Gefährten. »Außerdem vermute ich, daß sich Mataqua als Gefangener im Fort befindet. Obwohl er kaum mein Freund ist, möchte ich seinen Tod nicht auf dem Gewissen haben.«

»Dann bleibt uns nichts anderes übrig, als uns in das Fort zu schleichen, Mataqua zu befreien und danach Feuer zu legen.«

»Das ist zu gefährlich, ohne daß wir zuerst den Löwen aus seiner Höhle locken, Korporal.«

»Sie meinen, wir sollen die Franzosen dazu verleiten, das Fort zu verlassen, so daß wir es, sozusagen ohne auf Widerstand zu stoßen, erobern können?«

»Daß uns die Franzosen einfach so gewähren lassen, das bezweifle ich. Aber ich könnte mir vorstellen, daß die meisten von ihnen das Fort verlassen, wenn die Boote dort unten in Flammen stehen.«

»Dann zünden wir ihre Boote an!« sagte Jason Caldwell begeistert. »Das haut hin, Sir. Das haut hundertprozentig hin. Wetten, daß die Franzmänner das Fort räumen, wenn dort unten die Boote brennen? Und während sie zum Ufer hinunterlaufen, um die Feuer zu löschen, stürmen wir durch das offene Tor in das Fort, befreien den Mohawk, blasen das Pulvermagazin in die Luft und verschwinden, bevor die Franzmänner klarsehen und wissen, daß sie auf eine Finte hereingefallen sind.«

»Gut, dann wollen wir uns nicht länger als nötig hier aufhalten, Korporal. Wir wissen zwar nicht, ob der Mohawk im Fort gefangengehalten wird oder ob sie ihn umgebracht haben, aber so oder so ändert sich nichts an unserem Vorgehen.«

»Und sobald wir hier fertig sind, brechen wir nach dem Shawnee-Dorf Chillicothe auf, um Clarissa zu befreien.«

»Das ist meine Absicht, Korporal.«

Nathaniel Axton warf noch einen letzten Blick zum Anlegeplatz hinunter. Damit die Flachboote der Franzosen schnell Feuer fingen und abbrannten, mußte genug Reisig und Holz herbeigeschafft und im Rumpf der Boote verstaut werden. Diese Arbeit allein würde mehrere Stunden in Anspruch nehmen.

Nathaniel schätzte, daß die Boote nicht vor Mitternacht angezündet werden konnten. Bis die Franzosen die Feuer entdeckt und das Fort verlassen hatten, würde eine weitere halbe Stunde vergehen. Danach blieben ungefähr sechs Stunden bis zum Morgengrauen. Sechs Stunden, um das Fort zu stürmen, die Wachen niederzukämpfen, Mataqua zu befreien und zumindest das Pulvermagazin und das Waffenarsenal zu vernichten.

Selbst wenn Fort Lacour nicht in Schutt und Asche gelegt werden konnte, die Franzosen würden es fortan nicht mehr als einen geheimen Trumpf ausspielen können.

Nathaniel Axton war derart mit seinen Gedanken beschäftigt, daß er den Schatten nicht sah, der durch das Astgewirr glitt und ihnen, nur wenige Schritte entfernt, lautlos folgte.

*

Ihr Lager befand sich am Rande eines ausgedehnten Sumpfgebiets. Seit drei Tagen warteten sie auf die Rückkehr Mataquas. Daß dem Mohawk etwas zugestoßen war, mochte Lieutenant Andrew Warren Sweet natürlich nicht wahrhaben. Nichts und niemand auf dieser Erde, dieses finstere Wildnisgebiet mit eingeschlossen, war imstande, seinem Läufer etwas anzuhaben. Mataqua, davon war Sweet überzeugt, würde plötzlich unversehrt im

Schein des Lagerfeuers auftauchen und ihnen ein paar frische Franzosenskalps vor die Füße werfen.

»Theoretisch könnte es aber schon sein, daß er an einer Wurzel gestrauchelt ist und stürzte, wobei er sich – natürlich auch nur theoretisch – das Genick brach«, gab Rope McGrath, der einäugige Seelentreiber, in der dritten Nacht zu bedenken, als Nathaniel Axton und Jason Caldwell abwesend waren, um das Franzosenfort Lacour auszukundschaften.

Der Lieutenant war dabei, seinen Beinstumpf mit Salbe einzureiben, weil er sich den Stumpf auf dem langen Fußmarsch hierher wundgescheuert hatte.

»Theoretisch, Mister McGrath, würde eher der Allegheny River bergwärts fließen, als daß sich mein Läufer von einer Baumwurzel oder etwa von einem Franzosen das Genick brechen lassen würde«, gab der Lieutenant dem Einäugigen finster zur Antwort.

»Es ist immerhin möglich«, sagte Zebulon Peck, während er lustlos auf einem Stück vom Rauchfleischvorrat herumkaute, den ihnen die Seneca vom Susquehanna River mitgegeben hatten.

Es schien eine Ewigkeit her, seit sie das Dorf der Seneca verlassen hatten. Mindestens zwei Wochen waren sie dann in den Sumpfwäldern herumgeirrt, in denen sie den Wagen und die Pferde zurückließen, bevor sie schließlich, mehr zufällig als gewollt, auf einen Indianerpfad stießen, der zu einer natürlichen Salzablagerung führte.

Aus allen Richtungen liefen Wildwechsel auf diese Stelle zu, aber nicht nur Wildtiere kamen hierher, auch die Indianer verschiedener Stämme und weit entfernter Dörfer holten sich hier ihren Vorrat an Salz. Spuren um mehrere Feuerstellen herum deuteten darauf, daß sich erst vor wenigen Tagen Menschen hier aufgehalten hatten.

Nathaniel Axton schoß am ersten Abend einen Rehbock. Das Fleisch reichte ihnen für zwei Tage und zwei Nächte, die sie hier lagerten, um Mataqua die Gelegenheit zu geben, nach dem richtigen Pfad zu suchen. Als Mataqua zurückkehrte, berichtete er, daß sie sich noch ungefähr vier Tagesmärsche von Allegheny River entfernt befänden.

Der Mohawk war weiter im Westen in ein ausgedehntes Sumpfgebiet eingedrungen. An einer Stelle hatte er die skelettierten Überreste eines Kadavers entdeckt, bei dem es sich nur um ein Franzosenpferd gehandelt haben konnte. In einer Satteltasche fand Mataqua einen Umschlag mit Brief, dessen Tintenschrift durch die Witterungseinflüsse unleserlich geworden war. Der Umschlag war mit einem französischen Siegel versehen.

Drei Tage später, nach einem schwierigen Marsch durch das Sumpfgebiet, erreichten sie schließlich den Platz, wo sie sich auch jetzt noch befanden. Von hier aus setzte Mataqua den Weg allein fort, um nach dem kleinen Franzosenfort Ausschau zu halten, das nur Nathaniel Axton gesehen hatte. Der Lagerplatz befand sich keine zehn Meilen vom Allegheny River entfernt, und Mataqua hätte eigentlich schon nach kurzer Zeit wieder zurück sein müssen.

Nach zwei Tagen und Nächten beschloß Nathaniel Axton, mit Jason Caldwell nach dem Mohawk zu suchen. Sie konnte Mataqua zwar nirgendwo aufspüren, aber sie entdeckten an einem Spätnachmittag Rauch, der sich über die Baumwipfel erhob. Dann hörten sie Schüsse, mit denen französische Soldaten eines Jagdtrupps die wilden

Truthähne erlegten, und wenig später kauerten sie am Rande einer Lichtung im Unterholz und hatten Fort Lacour vor sich. In der Nacht kehrten Nathaniel Axton und Jason Caldwell zum Lagerplatz zurück.

Lieutenant Sweet war eben dabei, den eingesalbten Beinstumpf mit einem Tuch zu umwickeln, als Zebulon Peck seine Muskete ergriff und aufsprang. Im Wald waren Geräusche. Jemand näherte sich dem Lager. Rope McGrath, der auf seinen Decken lag, setzte sich auf und zog seine Pistole aus dem Gürtel, aber da erschienen schon Nathaniel Axton und Jason Caldwell im Feuerschein. Lieutenant Sweet fragte sie sofort nach Mataqua.

»Es deutet alles darauf hin, daß ihn die Franzosen gefangengenommen haben«, sagte Nathaniel Axton, während er sich am Feuer niederließ.

»Und das Fort?« wollte Zebulon Peck wissen. »Habt ihr wenigstens das Fort gesehen?«

»Wir waren dort«, sagte Jason spöttisch. »Fort Lacour! Wenn wir die Franzosen davongejagt haben, werden wir ihm einen anderen Namen geben. Fort Miserable, zum Beispiel, weil es so kümmerlich aussieht.«

»Fort Kümmerlich?« McGrath lachte auf. »Und deswegen sind wir wochenlang durch diese Wildnis marschiert, Axton?«

»Ich habe nie behauptet, daß es sich bei diesem Fort um eine Festung mit tausend Soldaten handelt, Mister McGrath«, entgegnete Nathaniel und nahm ein Stück Rauchfleisch aus dem Proviantbeutel. »Fort Lacour ist nicht dazu da, große Truppenkontingente aufzunehmen, aber ich bin sicher, daß die Franzosen es als Nachschublager für Waffen und Munition eingerichtet haben. Wir werden Fort Lacour morgen nacht zerstören!«

»Warum tun wir das nicht schon in dieser Nacht?«
wollte Lieutenant Sweet wissen.

»Weil einige Vorbereitungen getroffen werden müssen, Andrew«, erklärte Nathaniel. »Das Fort steht an
einer versteckten Bucht, an deren Ufer mehrere Flachboote liegen. Wir werden auf diesen Booten Feuer legen
und dadurch die Franzosen aus dem Fort locken.«

»Bist du sicher, daß sie Mataqua gefangen haben?«

»Wo sollte er sonst sein, wenn er nicht im Fort ist?«

»Fort Kümmerlich!« Der Einäugige lachte auf. »Ich
könnte mir selbst in den Hintern treten, daß ich mich zu
dieser Sache überreden ließ, Axton. Es ist dir wohl von
allem Anfang an mehr um dieses Mädchen gegangen als
um...«

Zebulon Peck, der noch immer seine Muskete in der
Hand hielt, fuhr herum, legte an und drückte ab. Der
donnernde Knall des Schusses ließ bis auf den Lieutenant alle aufspringen und zu den Waffen greifen.

Umwabert vom Pulverrauch stand Zebulon im Feuerschein und starrte in die Richtung, in die er die Kugel
abgefeuert hatte. Nichts rührte sich dort im Unterholz.
Kein Geräusch war zu vernehmen, keine Bewegung zu
erkennen.

»Verdammt, warum hast du geschossen, Junge?«
knurrte McGrath.

»Da war was«, erwiderte Zebulon Peck mit herausgepreßtem Atem.

»Da war was?«

»Ja.«

»Was war da?«

»Ich habe was gesehen. Einen Schatten. Jemand hat
sich dort drüben bewegt.«

»Gespenster?«

»Ein Mensch war es. Ich bin ganz sicher.«

»Manchmal geht ein leichter Wind«, sagte der Lieutenant, der sich als einziger nicht erhoben hatte. »Vielleicht hat sich ein Ast bewegt.«

»Mataqua«, stieß Jason Caldwell plötzlich hervor. »Wenn der Mohawk dort...« Er sprach den Gedanken nicht zu Ende, aber jetzt stand auch der Lieutenant auf.«

»Mataqua!« rief er leise in die Dunkelheit hinaus.

Keine Antwort. Nichts. Der Wind bewegte tatsächlich einige Äste.

»Gespenster hast du gesehen, Junge!« McGrath nahm einen brennenden Ast aus dem Feuer und ging damit näher an das Dickicht heran. Er hob den Ast hoch über seinen Kopf. Im flackernden Lichtschein begannen sich die Büsche zu bewegen.

»Da ist niemand«, sagte der Einäugige.

»Vorhin war da jemand«, erklärte Zebulon grimmig. »Ich habe mir das nicht eingebildet. Da war jemand im Wald.«

»Wer soll das schon gewesen sein? Vielleicht ein Reh?«

»Ich sehe mich um.« Nathaniel verschwand im Gestrüpp. Nach wenigen Minuten kehrte er zurück. Er zeigte ihnen einen kleinen gebrochenen Zweig mit mehreren Ahornblättern dran.

»Was soll der Zweig, Axton?« fragte der Einäugige.

»Es war kein Gespenst«, sagte Nathaniel Axton ruhig.

»Und was war es dann, wenn es kein Gespenst war?«

»Da ist Blut an den Blättern«, erklärte Nathaniel und hielt den Zweig in den Feuerschein, so daß sie alle die dunklen Flecken sehen konnten.

»Blut? Das soll Blut sein?«

»Das *ist* Blut!«

»Wenn das Blut ist, dann habe ich getroffen«, sagte Zebulon erregt.

»Wenn er getroffen hat, was war es, was er getroffen hat?« fragte der Lieutenant. »Ein Tier oder ein Mensch?«

»Ein Mensch«, sagte Nathaniel. Er warf den Zweig ins Feuer.

»Wie willst du das wissen, daß es ein Mensch war?«

»Der Boden ist weich. Es gibt frische Spuren. Spuren von Mokassins.«

»Dann ist es eine Rothaut.«

»Ja. Wahrscheinlich ist es ein Indianer, der dort draußen herumschleicht. Wir werden bei Tagesanbruch nach ihm suchen.«

∗

Sie fanden ihn nicht. Mehrere Stunden suchten sie nach ihm, aber sie entdeckten nur die Stelle, wo er in der Nacht seine Wunde versorgt hatte. Sie fanden auch Spuren, die vermuten ließen, daß der Indianer Nathaniel Axton und Jason Caldwell von Fort Lacour aus heimlich bis zurück zu ihrem Lager gefolgt war.

»Wenn es sich um einen Späher der Franzosen handelt, warum ist er dann nicht sofort, nachdem er uns gesehen hat, zum Fort zurückgelaufen und hat Alarm geschlagen?« rätselte Jason Caldwell, nachdem sie die Suche nach dem geheimnisvollen Indianer eingestellt hatten.

»Vielleicht wollte er mehr in Erfahrung bringen«, sagte der Lieutenant.

»Das glaube ich nicht. Es scheint viel eher, daß er unsere Nähe suchte«, meinte Jason, überzeugt, daß es sich bei dem nächtlichen Besucher nicht um einen Feind handelte.

»Vielleicht wollte er sich unbedingt eine Kugel ins Fell brennen lassen«, höhne McGrath mißgelaunt. »Auf jeden Fall ist er spurlos verschwunden, und wir müssen uns überlegen, ob unser Plan noch durchführbar ist oder nicht. Wenn es sich bei dieser Rothaut nämlich doch um einen Späher handelt, dann wissen die Franzosen inzwischen, daß wir ihnen einen Besuch abstatten wollen. Und das heißt, daß sie uns gebührend empfangen werden.«

»Wir führen alles so aus, wie es geplant ist«, sagte Nathaniel mit Nachdruck. »Am Spätnachmittag brechen wir das Lager hier ab. Auf dem Weg zum Fort tragen wir Reisig und Holz zusammen. Um Mitternacht legen wir Feuer. Sobald die Franzosen darauf reagieren und das Fort verlassen, greifen wir an.«

»Und was ist, wenn sie das Tor schließen, bevor wir es erreichen?« gab Lieutenant Sweet zu bedenken.

»Wir werden nicht warten, bis das Tor zu ist«, erwiderte Nathaniel. »Es muß alles so schnell gehen, Andrew, daß die Franzosen nicht dazu kommen, auf unseren Angriff zu reagieren.«

McGrath lachte auf. »Schnell? Mit einem, der nur noch ein Bein hat, geht nichts schnell.«

»Was wollen Sie damit sagen, McGrath?« Das Gesicht des Lieutenants rötete sich.

»Das, was ich gesagt habe, Sweet. Dein Mohawk kann dir nun nicht mehr zur Hand gehen, und bei diesem Angriff hängt alles davon ab, daß wir uns aufeinander verlassen können.«

»Ich war diesem Unternehmen bisher weniger eine Last als Sie mit ihrer verdammten Trunksucht, McGrath.

Seit wir den Wagen zurückließen, haben wir mehr als hundert Meilen zu Fuß zurückgelegt, ohne daß Sie einmal auf mich warten mußten. An Ihrer Stelle würde ich mir deshalb keine Gedanken über...«

»Ich mache mir aber Gedanken, verdammt noch mal!« unterbrach der Einäugige den Lieutenant. »Deine Rothaut hat dich mehrere Male tragen müssen, und wir wären schon vor vier, fünf Tagen hier angelangt, wenn wir nicht auf dich und dein Holzbein hätten Rücksicht nehmen müssen.«

Zebulon Peck trat auf den Einäugigen zu. »McGrath, wir wissen alle, daß es dir dreckig geht, weil dein Krug leer ist. Wenn du Glück hast, haben die Franzosen einen Schnapsvorrat angelegt, in dem du dich von mir aus ersäufen kannst, wenn unser Auftrag erledigt ist!«

»Und was hat das mit Sweet zu tun, Junge? Ich habe nur gesagt, daß man sich im Notfall nicht auf einen verlassen kann, der nur noch ein Bein hat.«

»Und was ist mit dir?« Zeb grinste schief. »Du kannst zwar schneller laufen als der Lieutenant, aber dafür siehst du schlechter.«

Der Einäugige, der auf einem querliegenden Baumstamm gesessen hatte, sprang auf und zerrte am Griff seiner Pistole, die tief in seinem Leibgurt steckte. Bevor es ihm gelang, sie herauszuziehen und auf den Jungen zu richten, zielte Jason Caldwell mit seiner Muskete auf ihn.

»Ich glaube nicht, daß es mich viel kratzen würde, dir ein Stück Blei zu verpassen, McGrath«, warnte Jason den Einäugigen. »Dumm wäre nur, wenn die Franzosen den Schuß hören würden.«

»Du schießt nicht, Junge! Nein, dazu hast du verdammt nicht die Nerven, das kann ich deinen Augen ansehen. Du...«

»Das genügt jetzt!« Nathaniel trat zwischen die beiden.

Obwohl er die Worte leise aussprach, zeigten sie sofort Wirkung. Jason ließ seine Muskete langsam sinken. McGrath setzte sich wieder auf den Baumstamm, nahm sein Messer zur Hand und begann an einem Stück Holz herumzuschnitzen.

Von Tag zu Tag war er gereizter geworden, seit er den letzten Tropfen von seinem Schnapsvorrat getrunken hatte. Der alte Seelentreiber war jedoch nicht der einzige, dessen Nerven an diesem Tag zum Zerreißen gespannt waren. Die Gefahr, in der sie steckten, erschien ihnen seit Mataquas Verschwinden allgegenwärtig.

Keiner von ihnen hatte geglaubt, daß dem Mohawk etwas hätte zustoßen können. Oft genug hatten sie auf dem Weg hierher erfahren müssen, daß Mataqua mit einem besonderen Sinn ausgestattet war, einer inneren Warnanlage, die ihn eine Bedrohung erkennen ließ, bevor sie ihm wirklich gefährlich werden konnte.

Für Andrew Warren Sweet war diese Wahrnehmungsgabe seines Läufers nichts anderes als der primitive Instinkt eines Wilden, der sich kaum von demjenigen einer Raubkatze unterschied. Der einzige zivilisierte Mensch, den er kannte und der über einen ähnlich untrüglichen Instinkt verfügte, war Nathaniel Axton — nur mit dem Unterschied, daß Nathaniel als Weißer diesen Instinkt zuerst in sich hatte entdecken müssen, während er Mataqua von Geburt an gegenwärtig war.

»Mein Läufer ist ein Tier«, hatte er einmal gesagt, als sich Mataqua allein in den Sumpfwäldern herumgetrieben hatte, »und weißt du, Nate, du bist immerhin ein halber Mensch.«

Während sie den Tag in ihrem Lager verbrachten und auf den Spätnachmittag warteten, während die Sonne über sie hinwegzog und die Schatten der Bäume wieder länger wurden, wünschten sie alle, daß Mataqua doch noch zurückkehrte. Aber es blieb bei ihrem Wunsch.

Am Abend räumten sie ihr Lager und brachen zu ihrem letzten Wegstück nach Fort Lacour auf.

∗

Lange nachdem es dunkel geworden war, begannen sie damit, große Reisigbündel über den Abhang zum Anlegeplatz hinunterzutragen und unter die Duchten und in die Stauräume der Flachboote zu schieben.

Die Nacht war still und dunkel. Wolken, die am Abend aufgezogen waren, bedeckten den größten Teil des Himmels. Nur im Westen, über der dunklen Silhouette des Waldes, flimmerten einige Sterne.

Vom Wachturm des Forts aus hatte die Wache einen freien Blick zum Anlegeplatz hinunter, aber Nathaniel Axton und seine Männer bewegten sich geschickt im toten Winkel der Uferböschung bis zum ersten Boot, das mit dem Bug auf trockenen Grund geschoben worden war.

Es waren insgesamt fünf Boote, die dicht nebeneinander am Ufer lagen, alle fünf mit dicken Hanfstricken gesichert. Bei vier Booten handelte es sich um schwere Transportschiffe mit flachem Ladedeck und kleinen Aufbauten. Das fünfte Boot war eine kleinere Piroge mit einem kleinen Ladedeck in der Mitte, während im Rumpf des Bugs und des Hecks unbedeckter Stauraum war.

Die Piroge war zu Nathaniels Überraschung mit einer kleinen, am Bug montierten Drehbasse ausgerüstet, die die Franzosen aus irgendeinem Grund nicht abgebaut und im Fort in Sicherheit gebracht hatten.

Im Stauraum unter dem Ladedeck fand Jason ein Pulverfäßchen und eine Kiste mit Kanonenkugeln von der Größe eines Hühnereies. Jason und Zeb hoben die Drehbasse mit ihrer Zapfengabel aus der Halterung und trugen sie den Hang hinauf zur Anhöhe, auf der sich mehrere Felsen befanden. Dort verkeilten sie die kleine Kanone mit Steinen in einer Felsspalte, so daß sie auf das Fort gerichtet war.

Lieutenant Sweet, der sich mit Kanonen auskannte, machte sie schußbereit, warnte jedoch, daß die Kanone beim ersten Schuß wahrscheinlich vom Rückstoß aus der Spalte fliegen und danach nicht mehr einsatzfähig sein würde.

»Wir brauchen die Kanone nur, falls etwas schiefgeht und wir fliehen müssen«, erklärte Nathaniel. »Diese Anhöhe mit ihren Felsen ist ein Platz, wo wir uns notfalls verteidigen können.«

»Und was ist, wenn uns die Franzosen daran hindern, diese Anhöhe zu besetzen?« erkundigte sich der Lieutenant.

»Dann ist jeder auf sich allein gestellt, Andrew. Wem es gelingt, in die Sümpfe zu flüchten, ist zumindest den Franzosen entkommen. Und wer sich bis zum Susquehanna River durchschlagen kann und die Dörfer der Senecas erreicht, ist in Sicherheit.«

»Wirst du das tun, Nate? In die Sümpfe flüchten, meine ich?«

Nathaniel schüttelte den Kopf.

»Nein. Wenn etwas schiefgeht, werde ich versuchen, im Fluß zu entwischen.«

Der Lieutenant grinste, und Nathaniel wußte, daß er an jenen Tag zurückdachte, als sie zusammen die Stromschnellen des Pontomac durchqueren wollten, indem sie von Fels zu Fels sprangen.

»Jeder für sich«, sagte Andrew Warren Sweet. »So war es auch damals, nicht wahr, Nate?«

»So wie damals, Andrew«, erwiderte Nathaniel.

»Damals verließ mich der Mut.«

»Damals verließ uns alle der Mut, Andrew. George und ich, wir haben uns nur nichts anmerken lassen.«

»Ich wäre beinahe ertrunken.«

»Ja, beinahe.«

»Was, zum Teufel, quatscht ihr da?« schnappte McGrath. »Eines sage ich euch: Wenn etwas schiefgeht, laß ich mich lieber von diesen verdammten Franzosen gefangennehmen, als daß ich mich im Sumpf verirre und elend krepiere, ohne mich vorher noch einmal anständig besaufen zu können.«

»Die Franzosen sind dafür bekannt, daß sie ihre Gefangenen anständig behandeln«, pflichtete ihnen der Lieutenant bei. »Das haben wir schon bei Fort Necessity erfahren, als wir uns bedingungslos ergeben mußten. Die Franzosen haben uns anschließend ziehen lassen, mit der gesamten Ausrüstung und sogar mit unseren Waffen.«

Jason blickte Nathaniel an.

»Stimmt das?« fragte er.

»Ja. Wenn sich einer ergeben will, kann er das tun.«

»Niemals!« sagte Jason grimmig. »Niemals würde ich mich den Franzosen ergeben.«

Und damit hatte es sich. Es mochte nun kurz vor Mitternacht sein. Jason und Zeb bereiteten sich darauf vor, zum Anlegeplatz hinunterzuschleichen und die Feuer zu legen. Lieutenant Sweet überprüfte zum letztenmal die Riemen, mit denen sein Holzbein am Oberschenkelstumpf festgeschnallt war. McGrath entfernte sich und erleichterte sich hinter den Felsen im Gestrüpp. Jason und Zeb waren bereit.

»Es ist verdammt still«, sagte Zeb und blickte zum Fort hinüber. »So still, als erwarten sie uns.«

»Sie schlafen alle«, sagte Lieutenant Sweet.

»Einer pennt bestimmt nicht«, meinte Zeb und deutete zum Wachturm. »Der dort oben.«

Der Posten auf dem Turm bewegte sich in diesem Moment. Obwohl es fast stockdunkel war, konnten sie alle die Silhouette des Soldaten erkennen.

19. Kapitel **Fort Mohawk**

*Eine Falle für die Engländer –
Das letzte Verhör – Der Skalp
eines Mohawks – Die Boote
brennen – Das Wiedersehen –
Kapitulation – Sein Leben
gehört mir – Schnell wie der
Wind – Ein neuer Name*

Major Lacour war stolz auf sein Fort, das er »*mon petit château*« nannte. Er war stolz darauf, daß es ihm vorbehalten war, den Engländern ein Schnippchen zu schlagen, das den Kampf um das Tal des Ohio für Frankreich entscheiden würde.

»Noch sind hier nur wenige Soldaten«, erklärte er Clarissa auf einem Rundgang durch das Fort, »aber wenn die Engländer erscheinen, werden wir ihnen mit einer ganzen Armee in den Rücken fallen, *ma petite*.«

Der Plan der französischen Heerführung war es, die in Fort Duquesne stationierten Truppen abzuziehen, kurz bevor die Engländer und ihre mit ihnen verbündeten Kolonialtruppen zum Angriff aufmarschierten, und ihnen dann mit vereinten Kräften und der überlegenen Feuerkraft ihrer Kanonen in den Rücken zu fallen.

Major Lacour war felsenfest davon überzeugt, daß die Engländer in ihrer arroganten Selbstüberschätzung blindlings in die Falle marschieren würden, denn ihr Interesse galt allein der Festung in der Gabelung des Ohio River, die sie schon einmal vergeblich zu erobern versucht hatten.

Während des ganzen ersten Tages nach ihrer Ankunft in Fort Lacour sprach Major Lacour unentwegt von seinem Plan, die Engländer und ihre Kolonialisten derart zu besiegen, daß sie nie mehr in Versuchung geraten würden, in das Tal des Ohio vorzustoßen.

Der Major machte Clarissa mit seinen Offizieren und Unteroffizieren bekannt, zeigte ihr das Pulvermagazin, das bis unters Dach mit Pulver und Kugeln vollgestopft war, und führte sie durch die Soldatenunterkünfte. Er bestand darauf, daß sie den Soldaten beim Exerzieren zusah, aber sie durfte nicht dabei sein, als er am Nachmittag den Gefangenen einem kurzen Verhör unterzog.

Als er am Abend in die Kommandantur zurückkehrte und Clarissa im grünen Kleid von Martha Fergusson vorfand, betrachtete er sie nur kurz und nickte dann zufrieden.

»Es steht dir ausgezeichnet«, sagte er. »Es ist eine Schande, daß du dich mit einem Wilden...« Er sprach den Satz nicht zu Ende, drehte sich um und ging in den Nebenraum, in dem sein Bett stand. Sie hörte ihn nebenan herumhantieren. Jedesmal, wenn es still wurde, fürchtete sie, er würde im nächsten Moment wieder auftauchen, um sich mit ihr zu beschäftigen.

Fast eine halbe Stunde verging, bis er schließlich erschien. Er trug einen neuen, blitzsauberen Uniformrock, weiße Kniebundhosen und weiße Gamaschen. Ohne Clarissa eines Blickes zu würdigen, ging er zur Tür, und erst dort blieb er stehen.

Einen Moment lang schien er sich zu überlegen, ob er ihr etwas zu sagen hatte oder das Blockhaus verlassen sollte, aber schließlich hob er den Kopf und blickte sie an.

»Wenn ich mit dem Verhör des Gefangenen fertig bin, werden wir zusammen essen«, sagte er in einem Tonfall, der keine Widerrede duldete. »Es wird nicht mehr lange dauern, bis ich mit dieser Rothaut fertig bin.«

Clarissa spürte, wie ihr das Blut in den Kopf stieg.

»Vielleicht ist er gar kein Spion!« platzte sie heraus, bevor sich Major Lacour abwenden konnte.

Der Ausdruck in seinen Augen veränderte sich sofort, wurde kalt und lauernd.

»Was ist er dann, wenn er kein Spion ist?«

»Ein – ein Jäger.«

»Ein Jäger!« Er lachte auf. »*Mon dieu,* wie naiv du bist, Clarissa. Komm, du sollst aus seinem Mund vernehmen, wer er wirklich ist.«

Er öffnete die Tür und forderte sie mit einer kleinen Verbeugung auf, das Blockhaus zu verlassen. Sekundenlang war sie nicht fähig, sich zu rühren. Sie wußte genau, daß Mataquas Leben von diesem Moment an in höchster Gefahr war, ganz gleich, ob er seine wahre Identität preisgab oder nicht.

Sie wünschte, sie hätte Major Lacour dazu bringen können, das Verhör auf den nächsten Tag zu verschieben. Sie wünschte, sie hätte zuerst selbst ein paar Worte mit Mataqua sprechen können, denn sie war sicher, daß er nicht allein hierhergezogen war.

Hatte der Feldzug gegen die Franzosen etwa schon begonnen? Marschierte das Virginia-Regiment vielleicht schon durch die Wälder in die Richtung auf Fort Duquesne?

»Clarissa!« Die Stimme des Majors drang schneidend in ihre Gedanken. Ungeduldig streckte er seine Hand aus. Sie gab sich einen Ruck und folgte ihm hinaus.

Es war bereits dunkel draußen. Vor den Blockhütten brannten mehrere Feuer, die den ganzen Innenhof des Forts erleuchteten. Etwa vierzig Soldaten hatten sich vor den Kanonen versammelt, um dem Verhör beizuwohnen. Als sich Major Lacour und Clarissa näherten, verstummten die Gespräche und das Gelächter. Lieutenant Larpendeur trat dem Major entgegen und salutierte.

»Der Gefangene ist bereit, *Monsieur le commandante*«, meldete er.

*

Ja, Mataqua war bereit. Mataqua war bereit, Qualen zu ertragen und am Ende zu sterben, aber er war nicht bereit, ihnen etwas über sich oder seine Gefährten zu verraten. Er schwieg, als sie ihn mit glühenden Ästen zu foltern begannen.

Er schwieg auch noch, als sie ihn auspeitschten, und er verspottete sie mit einem Kriegerlied der Mohawks, als der Major sich ein Messer geben ließ, weil er Mataqua eigenhändig skalpieren wollte, solange er noch bei Sinnen und am Leben war.

»Sag mir, wer du bist, Rothaut, und ich überlege mir, ob ich dir dein Leben schenke!« brüllte der Major, um den Kriegsgesang des Mohawks zu übertönen. »Es ist deine letzte Chance! Wenn ich dich skalpiert habe, ist es um dich geschehen. Meine Soldaten werden dich morgen früh bei Sonnenaufgang erschießen.«

Mataquas Gesang wurde lauter. Er hatte den Kopf erhoben. In seinen dunklen Augen glühte der Widerschein des Feuers.

Der Major trat auf ihn zu. Da brach der Gesang plötzlich ab. Mataqua bleckte die Zähne. Es war jetzt totenstill im Fort. Der Major hatte die linke Hand erhoben, um nach der Skalplocke des Mohawks zu greifen, die ihm vom Hinterkopf über die rechte Schulter hing.

Ein gellender Schrei, der Clarissa von jenem Tag in Erinnerung geblieben war, an dem Mataqua und Nathaniel Axton um das Leben eines jungen Shawnee gelaufen waren, zerriß die Stille.

Der Schrei hallte von den Palisadenwänden zurück, hob sich zum Nachthimmel und verlor sich in den Wäldern, von denen das kleine Fort umgeben war.

Keiner der Soldaten, keiner der Offiziere rührte sich.

Es wurde wieder still. So still, daß alle den Ruf einer Schleiereule hörten, der vom Waldrand her zum Fort herüberklang. Der Ruf war ihnen allen vertraut, und deshalb beachtete ihn niemand.

Nur wer Mataqua genau beobachtete, konnte erkennen, daß sich seine Gestalt für einen Moment merklich aufrichtete, als hätte er im Ruf der Eule eine letzte Herausforderung vernommen.

»Töte mich!« befahl er dem Major mit fester Stimme.

Clarissa, die während des grausigen Verhörs von zwei Soldaten festgehalten worden war, riß sich los und stürzte auf den Major zu.

»Halt!« rief sie. »Ich kenne ihn!«

Der Major, der ein indianisches Skalpmesser in der Hand hielt, fuhr herum. Soldaten wollten Clarissa packen und festhalten, aber sie entzog sich ihren Griffen.

352

»Laßt sie!« befahl Major Lacour scharf. Er ging auf sie zu und blieb vor ihr stehen.

»Du willst diese Rothaut kennen, *ma petite?*« fragte er spöttisch.

»Ja, ich kenne ihn«, keuchte Clarissa. »Er ist ein Sklave meines Vaters! Mein Vater muß ihn ausgeschickt haben, um nach mir zu suchen. Mataqua, das ist sein Name, und ich kenne ihn, solange ich mich zurückerinnern kann.«

Major Lacour verzog den Mund zu einem kalten Lächeln.

»Du lügst, Clarissa«, sagte er mit merkwürdig ruhiger Stimme. »Du lügst mich vor meinen Soldaten an, um das Leben einer wilden Rothaut zu retten, die zweifellos im Dienste der verfluchten Engländer steht.« Das Lächeln im Gesicht des Majors erlosch.

»Es ist die Wahrheit«, preßte Clarissa hervor. »Ich kenne ihn. Sein Name ist Mataqua.«

»Mataqua!« Der Major drehte sich auf dem Absatz um und trat mit zwei schnellen Schritten auf den Gefangenen zu. Dicht vor dem Mohawk blieb er stehen und packte mit der linken Hand die blutverklebte Skalplocke des Mohawks. »Bei Sonnenaufgang stirbst du, wie sich das für einen englischen Spion gebührt!«

Major Lacour führte die scharfe Klinge zum kahlen Schädel des Gefangenen, und da er bis jetzt noch nie einen Menschen skalpiert hatte, dauerte es eine Weile, bis er endlich Mataquas Skalplocke mit einem blutigen Hautfetzen in der erhobenen Hand hielt.

Er ging damit auf Clarissa zu und blieb dicht vor ihr stehen.

»*Ma petite,* ich mache dir diesen Mohawkskalp zum Geschenk«, sagte er kalt. Dann drehte er sich zu Lieute-

nant Larpendeur um. »Erschießt den Spion bei Sonnenaufgang!« befahl er.

*

Clarissa wollte sich aus dem Blockhaus schleichen und
Mataqua befreien, sobald sie sicher war, daß der Major
schlief. Er hatte nach dem Verhör beim Essen eine Karaffe
Rotwein auftragen lassen, von dem Clarissa nur wenig
trank. Der Wein lockerte zuerst seine Zunge, seine anfängliche Wut über ihr Verhalten beim Verhör verlor sich
bald und wich einer unangenehmen Heiterkeit.

Er begann Clarissa »meine kleine Indianerfreundin« zu
nennen und spottete über ihren Versuch, dem gefangenen Wilden mit einer Lüge das Leben zu erhalten. Clarissa ließ ihn reden und trinken.

Nach dem Essen holte er den Brandykrug hervor, und
während er von seiner Heimat erzählte, betrank er sich,
bis er sich endlich vom Stuhl erheben wollte, um sich
Clarissa zu widmen.

Er fiel jedoch mit dem Stuhl um, und dann kroch er
eine Weile auf allen vieren im Blockhaus herum, bis er
sich schließlich mit dem Rücken gegen die Tür setzte.

»Du entwischst mir nicht«, lallte er. Dann übergab er
sich.

Clarissa blieb am Tisch sitzen. Sie trug noch immer das
grüne Kleid von Martha Fergusson. Der Tisch war mit
einem weißen Tischtuch bedeckt, das voller Weinflecken
war. Eine leere Weinkaraffe stand zwischen schmutzigen
Tellern und dem Silberbesteck. Der Brandykrug des Majors lag in einer Lache am Boden.

»Steh auf und bring mir den Krug«, befahl er.

Clarissa hatte Mühe, seine Worte zu verstehen. Sie hob

den Krug vom Boden auf und ging zu ihm. Als sie ihm den Krug reichte, beugte er sich schnell vor und versuchte sie beim Handgelenk zu packen, aber seine Hand fuhr ins Leere.

Sie stellte den Krug neben ihn hin, während er fluchend mit dem Rücken gegen die Tür knallte.

»Trink mit mir auf unsere Zukunft, mein Täubchen«, forderte er sie mit schwerer Zunge auf. Er nahm den Krug und schüttelte ihn. »Auf unsere Zukunft – und daß wir zusammen in meinem kleinen Schloß noch viel Spaß haben.«

Ohne ein Wort zu sagen, schaute sie ihm angewidert zu, wie er den restlichen Brandy in sich hineingoß. Schließlich fiel ihm der Krug aus den Händen in den Schoß. Er grunzte zufrieden, während sein Kopf hin und her pendelte, als wären ein paar Nackenwirbel gebrochen.

»Komm her, mein Täub...«, lallte er noch einmal, bevor ihm das Kinn auf die Brust sank.

Clarissa wartete, bis er schnarchte, dann zog sie ihn von der Tür weg, ohne daß er es merkte. Sie ging in den Nebenraum, wo er seine Sachen aufbewahrte. Auf einer Kiste neben seinem Bett lagen sein Säbel und eine Pistole. Clarissa nahm die Pistole, das Pulverhorn, den Kugelbeutel und ein Messer an sich. Dann schlich sie sich aus dem Blockhaus.

*

Obwohl der Nachthimmel wolkenverhangen war und kein Mond schien, konnte Clarissa die dunklen Umrisse des Wachturms erkennen, der neben dem großen Tor über den Palisadenzaun aufragte. Sie wußte, daß sich auf dem Turm ein Posten befand, der alle zwei Stunden abgelöst wurde.

Aus dem kleinen Fenster der Blockhütte, in der das Wachkommando untergebracht war, drang schwacher Lichtschein. Vor den Soldatenbaracken, wo den ganzen Abend große Feuer gebrannt hatten, leuchtete noch die Glut. Sonst war es überall im Fort dunkel.

Clarissa zog die Tür hinter sich zu und blieb erst einmal stehen. Ihre Knie zitterten. Sie versuchte ruhig durchzuatmen. Durch die geschlossene Tür konnte sie den Major schnarchen hören.

Sie starrte über den Platz zum Tor hinüber, das geschlossen und verriegelt war, und für einen Moment stiegen ihr Zweifel auf, die ihr Herz noch schneller schlagen ließen.

Was würde geschehen, wenn es nicht gelang, das Tor zu öffnen? Es gab wohl kaum einen anderen Weg, Fort Lacour zu verlassen. Selbst Mataqua hätte es kaum geschafft, über den hohen Palisadenzaun zu klettern, schon gar nicht in seinem Zustand.

Würde es schwierig sein, die beiden Riegel anzuheben und das Tor aufzustoßen? Wahrscheinlich war es lächerlich einfach, und mit etwas Glück würde der Posten auf dem Turm nichts davon bemerken.

Es mußte nur schnell gehen. Riegel hoch, Tor einen Spalt breit auf und nichts wie hinaus! Zuerst Mataqua. Dann sie. Und bis der Morgen graute, würden sie so weit von Fort Lacour entfernt sein, daß die Franzosen sie niemals mehr einholen konnten.

Und wenn der Posten Alarm schlug? Würde der Major seine Drohung ausführen und sie aus dem Fort jagen, hinaus in die Sümpfe, so wie er es mit Martha Fergusson getan hatte, deren Kleid sie trug? Und Mataqua? Würden ihn die Franzosen auf der Stelle töten, nur weil sich Major Lacour in seiner Ehre verletzt fühlte?

Fast wäre Clarissa mutlos in das Blockhaus zurückgekehrt, in dem der Major stockbetrunken am Boden lag, aber sie gab sich schließlich einen Ruck und lief, so schnell sie konnte, über den Platz auf die Kanonen zu, die sie in der Dunkelheit schwach erkennen konnte. Sobald sie die erste Lafette erreicht hatte, kauerte sie sich nieder.

Zwischen den Radspeichen hindurch sah sie Mataquas Beine. Die dünnen Lederriemen, mit denen man ihn am Rad festgebunden hatte, hatten ihm über den Knöcheln die Haut aufgerissen. Er trug weder Leggings noch Mokassins. Seine nackten Füße waren mit einer dicken Kruste von eingetrocknetem Blut und Staub bedeckt.

»Pst«, zischte Clarissa leise und richtete sich hinter der Lafette auf. »Ich bin es, Clarissa Caldwell.«

Mataqua hob den Kopf und drehte ihn in ihre Richtung. Sie ging schnell um die Lafette herum, in einer Hand die Pistole, in der anderen das Messer.

Ohne ein weiteres Wort zu verlieren, bückte sie sich und zerschnitt zuerst die Riemen an seinen Fußgelenken. Als sie sich wieder aufrichtete, warf sie einen schnellen Blick zum Wachtturm hoch, aber sie konnte den Soldaten dort oben, hinter der Brüstung, nicht sehen.

Clarissa zerschnitt die Riemen an Mataquas Handgelenken. Sobald der Mohawk frei war, kauerte er am Rad der Lafette nieder.

»Lederstrumpf ist hier«, flüsterte er ihr zu. »Zusammen mit deinem Bruder und dem Jungen, Zeb Peck.«

»Zeb ist hier?« stieß Clarissa ungläubig hervor. »Und Jason?«

»Und der Lieutenant«, sagte Mataqua leise. »Sie werden dieses Fort heute nacht angreifen und versuchen, mich zu befreien. Komm, wir müssen uns . . .«

Mataqua verstummte jäh, als ein lauter Schlag die nächtliche Stille zerriß. Sie fuhren herum. Auf der anderen Seite des Innenhofes stand die Tür zur Kommandantur sperrangelweit offen.

Im Lichtschein, der aus der Blockhütte fiel, taumelte die hagere Gestalt des Majors ins Freie. Er war nur mit seiner Kniebundhose, dem weißen Hemd und seinen Schuhen bekleidet, aber in der hocherhobenen Rechten hielt er seinen Säbel, als wollte er sich damit auf einen Gegner stürzen, den nur er sehen konnte.

»Wache!« brüllte er mit heiserer Stimme und taumelte auf den Platz hinaus.

Die Tür zur Wache flog auf, und ein Korporal in Uniform und mit einer schußbereiten Pistole stürzte heraus.

In diesem Moment entdeckte der Posten auf dem Turm den Flammenschein eines Feuers unten beim Anlegeplatz, wo die Boote lagen. Er schlug sofort Alarm.

»Au feu! Les barques sont en feu!«

»Die Boote brennen!« rief der Wachkorporal ungläubig aus.

Major Lacour taumelte heran.

Aus den Baracken stürzten die Soldaten.

Im Nu entstand in der Dunkelheit ein furchtbares Durcheinander. Offiziere und Unteroffiziere versuchten, Ordnung zu schaffen, aber ihre Befehle gingen im Lärm unter.

Irgend jemand stieß das Tor auf, obwohl ein Offizier brüllte, daß das Tor geschlossen bleiben sollte.

Der Korporal und die Wachsoldaten waren die ersten,

die durch das offene Tor hinausliefen, um nach dem Feuer zu sehen. Niemand dachte in diesem Moment an den Gefangenen.

Betrunken, wie er war, drehte sich Major Lacour schwankend in der Platzmitte um seine eigene Achse, während er nach Clarissa brüllte.

Lieutenant Larpendeur rannte wie von einer Wespe gestochen in der Dunkelheit herum und versuchte, wenigstens einen Teil der Soldaten zu formieren, indem er sie zur oft gedrillten Alarmbereitschaft aufrief.

Fluchend lief er an den Kanonen vorbei, und da bemerkte er, daß der Platz, wo sie den Gefangenen am Lafettenrand festgebunden hatten, leer war.

Mitten im Lauf blieb der Lieutenant stehen und zog seine Pistole. Im Dunkeln, zwischen den Lafetten und den Kanonen, glaubte er, eine sich duckende Gestalt zu sehen.

Er hob die Pistole und zog den Hahn zurück. Ohne genau zu zielen, drückte er ab, aber es flogen nur ein paar Funken aus der Pulverpfanne, während die Pistole ein leises Zischen von sich gab.

Vergeblich wartete Lieutenant Larpendeur auf den Knall des Schusses. Gerade als ihm klar wurde, daß die Pistole versagt hatte, huschte ein Schatten auf ihn zu, prallte hart gegen ihn und riß ihn zu Boden.

Der Schrei, den der Lieutenant ausstoßen wollte, erstarb ihm auf den Lippen, als ihm Mataqua das Messer, mit dem ihn Clarissa befreit hatte, in die Brust stieß.

Mataqua sprang auf. In diesem Moment wurde er entdeckt.

»*Merde,* der Gefangene ist los!« brüllte einer der vorbeistürzenden Soldaten und feuerte seine Muskete ab.

Die Kugel traf Mataqua und stieß ihn so hart zurück, daß ihn Clarissa nicht auffangen konnte. Sie stürzten beide, und der Soldat sprang auf sie zu, seine leergeschossene Muskete wie eine Keule zum Schlag bereit.

Clarissa ergriff Major Lacours Pistole, die ihr beim Sturz entfallen war. Mit beiden Händen beim Griff haltend, richtete sie sie auf den Soldaten und feuerte.

Der Soldat blieb abrupt stehen. Das zum Schlag erhobene Gewehr entfiel seinen Händen. Er torkelte ein paar Schritte zurück und brach in die Knie.

Clarissa warf die abgeschossene Pistole weg und half Mataqua, sich zu erheben. Ihn mit beiden Händen festhaltend, schleppte sie ihn auf das offene Tor zu.

*

Nathaniel Axton zählte die Soldaten nicht, die Fort Lacour durch das offene Tor verließen und zum Anlegeplatz hinunterstürmten, um die Feuer auf den Booten zu löschen. Als es jedoch immer weniger wurden und schließlich keine mehr auftauchten, stieß er McGrath, der neben ihm im Gestrüpp kauerte, mit dem Ellbogen an, sprang auf und lief geduckt auf die Lichtung hinaus.

McGrath folgte ihm dichtauf, in beiden Händen eine Pistole.

Die Lichtung, die erst letztes Jahr entstanden war, als sich die Franzosen für ihr Fort diese versteckte Bucht ausgesucht hatten, war noch voll mit halbverbrannten Baumstümpfen, Ast- und Rindenstücken, die weder zum Bau des Forts noch als Feuerholz Verwendung gefunden hatten. Zudem wuchs bereits wieder Farn und Junggestrüpp, das meiste davon Brombeersträucher mit dornigen Ranken.

Nathaniel hörte, wie McGrath hinter ihm fluchend stürzte.

Ohne sich um den Einäugigen zu kümmern, jagte er weiter. Die Dornenranken zerrten an seinen Leggings und den Mokassins, aber Nathaniel ließ sich dadurch nicht aufhalten.

Sein Gewehr mit beiden Händen haltend, stürmte er auf das offene Tor zu, als der Posten auf dem Turm ihn erspähte, seine Muskete anlegte und schoß.

Nathaniel warf sich zu Boden, als das funkensprühende Mündungsfeuer vor ihm aufleuchtete, sprang sofort wieder auf und spreizte die Beine, um im Stand einen gezielten Schuß abzufeuern. Fest drückte er den Kolben seines Gewehres gegen die Schulter, legte an und zielte mitten in die Rauchwolke, die sich über der Plattformbrüstung langsam lichtete.

Dort oben war der Posten inzwischen hastig dabei, die Muskete nachzuladen.

Gerade als Nathaniel im Rauch die Umrisse des Postens erkennen konnte, fiel vom Rand der Lichtung her, dort, wo sich Lieutenant Sweet im Gestrüpp versteckt hatte, ein Schuß. Der Posten warf beide Hände in die Luft und brach hinter der Brüstung zusammen.

Nathaniel blickte sich kurz nach dem Schützen um. Es war tatsächlich der Lieutenant, der dort am Rand der Lichtung hinter einem Baumstumpf kniete, auf dem er sein Gewehr aufgelegt hatte.

»Verdammt, ich komme aus diesem Scheißzeug nicht raus!« rief McGrath, der sich vergeblich aus den Dornenranken zu befreien versuchte.

Nathaniel dachte einen Moment daran, zurückzulaufen, um dem Einäugigen zu helfen, aber in diesem Moment vernahm er eine Stimme aus dem Fort, die Clarissas Namen rief.

Ganz deutlich hörte er ihn, denn die Stimme übertönte den Lärm der Soldaten, die inzwischen den Anlegeplatz erreicht hatten und hilflos zusehen mußten, wie die Boote ausbrannten.

Nur einen Augenblick glaubte Nathaniel, daß ihm seine Sinne einen Streich gespielt hätten. Dann rief die Stimme Clarissa noch einmal, und jetzt war Nathaniel sicher, daß er sie sich nicht nur eingebildet hatte.

Er sah noch, wie Lieutenant Sweet, auf seinen Stock gestützt, hinter dem Baumstumpf hervorhumpelte und sich hinsetzte, um sein Gewehr nachzuladen, und wie sich McGrath endlich fluchend aufrappelte. Aber dann lief er weiter, über Brombeergestrüpp und Baumstümpfe hinwegspringend.

Er erreichte das Tor in dem Augenblick, als Major Lacour Clarissa und Mataqua entdeckt hatte. Sie befanden sich nur noch wenige Schritte vom Tor entfernt, aber Clarissa hatte kaum mehr die Kraft, den Indianer mit sich zu ziehen. Die Stimme des Majors holte sie ein.

»Du entgehst mir nicht, mein Täubchen!« rief er höhnisch, und als Clarissa zurückblickte, sah sie, wie er gemächlich und mit erhobenem Säbel auf sie zuging.

Sobald Nathaniel das Tor passiert hatte, prallte er beinahe mit Clarissa und Mataqua zusammen. Im ersten Moment glaubte er, französische Soldaten vor sich zu haben. Er blieb mitten im Lauf stehen und riß das Gewehr an die Schulter.

»Nein! Mein Gott – nicht schießen!« schrie ihm Clarissa zu, während sie alle Kraft dazu brauchte, Mataqua zu stützen.

362

Nathaniel erkannte sie jetzt. Er wollte das Gewehr von der Schulter nehmen, aber in diesem Augenblick entdeckte er den Major. Obwohl er Lacour seit seinem kurzen Aufenthalt als Gefangener der Franzosen hier im Fort nicht mehr gesehen hatte, wußte Nathaniel sofort, wen er vor sich hatte. Mit dem Gewehr im Schulteranschlag ging er dem Major einige Schritte entgegen und blieb dann stehen.

»Major!« rief er. »Major Lacour, ich bin zurück und überbringe Ihnen Grüße von Colonel Washington.«

Der Major blieb stehen. Jetzt schwankte er nicht mehr. Langsam ließ er die Hand mit dem Säbel sinken. Den Kopf vorgestreckt, versuchte er den Mann zu erkennen, der ihm entgegengetreten war, aber das Licht war zu schwach.

»Und wer, wenn ich, verdammt noch mal, fragen darf, bist du?«

»Sie erinnern sich bestimmt, Major. Die Ottawa hatten mich damals nach Fort Duquesne gebracht. Anschließend wollte man mich nach Montreal überführen, und auf dem Weg dorthin rasteten wir hier, an diesem versteckten Ort.«

»Ah, dann bist du dieser Mann, den die Rothäute Lederstrumpf nennen?«

»Das bin ich, Major.«

Major Lacour richtete sich etwas auf.

»Gratuliere!« rief er aus. »Du bist also den Rothäuten, die wir hinter dir hergejagt haben, doch entwischt.«

»Das war nicht einfach«, entgegnete Nathaniel. »Ich mußte einige von ihnen töten.«

Der Major lachte heiser auf. »Ich entschuldige mich für alle Unannehmlichkeiten, die man dir von unserer Seite aus bereitet hat. Ich bin damals vergeblich dafür eingetreten, dich auf der Stelle zu füsilieren, aber man wollte dich als Freund von Colonel Washington unbedingt nach Montreal vor ein Militärgericht bringen und nach einem Schauprozeß hinrichten. Meine Vorgesetzten hätten auf mich hören sollen. Jetzt ist der Fehler wohl nicht mehr auszubügeln.«

»Kaum«, pflichtete Nathaniel bei. »Wir sind zurückgekehrt, um dieses kleine Fort zu vernichten, Major Lacour!«

Die Schultern des Majors sackten nach unten.

»Das ist die Entscheidung«, sagte er gepreßt. »Ohne mein Fort können wir den Krieg niemals gewinnen. Fort Duquesne wird vor dem Feind fallen, ebenso wie Fort Machault, Fort Le Bœuf und Presque Isle. Das Tal des Ohio ist verloren.« Mit einem Ruck richtete er sich auf. »Wie viele Soldaten sind hier, Lederstrumpf?«

»Fünf, mit mir«, erwiderte Nathaniel.

»Fünf?« wiederholte der Major die Zahl ungläubig.

»Es reicht, Major. Die Soldaten sind unten am Anlegeplatz und versuchen die Feuer zu löschen.«

»Dann werde ich dir dieses Fort übergeben müssen.«

»Es scheint so, Major.« Nathaniel blickte sich zum Tor um. Dort erschienen jetzt Lieutenant Sweet und McGrath. »Der Mann mit dem Krückstock, das ist Lieutenant Andrew Warren Sweet, Major. Stellen Sie ihm die Kapitulationsbedingungen.«

»Ein Lieutenant ist er? Hat man nicht wenigstens einen Major ausschicken können, um dieses Fort zu erobern?«

»Eines Tages wird er sicherlich ein General sein, Major Lacour. Behalten Sie seinen Namen in Erinnerung: Andrew Warren Sweet.«

Der Lieutenant humpelte heran, und als er Mataqua und Clarissa bemerkte, blieb er stehen.

»Was ist mit ihm?« fragte er.

»Er ist verletzt«, erwiderte Clarissa. »Sie haben ihn gefoltert und skalpiert.«

»Skalpiert!« Der Lieutenant starrte in das blutverschmierte Gesicht Mataquas. »Wer hat das getan?« fragte er und ging auf die beiden zu. »Wer, zum Teufel, hat diese Schweinerei auf dem Gewissen?«

Clarissa gab ihm keine Antwort.

Aber der Major hatte die Frage des Lieutenants verstanden. »Wer ihn skalpiert hat, wollen Sie wissen, Lieutenant? Nun, das ist einfach. Ich war es, der ihm seinen Skalp und damit seine Seele genommen hat, und ich kann nicht sagen, daß es mein Gewissen belastet. Dieser Spion hat Glück, denn morgen früh, bei Sonnenaufgang, wäre er im Namen unseres Königs von einem Hinrichtungskommando erschossen worden.«

Lieutenant Sweet musterte den Mann im weißen Hemd und der Kniebundhose von Kopf bis Fuß.

»Nate, wer, zum Teufel, ist dieser Kerl?«

»Major Pierre Maurice Lacour«, beantwortete ihm der Major selbst die Frage. Dabei richtete er sich bolzengerade auf. »Licutonant, lassen Sie uns gleich über die Bedingungen sprechen.«

»Bedingungen, Major?« entgegnete der Lieutenant und blickte dabei die leicht hin und her schwankende Gestalt des Majors verwundert an. »Was für Bedingungen?«

»Oh, die Kapitulationsbedingungen, Lieutenant. Als Kommandant dieser Festung stelle ich zur Kapitulation meiner Truppen und zur Übergabe von Fort Lacour folgende Bedingungen: erstens, freier Abzug meiner Soldaten und Offiziere, zweitens, meine Soldaten und Offiziere sollen genügend Proviant...«

»Major, dieses Fort ist von uns erobert worden!« unterbrach ihn der Lieutenant. »Sie sind nicht in der Position, irgendwelche Bedingungen zu stellen!«

Ein ungläubiger Ausdruck legte sich auf das blasse Gesicht des Majors.

»Lieutenant, Sie haben mein Fort erobert, und Sie sind dabei, meine Ehre zu zerstören!« stieß er mühsam hervor. »Was wollen Sie noch?«

»Ihr Leben!« erwiderte der Lieutenant ruhig.

»Mein Leben?«

»Für die Seele, die Sie Mataqua genommen haben, Major!« sagte der Lieutenant, während er Nathaniel Axton sein Gewehr übergab. Er zog die Pistole aus dem Gürtel, spannte den Hahn und schickte sich an, auf seinen Stock gestützt, auf den verdutzten Major zuzugehen.

In diesem Moment löste sich Mataqua von Clarissa. Der Mohawk hatte das Messer in der Hand, mit dem er vor wenigen Stunden vom Major skalpiert worden war.

»Sein Leben gehört mir«, keuchte Mataqua und stellte sich dem Lieutenant in den Weg. Fünf Schritte trennten ihn von Major Lacour, der dem Mohawk argwöhnisch entgegenblickte.

»Was willst du, Rothaut? Glaubst du etwa, daß du mich mit diesem Messer einschüchtern kannst?« Der Major hob die Hand mit dem Säbel. »Komm her, damit ich dir den Kopf abschlagen kann!«

Mataqua schwankte, aber er fiel nicht. In diesem Moment brüllte Rope McGrath, der inzwischen über die Leiter zur Plattform des Wachturmes hochgestiegen war, daß einige der Soldaten zum Fort zurückkehrten.

»Lauf!« forderte Mataqua den Major mit kehliger Stimme auf.

Lacour lachte heiser auf. »Lauf? Haben Sie das gehört, Lieutenant. Diese Rothaut...«

»Laufen Sie, Lacour!« unterbrach Nathaniel Axton den Major hart. »Wir haben keine Zeit mehr zu verlieren. Ihre Soldaten kehren zurück, und ich glaube, wenn Sie stehenbleiben, wird der Lieutenant Sie erschießen.«

Lieutenant Sweet hob die Pistole. Mit ausgestrecktem Arm zielte er auf die mit Wein besudelte Hemdbrust des Majors, in dessen Gesicht das arrogante Lächeln plötzlich erstarrte.

»Laufen Sie, Major Lacour!« forderte ihn Nathaniel Axton noch einmal auf. »Laufen Sie um Ihr Leben!«

Der Major zögerte nur noch einen winzigen Moment, bevor er plötzlich losrannte. Er hastete auf das offene Tor zu, und erst als er draußen war, setzte sich Mataqua in Bewegung. Leichtfüßig, als wäre er unverletzt, verfolgte er den Major, der auf dem Pfad zum Anlegeplatz hinunterlaufen wollte. Schon kamen ihm zwei Gestalten mit Gewehren entgegen. Meine Soldaten, dachte er. Er glaubt sich gerettet.

»Schießt die Rothaut nieder!« brüllte er ihnen auf französisch entgegen. Die Gestalten blieben stehen und hoben ihre Gewehre.

»He, Franzmann, wohin läufst du denn?« rief einer der beiden auf englisch zurück. Die beiden Gestalten legten die Gewehre an.

Major Lacour änderte mit einem Fluch die Richtung und lief auf den nahen Waldrand zu, aber da krachte ein Schuß.

Mit einer Kugel in der Seite stürzte der Major aus vollem Lauf, und als er am Boden lag und sich aufzurichten versuchte, glitt lautlos, wie es nur der Tod sein konnte, ein schwarzer Schatten auf ihn zu.

Der Major umklammerte den Griff seines Säbels, um sich zu wehren, aber seinem Arm fehlt die Kraft, die Waffe zu heben. Der Tod war nun über ihm, mit gräßlicher Fratze, schreiend wie ein Teufel.

»Meine Seele!« hörte sich der Major schreien. »Laß mir meine Seele!«

Er spürte nicht, wie Mataqua seinen Haarschopf packte und ihn skalpierte. Für ihn war nicht Mataqua der Tod. Für ihn war es ein Monster, das ihm die Seele aus dem Leib riß.

Und als sein Kopf zurückfiel, verhallte seine eigene Stimme in der endlosen Finsternis, in der er unterging wie in einem der schwarzen Sumpftümpel.

*

Da standen sie im offenen Tor: Clarissa, Nathaniel und der Lieutenant. Und sie sahen Mataqua aufspringen, den Skalp des Majors in der erhobenen Hand. Sekundenlang stand er still, ihnen zugewandt, dann drehte er sich plötzlich um und begann zu laufen, vorbei an Jason und Zeb, die wie angewurzelt am Wegrand standen.

»Mataqua!« rief ihm Clarissa nach. »Komm zurück!«

Ob ihre Stimme den Läufer erreichte, wußte sie nicht. Er hielt nicht an. Er verlangsamte nicht mal den Schritt. Er lief zum Rand der Lichtung und verschwand im Wald.

»Mataqua!« rief Clarissa noch einmal, und als sie ihm hinterherlaufen wollte, hielt Nathaniel sie zurück.

»Es hätte keinen Sinn, ihm zu folgen«, sagte er. »Von dort, wo er hingeht, kehrt keiner lebend zurück.«

»Es ist nicht sicher, daß er stirbt«, entgegnete Clarissa heftig. »Hast du nicht gesehen, wie er gelaufen ist? Leicht und schnell wie damals, als er mit dir um die Wette lief.«

»Jetzt läuft er um sein eigenes Leben, Clarissa«, erwiderte Nathaniel mit ruhiger Stimme. »Und er weiß, daß er diesen Wettlauf nur gewinnen kann, wenn er noch schneller läuft als damals.«

»Schnell wie der Wind«, sagte Clarissa leise.

Nathaniel nickte. »Das ist er, Clarissa, schnell wie der Wind.«

*

Die französischen Soldaten und ihre Offiziere sahen ein, daß es ihnen niemals gelingen würde, das Fort zurückzuerobern. Sie gingen am Rand der Lichtung in Stellung und schickten einen jungen Soldaten aus dem Unterholz, der einen Ast mit einem weißen Offiziershemd über dem Kopf hin und her schwenkte.

Die anschließenden Kapitulationsverhandlungen wurden zwischen Lieutenant Sweet und einem Captain der französischen Grenadiere geführt und dauerte nicht länger als zehn Minuten.

Lieutenant Sweet gestattete den Franzosen, genug Proviant mitzunehmen, damit sie sich bis zum Fort Machault durchschlagen konnten. Den Offizieren überließ er auch ihre Waffen, wenn sie sich bereit erklärten, nach Norden zu marschieren und nicht versuchten, das nahegelegene Fort Duquesne zu erreichen.

Am Morgen, noch bevor die Sonne aufging, zogen die Franzosen ab. Von den ausgebrannten Booten stieg noch Rauch auf und trieb über die Bucht und über den Allegheny River hinweg nach Westen.

Am Fahnenmast des Forts hing jetzt an der Stelle der königlichen Fahne Frankreichs, ein kleiner, von Mrs. Sweet genähter Union Jack, den der Lieutenant auf dem Weg hierher, ohne Wissen der anderen, die ganze Zeit unter dem Hemd getragen hatte.

Mit einer kleinen Zeremonie, bei der eine der französischen Kanonen abgefeuert wurde, gab Lieutenant Sweet dem Fort einen neuen Namen. Zu Ehren des Königs von England und zur Erinnerung an Mataqua sollte das Fort nunmehr Fort Mohawk heißen.

Für Clarissa war das Wiedersehen mit Jason und Zeb eine Erlösung. Sie umarmte Jason, und beide brachen in Tränen der Freude aus.

»Ich bringe dich nach Hause, Clarissa«, versprach Jason, während er sie umschlungen hielt.

Clarissa wagte nicht, ihm zu sagen, daß sie ein Kind erwartete. Auch Zeb sagte sie kein Wort davon. Sie verließ zusammen mit Nathaniel Axton und Jason kurz nach Sonnenaufgang das Fort, um nach Mataqua zu suchen.

Sie hatten keine Mühe, der blutigen Fährte des Mohawk zu folgen. Deutlich genug war zu erkennen, daß Mataqua viel Blut verloren hatte und schnell schwächer geworden war. Nathaniel zeigte Clarissa und Jason die Stellen, wo Mataqua gestürzt war und wo er sich schließlich nicht mehr hatte erheben können.

Auf allen vieren war Mataqua weitergekrochen, auf eine kleine Lichtung zu. Als Nathaniel, Clarissa und Jason die Lichtung erreichten, mußten sie feststellen, daß sich weder Mataqua noch sein Leichnam dort befand. Nathaniel untersuchte den Boden der Lichtung, und zu seiner Überraschung entdeckte er Spuren, die nicht von Mataqua stammen konnten.

Fußspuren. Abdrücke von Mokassins, wie er sie schon die Nacht zuvor in der Nähe ihres Lagers entdeckt hatte. Nathaniel richtete sich auf und zeigte auf einen kaum erkennbaren Wildpfad, der ins Unterholz führte.

»Jemand hat Mataqua weggetragen«, erklärte er seinen beiden verdutzten Gefährten. »Mataqua brach hier zusammen, und wahrscheinlich war er am Ende seiner Kräfte. Aber jemand muß ihm hierher gefolgt sein. Ein Indianer. Er hat sich Mataqua über die Schultern gelegt und ist mit ihm davongegangen.«

Sie folgten der Fährte des Indianers. Sie führte durch die Wälder zurück zur versteckten Bucht des Allegheny, an der sich das kleine Fort befand. Von der Anhöhe aus, auf der sie in der Nacht zuvor die Drehbasse schußbereit auf das Fort gerichtet zurückgelassen hatten, sahen sie auf dem stillen Wasser der Bucht ein Kanu, das in steter Fahrt auf den Baum- und Buschgürtel zuglitt, der die Bucht vom eigentlichen Fluß trennte.

Jason, der Lieutenant Sweets Feldglas bei sich hatte, richtete es auf das Kanu. Nachdem er einen Blick hindurch geworfen hatte, gab er es an Nathaniel weiter.

»Ich glaube Mataqua liegt im Kanu, und es ist ein junger Indianer, der das Paddel führt.«

Nathaniels Auge holte das Kanu schnell ein. Rücken und Kopf des Paddlers tauchten im Feldglas auf, die rechte Schulter mit einem häßlichen Wundmal versehen, das Nathaniel sofort wiedererkannte, obwohl er nicht erwartet hatte, es jemals wiederzusehen.

Nein, es konnte kein Irrtum sein. Zu deutlich zeichnete das Feldglas dieses Wundmal, und es deckte sich genau mit dem, das ihm in Erinnerung geblieben war, weil er es Tag für Tag gesehen hatte, als er den jungen verletzten

Shawnee-Krieger durch die Wälder nach Caldwell's Meadow geschleppt hatte, wo er schließlich von Mataqua getötet worden war.

Nathaniels Auge fing die Gestalt Mataquas ein. Der Mohawk lag lang ausgestreckt im Rumpf des Kanus. Seine Augen waren geschlossen, und Nathaniel konnte nicht erkennen, ob er atmete oder nicht. Das Kanu glitt nun in die Spiegelungen des gegenüberliegenden Ufers, einen weißen v-förmigen Keil ins Wasser zeichnend.

Nathaniel richtete das Glas auf die Büsche und Bäume, und da entdeckte er die dunkle Stelle, die aussah wie der Anfang eines Tunnels. Der Paddler steuerte das Kanu direkt darauf zu. Noch einmal hatte ihn Nathaniel deutlich im Auge, und er wünschte sich, daß der Paddler sich noch einmal umdrehte und zurückblickte.

»Schau zurück«, sagte Nathaniel leise, ohne selbst zu merken, daß er seine Gedanken aussprach. »Los, dreh dich um und schau zurück!«

Wie gebannt hielt er das Feldglas auf das Kanu gerichtet. Je mehr es sich dem Tunnel näherte, desto schneller schien es zu werden.

Der Paddler hörte jetzt auf zu paddeln. Er steuerte das Kanu, indem er das Paddelblatt im Wasser führte. Die ersten Baumschatten glitten über das Kanu hinweg, und in wenigen Sekunden würde es Nathaniels Blick für immer entschwunden sein.

Da!

Der Paddler richtete sich auf, zog das Paddel aus dem Wasser und drehte den Oberkörper, um einen letzten Blick zurückzuwerfen. Ein Sonnenstrahl streifte sein Gesicht, aber im nächsten Augenblick glitt das Kanu in die dunkle Lücke zwischen den Bäumen und Büschen, und das Gesicht, das Nathaniel so vertraut war wie das eines Bruders, löste sich vor seinem Auge in Nichts auf.

Mit angehaltenem Atem hielt Nathaniel das Glas auf die dunkle Stelle gerichtet, wo das Kanu verschwunden war.

»Das Kanu ist weg«, hörte er Jason sagen.

»Lebt Mataqua noch?« fragte Clarissa.

Nathaniel ließ das Feldglas sinken und übergab es Jason.

»Wer ist der Indianer im Kanu?« fragte Jason.

»Es ist der junge Shawnee, den ich nach Caldwell's Meadow gebracht habe«, erklärte Nathaniel.

»Der ist tot«, sagte Jason. »Mataqua hat ihn getötet, das ist absolut sicher.«

Nathaniel lächelte. »Niemand war damals dabei, Jason. Niemand hat es gesehen.«

Clarissa nickte. »Das stimmt. Ich sah ihn, als er zurückkehrte. Ich haßte ihn damals, und ich fürchtete ihn, und als er aus dem Wald zurückkehrte, habe ich ihn mir ganz genau angesehen, weil ich nicht verstehen konnte, daß ihn der Teufel nicht mit einem Mal gezeichnet hatte, so daß alle vor ihm gewarnt waren. Aber das Böse war ihm äußerlich nicht anzusehen. So wie er in den Wald ging, um den jungen Shawnee zu töten, so kehrte er zurück.«

»Und warum erzählst du uns das? Das hat doch nichts mit der Tatsache zu tun, daß Mataqua ihn getötet hat.«

»Doch, Jason. Es fiel mir nämlich auf, daß er nicht mit einem Skalp zurückkehrte. Ich wunderte mich, weil ich erwartet hatte, daß er seinem Herrn und Meister eine blutige Trophäe übergeben würde. Ich sagte es Vater, und Vater meinte darauf nur, daß es wohl für einen Krieger der Mohawks keine Ehre sei, einem kranken Hund das

Fell abzuziehen. Danach habe ich darüber nicht mehr weiter nachgedacht, da wir ja sowieso am nächsten Tag aufgebrochen sind.«

Jason blickte seine Schwester einige Sekunden lang an, dann nahm er das Feldglas ans Auge und suchte den gegenüberliegenden Rand der Bucht nach dem Kanu ab.

Clarissa wandte sich Nathaniel zu.

»Niemand kann ihn jetzt noch einholen«, sagte sie. »Nicht einmal der Tod. Stimmt's?«

»Stimmt«, erwiderte Nathaniel mit einem Lächeln.

20. Kapitel **Der Feldzug**

*Die Stimme der Wildnis –
Kein Weg zurück – Ein Rest
vom Paradies – Der Fall von
Fort Duquesne – Feuer*

Am Abend in der Dämmerung ging Clarissa hinunter zur Bucht. Das Wasser war glatt wie ein Spiegel, umgeben von dunklen Rändern. Sie folgte dem Ufer durch den Wald, bis sie den Allegheny River erreichte. Dort setzte sie sich auf den blanken Stamm eines entwurzelten Baums, der von der Strömung gegen eine Sandbank getragen und dort zurückgelassen worden war.

Träge und still floß der Allegheny an ihr vorbei, seinem Rendezvous mit dem Monongahela entgegen, um mit ihm vereint den mächtigen Ohio zu bilden. Ihre Gedanken trugen sie über den Fluß und über die unendlichen Wälder auf der anderen Seite, über denen sich wie ein samtenes Tuch die Nacht ausgebreitet hatte.

Auf den Schwingen ihrer Gedanken wurde sie sanft nach Chillicothe zurückgetragen. Dort, vor den großen

Hütten der Shawnee, brannten die Kochfeuer, deren Rauch in hauchdünnen Schleiern durch das Dorf trieb. Kinder spielten auf dem Platz vor dem Ratshaus. Frauen kehrten von den Feldern in der Flußniederung zurück, auf denen sie den ganzen Tag gearbeitet hatten.

Sie hätte ihnen gern zugerufen, daß sie zurückkehren und bei ihnen sein wollte, aber sie wußte, daß niemand sie hören würde, nicht einmal Bluebird, die aus der Hütte trat und zu ihrem Feuer ging. In einen Adler hätte sie sich gern verwandelt oder auch nur in eine Elster, um so weit und so schnell zu fliegen, daß nicht einmal mehr die Erinnerungen sie einholen konnten.

Und irgendwo dort draußen in der Einsamkeit der Wälder wollte sie ihr Kind zur Welt bringen, so daß es bei seiner Geburt von nichts anderem berührt wurde als vom sanften Atem der Wildnis.

Nein, sie wollte nicht mit Jason und Zeb in das Tal des Shennandoah zurückkehren, obwohl ihr der Gedanke, daß sie ihre Eltern niemals wiedersehen würde, schier das Herz zerriß. In der Welt, die sie verließ, als die Shawnee sie gefangen hatten, gab es keinen Platz für sie und das Kind Tanokas.

Es gab Wege, die zurückführten. Der Warrior's Path durch die Cumberland Gap nach Caldwell's Meadow. Die alte Braddock-Straße nach Fort Cumberland und Winchester. Aber keiner dieser Wege war für sie bestimmt. Sie führten zurück in die Zivilisation. Stimmen entgegen, die den Frieden zerstörten. Marschierenden Soldaten entgegen, Geschützdonner.

Der Krieg würde dieses stille Tal und seine Wälder mit tosender Gewalt überfluten, weit schlimmer als die Wasser, die den Baum, auf dem sie saß, auf die Sandbank getragen hatten. Die Stille würde für immer untergehen im Lärm einer Welt, die niemals zur Ruhe gelangte.

Dörfer würden hier entstehen wie Caldwell's Meadow zuerst, dann wie Williamsburg und wie Philadelphia und Boston. Jetzt schon konnte sie die Stimmen der Soldaten hören, die in langen Kolonnen durch die Wälder marschierten, den Hufschlag der Pferde, das Ächzen der Nachschubwagen und das Mahlen der Lafettenräder unter dem Gewicht der mächtigen Geschütze, tief in der Erde versinkend, die bisher nur vom sanften Druck eines Mokassins berührt worden war, vom leichten Fuß eines Rehs oder den weichen Pfoten eines Luchses.

Ewig würde die Wunde bleiben, mit der Zeit zu einer häßlichen Narbe werdend, wenn niemand mehr sich daran erinnerte, wie vollkommen diese Wildnis einmal gewesen war.

Es war nahezu dunkel, als Clarissa merkte, daß sie nicht mehr allein war. Dicht neben ihr, einen Fuß auf dem Baumstamm, stand Nathaniel Axton, sein Gewehr in der Armbeuge.

Im stillen Wasser des Allegheny spiegelte sich der Nachthimmel mit seinen ersten Sternen. Schwarz ragten am anderen Ufer die Wälder auf. Nicht weit von der Sandbank standen mehrere Wapitihirsche im Wasser. Einige blickten wachsam herüber. Andere tranken.

»Der Lieutenant hat beschlossen, das Fort nicht niederzubrennen«, sagte Nathaniel Axton plötzlich mit leiser Stimme. »Wenn er morgen mit seinen Männern den Rückweg antritt, wird der Union Jack am Fahnenmast zurückbleiben.«

»Und die Kanonen?«

»Die Kanonen und das Pulvermagazin werden zerstört.

Und wenn wir Fort Duquesne erobert haben, werden wir auch dieses Fort hier besetzen.«

Clarissa blickte zu ihm auf.

»Wir?« fragte sie mit einem Lächeln.

»Die Engländer«, erwiderte er.

Dann schwieg er. Die Wapitihirsche verschwanden im Wald. Der Mond ging auf. Sein Licht blinkte auf dem Fluß.

»Ich gehe nicht zurück«, sagte sie nach einer Weile. Er gab ihr keine Antwort. Hatte er gehört, was sie eben gesagt hatte?

»Ich gehe nicht nach Caldwell's Meadow zurück«, sagte sie noch einmal, dieses Mal etwas lauter.

»Wohin dann?« fragte er.

»Das weiß ich nicht. Irgendwohin.« Sie zeigte mit der ausgestreckten Hand zum anderen Ufer. »Dorthin.«

»Dorthin?« Er lachte leise.

»Ja.«

»Hast du es deinem Bruder gesagt?«

»Was?«

»Daß du nicht nach Caldwell's Meadow zurückkehrst.«

»Ich habe ihm gesagt, daß ich ein Kind erwarte und von wem.«

»Das wußte ich nicht, aber ich ahnte es.«

»Jetzt weißt du's.«

»Was hat er gesagt?«

»Daß es Mutter umbringen würde und daß ich lieber woanders hingehen soll, in eine Stadt vielleicht, wo mich niemand kennt.«

»Und Zeb? Er sagt, daß er dich heiraten will, sobald der Krieg vorbei ist.«

»Zeb weiß von nichts.«

Und wieder schwiegen sie lange.

Plötzlich lachte sie. »Der Lieutenant wollte mich auf Rosewood Hill zu einer Lady erziehen lassen. Jetzt will er das bestimmt nicht mehr.«

»Kaum.«

»Ich könnte mit dem Einäugigen gehen, auch wenn ich ihn nicht besonders mag.«

»Ja, das könntest du.«

»Ihm würde das durchaus passen.«

»Das glaube ich gerne, aber er ist nicht der einzige, Clarissa.«

Sie hob den Kopf. Er stand aufgerichtet da, mit seinem Gewehr und der Pistole im Gürtel, ein Mann der Wildnis.

»Wenn wir diesen Baumstamm ins Wasser stoßen, könnten wir ans andere Ufer gelangen«, sagte er, ohne sie dabei anzusehen.

Sein Vorschlag verblüffte sie.

»Warum willst *du* nicht zurück?«

»Es gibt einfach keinen Grund für mich, zurückzukehren.«

»Das letzte Mal bist du zurückgekehrt.«

»Das letzte Mal war es anders.« Er nahm den Fuß vom Baumstamm.

Da erhob sie sich, und gemeinsam schoben sie den Baumstamm durch den Sand und stießen ihn ins Wasser.

∗

Mit ihrer Entdeckung und mit der Zerstörung der dort stationierten Kanonen war die kleine Palisadenfestung an der versteckten Bucht des Allegheny River für die Franzosen und ihre Kriegspläne nutzlos geworden.

Lieutenant Andrew Warren Sweet verließ das Fort zwei Tage später, nachdem sie es für die Engländer erobert hatten. Das Pulvermagazin war vollständig niedergebrannt, die Kanonen unbrauchbar.

Am Fahnenmast hing der Union Jack und über dem Tor ein Brett mit der eingebrannten Aufschrift FORT MOHAWK und der Jahreszahl 1758.

Es war irgendwann im April, als Lieutenant Sweet, Jason Caldwell, Zebulon Peck und Rope McGrath zurück nach Winchester aufbrachen. Vergeblich hatten sie nach Clarissa und Nathaniel Axton gesucht. Nur am Ufer des Allegheny, auf einer Sandbank, hatten sie merkwürdige Spuren entdeckt, nach denen es schien, als ob die beiden von hier aus den Fluß durchquert hätten.

Zurück in Winchester traf sich der Lieutenant mit George Washington, der seine Krankheit überstanden und das Kommando über das Virginia-Regiment wieder übernommen hatte.

Washington befand sich aber immer noch in einem Machtkampf mit dem englischen General John Forbes, der den Feldzug gegen Fort Duquesne von Pennsylvanien aus beginnen wollte, nicht von Virginia aus, wie es Washington vorgesehen hatte.

George Washingtons erste Frage galt Nathaniel Axton.

»Er hat sich abgesetzt«, sagte der Lieutenant.

»Abgesetzt?« Die Verblüffung war Washingtons Gesicht anzusehen.

»Wieder einmal ist unser Freund spurlos verschwunden«, erklärte der Lieutenant und berichtete, was am

Tag nach der Eroberung von Fort Lacour vorgefallen war und von den Spuren auf der Sandbank. »Wenn du mich fragst, George, ich traue ihm immer noch nicht. Gut, er hat uns zu diesem Fort geführt, aber ich werde die ganze Zeit einfach das Gefühl nicht los, daß er mit den Franzosen...«

»Er ist kein Verräter!« wurde Lieutenant Sweet scharf unterbrochen. »Aber er ist auch nicht unbedingt auf unserer Seite, weil wir dabei sind, seine Welt zu zerstören.«

»Seine Welt? Eine unnütze Wildnis?«

»Oder ein letzter Rest vom Paradies«, erwiderte George Washington. »Ich kann ihn gut verstehen. Ich war auch einmal allein dort draußen. Manchmal wollte ich selbst nicht mehr zurückkehren.«

Andrew Warren Sweet wurde von George Washington zum Captain befördert. Ende Mai erhielt Washington den Befehl, mit seinem Virginia-Regiment von Winchester aus auszurücken und sich General Forbes zu unterstellen.

Gemeinsam sollten sie gegen Fort Duquesne vorrükken, und zwar nicht der alten Braddock-Straße folgend, sondern über eine neue Straße, die von Forbes Pionieren in den Wald geschlagen werden sollte.

Mit insgesamt 7000 Mann marschierten Forbes und Washington schließlich durch die Allegheny Mountains in Richtung von Fort Duquesne, während zur selben Zeit der britische General Abercrombie mit über siebzehntausend Soldaten den Feldzug gegen die nördlichen Forts der Franzosen einleitete.

Die Pioniere brauchten den ganzen Sommer dazu, die neue Straße durch die Wildnis zu schlagen und entlang der Strecke, zur Absicherung, neue Forts zu errichten. Als die Engländer schließlich den Zusammenfluß des Monongahela und des Allegheny erreichten und zum Angriff auf Fort Duquesne antraten, war die französische Fortbesatzung längst abgezogen. Eine kleine Nachhut legte Feuer und jagte das Pulvermagazin in die Luft.

Am 24. November besetzte General John Forbes die Überreste von Fort Duquesne. Es wurde in der Nähe sofort mit dem Bau einer neuen Befestigungsanlage begonnen, die zu Ehren des englischen Premierministers William Pitt den Namen Fort Pitt erhielt. Auch über den anderen Franzosenforts im Tal des Ohio flatterten bald die Fahnen der Engländer.

Am 1. Dezember, während eines heftigen Schneesturmes, erreichte ein Trupp unter Captain Andrew Warren Sweet die verlassene Palisadenfestung Fort Mohawk.

Auf ihrer Flucht nach Norden hatten die Franzosen aus Fort Duquesne versucht, die kleine Palisadenfestung einzuäschern, aber Regen und Schnee hatten das Feuer gelöscht. Unten, am Ufer der Bucht, lagen immer noch die verkohlten Überreste der Boote. Die Wasseroberfläche der Bucht war mit einer dünnen Eisschicht bedeckt.

Captain Sweet bezog das Blockhaus der Kommandantur. Ein Soldat brachte Feuerholz herein. Als er im Kamin ein Feuer entfachen wollte, entdeckte er im Kamin die Überreste eines grünen Kleides. Es hatte den Anschein, als wäre das Kleid im Kamin verbrannt worden. Mit spitzen Fingern hob er ein Stück des angesengten Stoffes hoch und zeigte es dem Captain.

»Stellen Sie sich vor, Sir, die Franzosen hatten sogar Weiber hier«, sagte er grinsend.

Der Captain warf einen Blick auf den grünen Stofffetzen.

»Beeilen Sie sich mit dem Feuer«, befahl er dann, und der Soldat warf den Stoffetzen in den Kamin zurück, ergriff den Funkenschläger und brachte das Feuer in Gang.